U0575488

经典与传承

——文化类电视节目发展的新路径

INHERITING CLASSICS: A NEW
PATH FOR THE DEVELOPMENT OF
ORIGINAL CULTURAL PROGRAMMES

陈旸 主编

中国广播影视出版社

图书在版编目（CIP）数据

经典与传承：文化类电视节目发展的新路径 / 陈旸
主编 . —— 北京：中国广播影视出版社，2020.11（2024.3重印）
（文学经典与影视艺术）
ISBN 978-7-5043-8432-4

Ⅰ . ①经… Ⅱ . ①陈… Ⅲ . ①电视节目—文化史—研
究—中国 Ⅳ . ① G222.3

中国版本图书馆 CIP 数据核字（2020）第 008091 号

经典与传承：文化类电视节目发展的新路径
陈 旸 主 编

责任编辑	房　远	
封面设计	智达设计	

出版发行	中国广播影视出版社	
电　　话	010-86093580　010-86093583	
社　　址	北京市西城区真武庙二条 9 号	
邮　　编	100045	
网　　址	www.crtp.com.cn	
电子邮箱	crtp8@sina.com	

经　　销	全国各地新华书店
印　　刷	三河市同力彩印有限公司

开　　本	710 毫米 × 1000 毫米　1/16
字　　数	226（千）字
印　　张	16.5
版　　次	2020 年 11 月第 1 版　2024 年 3 月第 2 次印刷

书　　号	ISBN 978-7-5043-8432-4
定　　价	59.00 元

（版权所有　翻印必究·印装有误　负责调换）

目 录
CONTENTS ■ ■ ■

一　研究综述

2018年传统文化类电视综艺节目研究综述

摘要： 2018年，全国各大电视台出品的传统文化类综艺节目数量众多。在古代就具有观赏娱乐性质的曲艺、杂魔、武术、古玩字画等是传统文化类综艺节目的常见题材。但近几年，传统文化综艺从题材到表现手法都有了不少新的发展。本文通过分析2018年传统文化节目的现状，归纳总结出传统文化类综艺节目对传统文化的不同应用方式以及处理态度。本文研究认为，传统文化类综艺节目的发展应忠于综艺节目的艺术本性、展现中国式审美经验、树立自觉的时代意识、塑造现代人形象，且要在探索新文化中创新利用传统文化。

关键词： 传统文化；电视综艺节目；文化类节目

一、传统文化类电视综艺节目的概念和现状

（一）传统文化类电视综艺节目的概念

当我们在日常生活中说到"文化"时，往往蕴含着"优秀的、知识的"这样的潜台词，正如我们在日常生活中讲"艺术"，会认为"给人以美的享受"的才叫"艺术"。因此，杜尚那只签了名放在展览馆里的小便池，才会被许多人诟病不是艺术，而中国的相亲节目也被大众认为不是"文化节目"，中国传统的戏曲、杂技、武术节目也让人觉得不是那么有"文化"。

本文并不采取上述这种"日常观点"。本文认为，中华传统文化是中华民族在长期历史发展中形成并保留在当今现实生活中的具有相对稳定性的一切物质与精神。

"传统文化"具有继承性、相对稳定性、民族性。除此之外，由于中国的工业化、现代化时间很短，传统文化形成与发展的主体部分都处于农耕文明时期以及马克思所言的封建社会时期，所以中国的传统文化又带有农耕文明、封建文化的特点。

但在今天来看，中国传统文化依然具有在当代占主流、主导地位的基本内容：如以爱国主义为核心的团结统一、爱好和平、勤劳勇敢、自强不息的伟大民族精神；天人合一式的人与自然的关系；儒家的仁义礼智信；艺术中的意境、意蕴、境界等。

传统文化同时在内容与形式两个层面都占据核心地位的综艺节目（综合多种艺术门类，以娱乐为目的的节目）即为狭义的"传统文化电视综艺节目"。

传统文化在发展过程中是变化的。在当代，被赋予新理解、新内涵，经过现代化发展和再创造的传统文化与现代文化相互交叉。当传统文化与现代文化的代表之一"电视"相结合的时候，更多的综艺节目选择以"传统文化"为话题，但并不一定使用传统文化的符号系统，内在也更多地传达现代思想，颇有借古喻今、借古抒怀的意思，形成了"关于"传统文化的节目。这一类综艺节目即为广义的"传统文化类电视综艺节目"。

（二）传统文化类电视综艺节目的发展现状

首先，2018年，全国各大电视台出品的传统文化类综艺节目数量众多，包括每年必备的曲艺、杂魔、武术晚会以及常规电视综艺栏目，如：河南卫视1994年开播的《梨园春》、2004年开播的《华豫之门》和《武林风》，安徽卫视1999年开播的《相约花戏楼》，央视戏曲频道2004年改版后播出的

《九州大戏台》，央视五套2007年开播的《武林大会》，央视综合频道2016年改版更名后播出的《我有传家宝》（原节目为《寻宝》），天津卫视2015年改版更名后播出的《群英会》，等等。

其次，2018年传统文化类电视综艺节目也有众多季播品牌节目，如：《中国诗词大会》（第三季）、《国家宝藏》（第二季）、《非凡匠心》（第二季）、《伶人王中王》（第四季）、《中华好诗词》（第五季）、《喝彩中华2018》、《国学小名士》（第二季）、《龙的传人》（第二季）、《老家的味道》（第二、三、四季）等。

此外，2018年传统文化综艺节目还有另起炉灶的《经典咏流传》《上新了·故宫》《小镇故事》《国乐大典》《诗意中国》《开考啦国学》《百心百匠》等。

从上述对2018年传统文化类电视综艺节目的梳理中可以看出，在古代就具有观赏娱乐性质的曲艺、杂魔、武术、古玩字画等是传统文化类综艺节目中的常见题材。尤其是曲艺节目，开办时间早，节目数量多，而且收视率稳定、生命力强。此外，传统文化文艺节目更是中国传统节日晚会里必不可少的组成部分。所以，传统文化类综艺节目从来没有在电视上真正淡出过，却也没有成为全社会的热点话题。

但近几年来传统文化综艺节目确实有了新的发展变化，不少观点认为2017—2018是传统文化节目暴发之年。这不仅是讲其数量大幅增长，更是讲其大众影响力的增强，如以《中国诗词大会》为首的几档节目在收视率上创了传统文化类电视节目的新高，并且成为社会热点话题。

这背后的原因除了有制作费用增高、规格提高、请明星加持、有黄金播出档期、政策支持、宣发力量的加强、重视互联网传播、节目年轻化、注重仪式化营造之外，还有对传统文化的编创思路调整：节目倾向于选择大众化、普及度更高的题材；适当迎合观众对传统文化的期待心理；努力实现传统文化的视听艺术表达，如《经典咏流传》的"合诗以歌"和《国家宝藏》

的"戏"看文物。

传统文化是传统文化类综艺节目的核心内容，以时代眼光理解传统文化、找到传统文化与当今时代的契合点是节目成功的重要因素。

二、综艺节目对传统文化的应用及存在的问题

当下的传统文化综艺节目经过不断发展，形成了多种对传统文化的具体应用方法和处理态度。

（一）综艺节目对传统文化的具体应用

如今的传统文化综艺节目花样繁多，对传统文化有着多种具体应用方式，使得传统文化在电视上拥有了不同的出现方式。这样的传统文化出现方式归纳总结起来大概有以下八种。这些出现方式的背后都隐含着节目的态度。

1.作为"艺术"出现

传统文化在综艺节目中一种最常见的出场方式就是作为"艺术"出现，具体为古代文学、曲艺、器乐、古典舞、武术等。这种出现方式天然地与综艺节目综合多种艺术的特性相吻合，与综艺节目综合的艺术性和娱乐性相吻合，与电视作为视听艺术的艺术特性相吻合。这里所言的，传统文化作为"艺术"出现，意味着节目以艺术的态度去对待节目中的传统文化。此类节目中较成功的有《梨园春》《国乐大典》等。

在这些节目中，传统文化被揉进了艺术的语境中，更加春风化人，更具体可感。以艺术的标准去讨论传统文化，可以使谈论的话题更有着落，提出实实在在的建议，不至于沦为同质化的拍手鼓掌和空泛的叫好，同时还可以真实地促进传统艺术的精进和现代化创新性发展。

2.作为"知识"出现

传统文化作为"知识"在综艺节目中出现，与益智类节目和答题竞赛

节目的兴盛存在紧密联系。传统文化变成知识竞答中的考题，专家们对题目进行讲解和拓展。其采用最低层次的知识学习方式——"记忆"，作为主要考核方式，应对了广大观众教育程度的不同，契合了观众对于传统文化的知识崇拜心理，也满足了大众基础语文教育的需求。而节目采用的答题形式与中国的语文考试有几分相似，央视平台也满足了观众对于考试"权威"的想象，因此契合了观众的普遍心理。

但归根到底，综艺节目不是教育节目，所以，系统的、深度的学习，显然已经超出了综艺节目的服务范围。目前看来，综艺节目一般会把"知识"游戏化，将知识学习变成简单的"记忆"游戏，由此一来，娱乐才得以成立。

尽管这样的做法无法提供深度学习的机会，甚至会给观众造成片面的观念引导，认为"记得越多越好"，而忽略了学习的其他方面。但是不得不承认，"记忆"是学习的第一步，节目通过游戏的形式，不说让观众真正学到多少传统文化，至少让观众关注到了传统文化，起到了耳濡目染的效果。

3.作为"展品"出现

综艺节目经常利用"物"来承载传统文化，如艺术作品或文物。这样的做法，把无形的传统文化，通过有形可感的具体物质形象地表现出来，是符合电视艺术视觉表达规律的，如《国家宝藏》。而这里所言的"展品"，不仅是指综艺节目把具体的"物"搬上了舞台，还意味着节目以"看展品"的方式和态度去对待传统文化，即欣赏、了解、保护、传承。因此，"展品"并不仅仅限于物质实体，还可以是其他一切可以视觉化呈现的东西，例如"技艺"。

传统文化中的古老"技艺"出现在电视中，往往与对工业化社会、流水线生产、大机器生产的批判反思，对传统消逝的缅怀，对文化上"无根"的恐惧联系在一起。而在当下，这又更多地与"工匠精神"结合起来。"技艺"作为一种"展品"出现在节目中时，它会被欣赏、被了解、被保护，但没有人会想着如何把这个技艺改造得更好，因为"展品"在大众心中是放在博物馆里的，保持原样就是最大的意义，而改造则没有意义。因此当《百心百匠》《非凡匠心》去寻访古老技艺传承人时，就变成了单纯的技艺观赏节目。

为了更好地适应综艺节目的娱乐要求，"技艺"变成一种可以体验的"展品"，节目的娱乐性就在于挖掘体验中的趣事。但不可否认的是，"欣赏""了解""体验"正是认识传统文化的基础步骤。

4.作为"故事"出现

讲故事，是叙事艺术的重要手段，也是电视艺术的重要方法。故事天生就属于娱乐。传统文化中有许多经典的故事，当故事进行视听化呈现后，就十分适合电视综艺节目。因此，综艺节目会把传统文化包装成一个个精彩的"故事"呈现给观众。这种方式最开始停留在语言讲述上，诞生了经典的电视节目《百家讲坛》，而今其呈现方式走向了多元化，如情景多媒体舞台剧，诞生了《国家宝藏》。

但是，"故事"本身存在一定的艺术虚构性，而讲传统文化的故事，又不得不碰上真实的"历史"，所以两者之间的平衡便成了难题。《国家宝藏》在这个问题上的处理方式是：（1）在节目中做出"基于历史合理虚构"的说明；（2）借助布莱希特表演体系，有意识地表现出"演"，打破沉浸式的观演模式，打破本来在综艺舞台上就摇摇欲坠的"第四堵墙"，如在王凯扮演乾隆讲述对新陶瓷的想法时说"要是我'爱豆'王羲之、黄公望在世，肯定能体会我的赤诚"[①]。这里大胆地用了完全脱离当时历史语境的"爱豆"一词，大方地展现现代诠释的立场，反而使节目处于主动地位。

---

① 王亚萍：《〈国家宝藏〉，历史与现实的全新表达》，《当代电视》2018年第3期。

5.作为"仪式"出现

当下,仪式建构、仪式感创造等话题成为电视节目研究领域的一个重要讨论点。"仪式"本身就是对文化的高度浓缩。通过一次次的重复以及严肃认真的态度,仪式把从身体行为上对文化的认同,转化为心理上潜移默化的认同。中华民族自古以来就是"礼仪之邦",儒家学说高度重视"礼乐制度",可见"仪式"与传统文化渊源颇深。同时,仪式的"表演性"满足了电视节目在视听上的要求。

"仪式"在传统文化中有小有大,小至个人的日常行为,如见面仪式、见面礼,在传统文化中有鞠躬作揖;大至集体行为,如《诗书中华》的流觞曲水、少年冠礼等。

除此之外,当下的传统文化综艺节目还积极地利用"仪式"来营造对传统文化的崇敬,如《国家宝藏》的国宝守护人说的守护词;《经典咏流传》中显示着诗词的舞台道具从空中缓缓落下,全场对其行注目礼。

6.作为"风格"出现

传统文化在现代社会中不断演变,一个不可忽略的新现象就是"中国风""民族风"这些风格的出现。这些风格带有浓厚的现代化、商品化色彩,但同时也给当下的文化商品带来一丝民族独特性,如中国风的衣服、中国风的歌曲。可以说,作为"风格"或"艺术特色"出现的传统文化就是现代文化改造过的产物。以这种形式展现传统文化的节目有网络综艺《国风美少年》和北京卫视的《传承者之中国意象》。

这类节目优点在于展示传统文化与时俱进的变化,探讨传统文化在当代文艺领域的具体发展。在这类节目中,传统文化不再是高高在上的展品,而是当代潮流的一部分,是期待大家去共同创作的未完成品。此外,这类节目也有利于讨论全球化背景下艺术本土化和民族独特性的问题。

7.作为"素材"出现

在当下部分综艺节目中，传统文化作为创作的"素材"出现。它们可能是即将面临现代化改造的"原料"，也可能成为增加现代文艺作品丰富性的"色彩"或"装饰"。

《经典咏流传》中，古诗词就作为创作的"原料"，等待音乐人去加工改造；《叮咯咙咚呛》（第二季）中，现代流行艺人去学习传统艺术，把传统文化提取成元素运用于流行文化中，成为一种音乐色彩，或者寻找表现传统文化的新艺术形式。从文化发展的意义上看，这类节目能促进传统文化的创新性发展和时代性传承。

结合传统文化创作新作品是当下中国文艺界一直在摸索的课题，要做出好作品并不容易。拿不出好的文艺作品，即使节目的出发点再好、立意再高，也没有了最基本的艺术依托，最后造成观众不断流失的局面。

8.作为"视听符号"出现

传统文化在电视综艺节目的舞台美术、音响音效、灯光、标志等元素中常以"视听符号"的形式出现。

在舞台美术方面，节目常提取传统文化中有代表性的典型视觉符号作为设计的依据和原型，如《经典咏流传》中的"竹简"造型、《国家宝藏》中的"玉玺"造型、《传承者》中的"祥云"造型。在音响音效上，节目会运用典型的传统音乐形成声音符号，起渲染气氛或烘托人物的作用，如用钟声渲染安静庄重的气氛、预示着演出开始，用锣鼓声渲染热闹气氛、表示现场观众反应热烈等。

以上八种传统文化的出现方式并不具有排他性，传统文化在一档节目里往往以多种方式同时出现。而在这些出现方式的背后，其实蕴藏着编导对传统文化的不同处理态度。

（二）综艺节目对传统文化的处理态度及问题

上述传统文化在综艺节目中的不同出现方式反映出电视节目对传统文化的五种主要处理态度：

1.娱　乐

娱乐是电视综艺节目的基本特征。以娱乐的态度处理传统文化是综艺节目的基本态度。娱乐并不应该被妖魔化，以艺术陶冶情操、愉悦身心就是娱乐的一种基本方式。

综艺节目常以传统文化中具有娱乐性的部分（主要是传统艺术）实现它的娱乐目的。另外，综艺节目还充分挖掘传统文化中的真善美部分，以现代舞台手段加以艺术包装，给观众以美的享受。当然，以"歪曲"或"丑化"传统文化作为搞笑手段的节目，应该被批判。

2.尊　重

在娱乐的基础上，当下的综艺节目基本对优秀传统文化保持尊敬的态度，引导观众去欣赏、了解与学习。电视节目作为大众媒体，肩负着文化导向的责任，引导着整个社会的价值判断，所以电视节目尊重传统文化，可以带动全社会形成尊重传统文化的风尚。但是在尊重的同时，我们应该保持一定的冷思考，节目应该注意不要让尊重变味成千篇一律不假思索的认同，不要让尊重成为平等对话、探讨批评的障碍。

文章的上一部分提到，当下部分电视综艺节目对传统文化的具体应用有两个明显的趋势：知识化和展品化。用福柯的知识与权力理论来看，"知识"和"展品"都自带一套权力体系，什么可以成为知识，什么可以成为展品，其背后输出的都是当权者的意志。

借鉴乔治·迪基关于"艺术体制论"的思想，这类电视综艺节目会通过设置专家、评委、鉴赏团，构建节目内在权力关系和小型"文化体制"，来完成信息的知识化、物品/表演的展品化。学者、文化界赋予信息以知识的"崇高"地位，表演者/选手、录制现场的公众则充当接受者，认可这一地位。

由此一来，节目在传统文化与现代人之间，在节目自身与受众之间建立了一种隐晦的权力关系，确立了一种偏向单向度的接受关系。

3.古为今用

部分综艺节目秉持古为今用的创作态度，提取传统文化中可用部分，把传统文化转化为符号和元素，运用到现代流行文化、大众文化里。

这种做法比较明显地出现在歌曲类节目里，传统文化以中国音乐色彩、音乐符号或者特殊唱腔的形式出现在流行音乐中。这样的处理态度，能促进传统文化与现代文化的交流，但节目需要进一步重视新作品的质量，创作者也需要进一步加深对传统文化的认识。

另外，部分综艺节目还会利用历史讲当下的社会主流价值观，此为另一种"古为今用"。例如《国家宝藏》以国宝为媒介，通过历史故事，引出当代故事，最后落到主流价值观上。这样的做法，找到了一个个传统文化与主流文化的契合点，既传播了传统文化，又宣扬了主流价值观。

但这类节目也需要警惕，不要落入强行关联、强行制造契合点的陷阱里，同时需要防止"古为今用"变成用古代来证明现代的历史合理性和正统地位的八股文逻辑。

4.批判思考

虽然对传统文化进行批判思考非常困难，但当下仍有少部分节目尝试从现代视角出发，用现代思维重新思考传统文化。

在北京卫视《传承者》（第一季）的创作实录视频里，北京卫视节目中心主任马宏女士在看完第一期节目录制后说："我们这档节目除了百分之十的文艺色彩以外，剩下的百分之九十都是在语言的功力上，这个节目最大的看点是语言的交锋，结果说的全是千篇一律的态度，这个特别让人失望。"但经过几期录制后，创作团队的态度却有了180度的转变，北京电视台副总编辑徐滔女士说："我们是通过这个节目告诉所有人，传承人为什么要传承，他为什么能够传承（成为传承人），我们没有这样的权力去评判这个节目值不值得传承，这不是我们这个节目的责任和任务。我们要做的是发现他的闪光点，让大家看了之后能够从心里感觉到震撼、独特。"至此，《传承者》节目对于"思考"的尝试终结。对传统文化展开辩论和批评的青年团在网上遭到了很多指责，以至于在后来的节目里几乎没有对非物质文化遗产表演项目提出质疑的声音了。

从综艺节目的娱乐特性来看，立足社会科学、人文科学的严肃思考很难产生娱乐的效果，而面对传统文化这样重大的题目，又难以用不严肃、消解、吐槽的后现代话语方式去谈论，因此这类节目的路子才越走越窄。但我们仍然在继续探索和期待新的操作方式。

5.创新求变

2018年，电视市场上出现了一些试图促进传统文化"创新性发展、创造性转化"的综艺节目，如促进传统器乐新发展、尝试民乐新路径的《国乐大典》，又如尝试让传统诗词成为现代音乐的《经典咏流传》。

传统文化的创新求变与古为今用不同，从文化出发点来看，创新求变根植于传统文化本身，而古为今用则是以当代文化为基准去选择和运用传统文化。

传统文化的创新求变不是用现代流行的套路为传统文化做简单包装，而是在通读原文的基础上进行新时代续写。例如《经典咏流传》中龚琳娜与老锣带来的编钟乐曲《离骚》就充分体现了"续写"的可能性。

三、传统文化类电视综艺节目的发展路径

（一）忠于综艺节目的艺术本性，展现中国式审美经验

传统文化类综艺节目首先应满足综艺节目的基本要求，那就是艺术性和娱乐性。因此，传统文化类综艺节目应忠于综艺节目的艺术本性，坚持以艺术内容为王，给观众带来审美愉悦和审美享受。

与其"寓教于乐"，不如让"乐"本身成为一种"教"，用综艺节目给观众带来审美教育，感受中国独特的审美经验，引导观众去体验叶朗先生所言的"审美的人生"，塑造"审美人格"。这应该是综艺节目最适合也最有能力完成的文化任务。正如《中国诗词大会》中提到的，希望观众"感受诗词之美"，而不是具体学会诗词知识。

用传统文化给观众带来审美教育，就必然需要运用中国式审美经验。而这一点恰恰是当下中国综艺节目美学可以进一步挖掘的方向。综艺节目可以直接展示传统艺术门类，每一门传统艺术都有自身的艺术规律和审美观。除此之外，综艺节目还可以在舞台、灯光、音效、人物、节目整体结构等节目制作方面，展示中国式审美经验。

例如在舞台美术和灯光方面，节目可以借鉴和继承中国传统绘画中关于"留白"的审美经验。西方美术擅长对光影的捕捉、描绘与设计。随着摄影术的发明，光影更是成为西方摄影中的核心要素。而中国画则重于用墨。但墨并非一色而是五彩，有干墨、湿墨、淡墨、浓墨、焦墨等[①]，由此便分出了层次。中国水墨画在绘画的过程中相当注意"留白"的使用，把"白"也看作一种色彩，不是"无"而是"有"。

因此，节目在舞台美术和灯光设计上可以借鉴"留白"的手法，避免LED大屏幕的滥用以及由此带来的视觉暴力。例如2019年开播的《舞蹈风

---

① 唐凝：《时代变迁与中国画笔墨语言探索》，《中国美术报》2019年第10期。

暴》就在舞台背景处大量"留黑"，这样的设计突出了舞者、突出了舞蹈，使整个空间更加抽象，更加符合中国传统艺术的抽象、写意之美。

在人物塑造方面，传统文化综艺节目不妨多选用和塑造个性人物。"个性"一词，似乎在西方文化中强调得更多，而中国的程朱理学总被诟病压抑人性。中国传统文化虽然以儒学为主体，但不应忽略了儒释道三家的相互融合和相互影响。中国传统文化中的审美人格有儒学中的伦理人格，还有庄子所创的个性人格[①]。魏晋南北朝时期的竹林七贤就有着极其鲜明的迥异于儒学之士的个性人格。他们的超然洒脱也延续到了他们的文学作品中。可见，文人的形象从来不止儒学之士一种。传统文化综艺节目应该塑造更加丰富多样的嘉宾形象。

（二）树立自觉的时代意识，塑造现代人形象

现代社会生产的每个电视节目都会打上时代烙印。所以本文在此讨论的不是节目有没有时代性的问题，而是有没有自主自觉的时代意识/现实意识的问题，以及其反映现实的能力和方法问题。

从文化责任来看，综艺节目不应该构建马尔库塞和霍克海默所认为的"不同于现实世界的幻想的精神世界，而平息社会的内在反对性和反叛欲望，通过使人们在幻想中得到满足而美化和证明现存秩序，为现实辩护"[②]。但目前，有部分传统文化问答节目、竞技节目和体验真人秀节目缺乏自主自觉的时代意识和现实意识，仿佛形成了一个与现实世界隔离的桃花源。还有些节目虽然联系了实际，但似乎只是在现实与传统中"找相同部分"。

---

① 彭彦琴、叶浩生：《人格：中国传统审美心理学的解读》，《西南大学学报》2006年第1期。

② 李小娟：《论法兰克福学派的大众文化批判理论》，《北方论丛》2001年第4期。

因此，传统文化类综艺节目应该树立自觉的时代意识，增强节目对传统文化的现代性思考，在节目中塑造现代人形象。

《小镇故事》与《传承者》这两档综艺节目为数不多地进行了以现代人的视角去看传统文化并对其进行时代思考的尝试，但是结果都不如人意。《小镇故事》每期节目的结尾都有一个多人脱口秀环节。这个环节本可以通过不同观点的碰撞，对小镇的过去和现在进行一番深入思考并把这种思考和讨论延伸至更广的人生或社会领域。但最终这个环节却沦为了鸡汤式的空泛说教。

此外，现代人形象的缺失也是当下综艺节目的问题，这一问题甚至出现在一些成功的节目中。例如在《国家宝藏》中，某些明星嘉宾就让观众觉得只是一个生硬的念稿子机器。在《上新了·故宫》中，明星们的角色也多是扁平的、主体性不高的、负责推进节目流程的功能性人物。

尽管，写好台本让演员背出来是当下综艺节目制作的惯用手段，但台本写作上的"角色丧失"问题以及人物在节目中表现生硬的问题会直接导致一档现代感的节目变成单纯的说教节目。传统文化综艺节目的人物塑造除了在台本写作和舞台表现方面需要达到基本要求以外，还应努力地使节目人物符合"现代人"的标准，即具备现代性视角和现代性思考。

（三）在探索新文化中创新利用传统文化

王新民在《中国当代戏剧史纲》中提到："萧伯纳认为：剧作家把目光转向过去这意味着创作力的衰弱。所以历史剧的繁荣正是建立在整个戏剧创作并不繁荣和戏剧反映现实能力极度衰弱的基础上的。"[①]

改革开放四十年，中国在文化上的成就远不如经济上的成就，对世界的文化贡献也不如经济贡献。中华民族的复兴必然要求着中华民族的文化复兴。

---

① 肖惊鸿：《当前中国历史电视剧何以繁荣》，《当代电影》2006年第2期。

欧洲历史上有三次著名的文艺复兴。第一次是8世纪中期到9世纪初期的加洛林文艺复兴①，第二次是12世纪的文艺复兴，第三次是14世纪到16世纪的文艺复兴。加洛林文艺复兴是由查理大帝主导的"自上而下"的以贵族为主要群体，普及拉丁语、古拉丁文化和基督教义的复兴运动，它让欧洲大陆上几近失传的古希腊罗马文化得到初步的整理和重视；12世纪文艺复兴是以市民阶层为主的自下而上的，以思想文化领域为主的复兴运动，提倡理性主义思潮，是基督教文化的全面复兴；15世界的文艺复兴是新兴资产阶级的一次反教会、反封建的思想解放运动，提倡科学理性和人的现世享受，是人的再度确立②。

如果说第一次文艺复兴是对古典文化的保存，第二次是回归，那么第三次就是创新和利用。欧洲历史上三次文艺复兴，影响最大的还是第三次。如果说当下的传统文化类综艺节目基本做到了对传统文化的挖掘和回归，那么它下一步要做的就是对传统文化的创新利用。

欧洲历史上的第三次文艺复兴是依托于整个社会的发展变化，以新兴资产阶级文化为核心的文化变革。可见，真正具有世界影响力的文化复兴一定不是老调重弹，而是以新文化为核心对传统文化进行的创造性利用。

新文化的产生依托于新的社会发展，依靠于新的社会力量。中国政府多次提到在工业文明之后，生态文明将会是人类文明发展的一个新的阶段。而生态文明、生态审美正好可以从中国传统文化中挖掘出可用的材料。中国传统文化讲天人合一、道法自然，注重个体与整体之间的和谐。传统文化与新文化的结合也许可以成为传统文化焕发新生的新方向，而传统文化综艺节目也将因此得益。

---

① 刘建军：《查理大帝与"加洛林文艺复兴"》，《东北师大学报》2003年第2期。

② 张俊芳：《14—16世纪拜占庭学者与意大利文艺复兴关系研究》，博士学位论文，南开大学历史学系，2007，第50页。

中国应该积极地拥抱未来，努力走在世界前列，在新的社会文化形态上发展出新文化，迎来中华民族真正的文艺复兴。

四、结　语

本文认为，"传统文化综艺节目"的定义分为狭义和广义两种。近几年中国综艺节目市场上传统文化类节目的发展出现了许多新的特点。传统文化在综艺节目中总体上有八种不同的形象和作用，这背后又蕴含着五种对传统文化的主要态度：娱乐、尊重、古为今用、批判思考、创新利用。但同时，这些传统文化综艺节目也存在着一些问题，对此，本文提出：传统文化综艺节目应忠于综艺节目的艺术本性，展现中国式审美经验；树立自觉的时代意识，塑造现代人形象；在探索新文化中重新认识传统文化。真正具备影响力的文化复兴应当以在新的社会文化形态上发展出新文化为核心。

（作者：于欣彤，中国传媒大学2018级广播电视艺术学硕士研究生）

2019年电视文化类节目研究综述

摘要： 继前两年电视文化类节目的井喷式发展后，2019年电视文化类节目的增长数量有所减缓，普遍趋向高质量发展。本文立足2019年电视文化类节目的研究现状，从创新性分析、社会价值探讨、美学价值以及反思性研究四个层面进行相关的文献综述。由此得出结论，目前对电视文化类节目的研究，大多集中在创新性策略的研究层面，选取的个案多为央视"综N代"文化类节目，研究方法上主要以定性研究为主，总体质量良莠不齐。未来可往跨学科研究和节目对比研究等方向继续挖掘，更加注重节目美学价值和社会价值的探讨，同时将学术注意力更多地投向地方卫视的发展。

关 键 词： 电视文化类节目；研究综述

电视文化类节目是依据电视节目题材而进行划分的一种节目类型，顾名思义，相对于电视娱乐节目，该类节目的文化性要大于娱乐性，知识性要大于消遣性，更强调自身的精神内核，具有明显的启发和教育目的。电视文化类节目由来已久，近几年在央视"中国大会"系列节目的牵头下，于2017年左右呈现出强势回归、火爆荧屏的现象。学界有关"电视文化类节目"的相关研究从2013年后逐年上升，并在2018年达到顶峰，2019年的研究数量相对减少。这与当前电视文化类节目的发展困境有很大关系，本文以"文化节目""电视文化类节目""文化类节目"为主题在知网上进行检索，圈定文献发表时间为2019年（2019-1-1至2019-12-31），文献内容为电视文化类节目，立足于影视艺术学科，共检索筛选出527篇相关文献，包括期刊论文、学位论文和报纸等。通过梳理相关文献发现，2019年有关电视文化类节目的研究主要有四个研究角度：创新策略研究、社会价值研究、美学价值研究和反思性研究。本文从这四个角度入手进行文献综述，探索2019年电视文化类节目的研究现状、研究层次和新的研究发现，以求为下一阶段的深入研究提供参考和启示。

一、电视文化类节目的创新策略研究

对文化类节目的创新策略研究主要集中在两个方面：一是站在电视节目制作的角度，通过分析热播节目的创意和特色，以探讨节目策划的普适性规律；二是站在传统文化现代化传播的角度，将文化类节目看成传统文化的传播平台进行研究，探讨传统文化如何在电视文化类节目中实现创新性表达。以上二者在主题偏向和立意上具有差异，但其陈述内容多有交叉，都服务于当前电视文化类节目的创新策略研究。

（一）从电视节目制作的角度

其研究主要基于经典案例，进行文本分析和个案梳理，由此，本文选取2019年研究频率较高的四档电视文化类节目进行主要文献的梳理，具体分析如下：

1.《一本好书》：场景式阅读

刘振、康思齐站在媒介融合的趋势下分析了《一本好书》的创新手法，认为该节目在表现形式上融合了话剧、影视、评书等多种形态，还巧妙地把握住了不同媒介的叙事特征和组合效果。通过场景式阅读实现经典文本的浸入式传播，在浅阅读时代给予了观众深刻的内涵启发。[①]关秀玥则从舞台设计、节目流程、演员嘉宾、语言形态四个角度更为详细地解释了该节目如何营造场景式体验，并由此提出文化类节目应该"突破媒介局限，协调联动多种传播介质，实现多层次立体传播"[②]。学者吴荣彬在其论文中同样认为"场景式阅读"是一次成功的探索，此外还对节目所推荐的书目，不同类型的书籍对应的舞台呈现方式、第二现场的嘉宾解读等进行的具体的分析，对该节目如何激发受众阅读兴趣进行了探讨。[③]由此可见，"场景式阅读"是分析《一本好书》不可回避的核心问题，2019年关于该问题现象层面的分析十分丰富，但仍缺少对此形式背后所反映的电视节目发展趋势的探索。毕竟，经典作品的影视改编早在电影和电视剧中就有体现，而沉浸式的传播本就是电视媒介自身的杰出特点，因此，关于多元媒介叙事的深入融合以及综合艺术形式的相互借鉴仍是未来需要继续深挖的命题。

2.《上新了·故宫》：文创+综艺

宋薇和张淅从认识、认知和认同三个层面，递次分析了《上新了·故宫》如何实现传统文化的创新表达。首先，该节目呈现了故宫未开放区域和大量珍贵藏品，带给观众新鲜感，其明星嘉宾的选择增加了青年元素，"御猫"和"阿尔法蛋"更是实现了年轻态的话语表达，让观众乐于去探索故宫文化；其次，专家的解读和嘉宾的探索给观众还原了真实的历史，剧场演绎和动画展示更是使历史活了起来，让观众对历史产生认知；最后，对文物的衍生品开发融入了现代和传统的元素，实现了时尚和古韵同存，促进了观

---

① 刘振、康思齐：《〈一本好书〉：文化类综艺节目的升级与创新》，《中国电视》2019年第5期。

② 关秀玥：《场景化体验：文化综艺类节目的创新路径和文化传播策略——以〈一本好书〉为例》，《新闻爱好者》2019年第12期。

③ 吴荣彬：《〈一本好书〉：文学经典综艺节目的范例》，《当代电视》2019年第2期。

众对文化的认同。①学者孙杨从问题出发，立足于媒体背景下传统文化节目的时代困境，认为《上新了·故宫》的先锋叙事结合了不同"次元"的文化让节目更生动；实景拍摄打破了空间局限强化了代入感；年轻语态的使用则消解了传统文化的距离感；平台联动实现了跨界营销；文创产品衍生了产业链，提升了节目的变现能力，由此上五点创新为当前文化类节目发展困境提出借鉴之道。②从内容分析的层面来说，2019年关于《上新了·故宫》创新性策略的相关研究已较为全面；从问题切入的角度来说，多从具体的时代背景和文化语境入手，例如消费文化语境③、新文创视角④、融媒体背景等，据此探讨该节目在品牌营销，文创开发，传播策略上的突破和创新。

3.《经典咏流传》：和诗以歌

通过对该节目前后两季的文本比较，廖璇提出，《经典咏流传》第二季在沿用第一季"和诗以歌"模式的基础上，对其传播策略进行了更为深入的创新。例如在传播内容的选取上，第二季借助现代诗人的文学呈现来满足中年受众的文化记忆；在传播载体的选择上，"第二季不再完全依赖于借势'流量红人'，而是以大众情怀为依托，在各领域寻找优秀代表人物重新将诗歌传唱"；从具体的传播终端来说，在延续第一季"双微"短视频造势的基础上，联合国内外各类线上平台共同播出，丰富了节目完整播出的渠道，

———————————

① 宋薇、张浙：《〈上新了·故宫〉：文化类节目的创新表达》，《电视研究》2019年第6期。

② 孙杨：《融媒体背景下传统文化节目的焕新之道——以〈上新了·故宫〉为例》，《传媒》2019年第8期。

③ 冯美：《消费文化语境下"文物+综艺"节目的创新策略——以〈上新了·故宫〉为例》，《出版广角》2019年第22期。

④ 张磊：《新文创视角下文化类节目创新性表达的赋能路径——以〈上新了·故宫〉为例》，《出版广角》2019年第23期。

优化了节目的宣传效果。[①]刘荃教授则从罗杰斯的"创新扩散"理论出发，认为"虽然传统文化与音乐相结合的艺术魅力是使《经典咏流传》节目成功扩散的主要原因，但……真正推动该节目扩散的是具有强大影响力的演艺明星"。不过，明星由于其文化圈层的相对狭窄性，扩散的广度和质量还有待商榷。[②]不同于前两者的文本分析，秦枫、闫路瑶采用定量和定性结合的研究方式，利用NVivo11分析软件对《经典咏流传》的微博评论数据进行了系统编码，并将其划分为态度、认知和行为三个层面的"父节点"，下设更为具体的"子节点"，指出该节目"以主持人朗诵诗词、经典传唱人演唱歌词、鉴赏团现场评鉴等方式将优秀经典传播给大众，观众通过解码在态度、心理认知和行为层面发生变化，产生了良好的传播效果"[③]。可见，关于《经典咏流传》的创新性分析，多集中在传播策略的角度，从全媒体融合的趋势下深挖文化在电视表达中的创新性转化。

4.《朗读者》：文化+情感

大部分学者在分析《朗读者》的创新性表达时，都会聚焦节目自身的情感传递，即共情体验与人文关怀。学者陆绍阳和杨欣茹便认为"寄情于朗读"是该节目的重要特色，节目通过访谈、朗读传递生命经验与价值观，通过场景设置、桥段设计和背景音乐营造氛围，强化情感表达。[④]吴越等学者则注意到节目中的"仪式感是表达人物内心情感最直接的方式，在朗读中加

---

① 廖璇：《〈经典咏流传〉第二季的传播策略升级》，《中国电视》2019年第11期。

② 刘荃：《互联网条件下传统文化类节目的创新扩散研究——以〈经典咏流传〉为例》，《中国电视》2019年第1期。

③ 秦枫、闫路瑶：《文化类电视节目传播效果及提升路径研究——基于〈经典咏流传〉微博数据的NVivo分析》，《中国电视》2019年第10期。

④ 陆绍阳、杨欣茹：《场景、氛围与情感表达——〈朗读者〉的文化空间再造》，《当代传播》2019年第4期。

入仪式感无疑有助于嘉宾在朗读过程中的情感迸发"[1]。张君和刘超言的研究则从节目情感性递增的角度指出，节目首先通过述说主题故事，将观众的情绪引入主题；接着朗诵经典，实现与观众情感的共鸣；然后邀请专家诠释朗诵内容，让观众情感进一步融入其中；而每期节目最后的回顾与同时响起的主旋律音乐，则让观众的情感在回味中得以升华。[2]由于《朗读者》两季开播时间分别是2017年和2018年，所以关于该节目创新性的研究多在前两年内就已具有较为丰富的成果，2019年再次回顾该节目的创新性策略，应当基于新的市场需要和媒介发展背景，展开相关的对比研究以及发展趋势探寻，为下一步读书类节目的创新提供参考。

综上所述，2019年关于具体案例的创新性分析主要选取"综N代"经典节目为研究范例，从节目的内容、形式、传播策略和品牌营销等多个层面对其创新性进行分析，重点聚焦在节目自身的创新特色上。但无论是探其缘由抑或究其实质，观点的辗转陈述难免大同小异，存在一定的同质化现象，尤其是基于同一部作品的分析。而不同类型或同一类型节目之间的比较研究相对较少，多是贴合具体的时代背景或者问题角度去分析其创新性。需要注意的是，创新性的研究不是单一的罗列和归因而重在对趋势和规律的把握，因此，关于文化类节目创新策略的研究不仅要立足优秀的节目案例，还要站在社会文化和行业生态的角度去探究其内在的原始动力和发展态势。

（二）从传统文化现代化传播的角度

此角度的研究视角主要集中在传统文化的现代化传播和创新性转化上，围绕文化类节目在传播传统文化上有何优势、作用以及如何通过创新性表达

---

[1] 吴越、杨学明、李想：《〈朗读者〉的节目特色与创新》，《中国广播电视学刊》2019年第11期。

[2] 张君、刘超言：《传统文化情感类节目的融合创新策略探究——基于两季〈朗读者〉述评》，《出版广角》2019年第20期。

扩大传播等问题进行论述。

　　首先，需要明确的是文化类节目在传播优秀传统文化上的作用和效果。曾军梅指出"文化类综艺节目的发展为传统文化的回归提供了契机，成为展示、传播、传承传统文化的有力平台"。因为文化类综艺节目兼具了娱乐和文化双重属性，加之VR、H5、H6等全新的技术所带来的视觉特效，以及多终端的媒体互动，让观众感知文化的同时，获得了极强的体验感。[①]学者曾一果和朱赫则进一步指出，"无论节目的形式和内容如何多样，传统文化类节目的一个主要宗旨是要通过'媒介仪式'建构人们对中华传统文化的集体记忆和文化认同"[②]。这种观点指出了文化类节目内在的社会责任和价值指向，此外，李依伦、李霞以电视戏曲节目为例，认为传统文化在"强化戏曲电视时代感、创新节目的形式与内容及重塑受众审美标准等方面"具有推广作用，有利于增加戏曲节目的传统文化元素，修复戏曲电视节目的文化生态，增强戏曲节目的文化自信和规范戏曲节目的价值取向。[③]由此可见，传统文化在借助电视节目实现创新性转化的同时，对电视节目的内涵和价值进行了反哺，使之在审美意蕴和文化气质上获得了增益。

　　其次，虽然传统文化和电视节目的结合是一次双赢的合作，但并非二者的任意拼贴都可产生社会效益和经济效益，如何实现二者的完美融合仍是学界尚在探究的问题。冷凇指出，文化类综艺节目创新的根本方法是回归电视文艺美学，"只有兼具时代气息、审美品格和文化意蕴三者浑然一体不可偏废"，才是文化类综艺节目谋求创新的根本之道。此外，人物的升维逆袭是

---

① 曾军梅：《传统文化在综艺节目中的再现与创新——以〈上新了·故宫〉为例》，《中国电视》2019年第9期。

② 曾一果、朱赫：《记忆、询唤和文化认同：论传统文化类电视节目的"媒介仪式"》，《现代传播》2019年第3期。

③ 李依伦、李霞：《中国传统文化在戏曲电视节目中的影响力分析》，《中国电视》2019年第2期。

节目不落窠臼的关键，而文娱产业链的打造则是未来节目发展的指引。[1]可见，电视文艺美学的回归被纳入传统文化传播的维度。关玲、张师迅则将文化类节目视为古典文学及传统文化通过视听语言转译的媒介产品，指出其转译路径是：内容上实现传统文化元素与视听象征符号、传统文化主题内容与故事化呈现、传统表达方式与年轻化语态、传统文化内涵与时代精神之间的转译；形式上实现传统文化单一表现方式与多元融合呈现、精英属性与大众化表达、单向传授与互动参与之间的转译。[2]曾军梅以《上新了·故宫》为例，探讨该节目在内容和形式上的创新举措，据此提出文化类节目应增强传统文化的可拓展性，让传统文化与当代文化元素相契合；实现传统文化的互动性，更加年轻化和大众化；创建文化创意产业链，打造文化可持续性。[3]同样以《上新了·故宫》为例，学者李炜从叙事呈现、文化精神内核、构建受众身份三个层面进行了思考，文章还指出，在呈现故宫珍宝和深厚历史内涵的过程中应务求细节的专业和精准，应当以一种"考古式研究的治学精神"来进行选题和制作，以此才能彰显对传统文化的敬畏和尊崇。[4]

最后，关于传统文化的传播，除了以央视和各大卫视为主的节目，还有不少学者将注意力转移到县级地方台文化类节目的创新策略研究。例如浙江电视台教育科技频道赵敏指出，"地方电视文化类节目，由于空间和资源的区域性，必然存在着本土化的特征"，节目内容创新应该根植本土，加强与文化资源集聚部门合作；运用新媒体、融媒体手段促进传播多元化；此外，

---

[1] 冷淞、王樱潼、孙肖璐：《文化类综艺节目的美学回归与创新趋势》，《中国电视》2019年第2期。

[2] 关玲、张师迅：《电视文化类综艺节目中传统文化的现代转译》，《中国电视》2019年第12期。

[3] 曾军梅：《传统文化在综艺节目中的再现与创新——以〈上新了·故宫〉为例》，《中国电视》2019年第9期。

[4] 李炜：《电视综艺对中华优秀传统文化的创新传承与传播——文化类电视综艺节目〈上新了·故宫〉评析》，《中国电视》2019年第6期。

地方电视台创作者应注意自身专业素养和文化素养的养成。[1]地方电视文化类节目对促进地方优秀文化，打造地方城市形象，提高县级卫视关注度有很大的促进作用，未来在这个方向还需持续发力。

综上所述，2019年关于该层面的研究主要立足于传统文化回归的政策支持、社会文化需求和行业转型等大背景，提出运用现代传媒技术打造视觉盛宴，借势媒介融合趋势实现互动创新模式，通过年轻化、多元化、内涵化表达，吸引更多的青年受众加入传播传统文化的行列，助推优秀传统文化繁荣复兴。研究也主要集中在以央视为主的热播文化类节目，对地方卫视的关注较少，这是未来学界需要不断丰富和完善的研究领域。

二、电视文化类节目的社会价值研究

对电视文化类节目的价值指向研究，主要是基于电视文化类节目的社会效益和责任担当进行的意义构建和价值问询，主要分为价值构建层面和社会行为层面的探讨，价值构建层面指深层次的思想塑造和实践暗示，社会行为层面则针对具体的现象反馈和实践指引。

（一）价值构建层面分析

该层面的研究主要探讨文化类节目在弘扬优秀传统文化，增强文化自信，促进文化认同，构建国家形象以及"共同体"意识等方面的社会作用和实践举措。

首先需要论证的是文化类节目自身可以实现的社会功能，学者赵晨妹和葛晓宇肯定了文化类节目的感染力和舆论引导功能。例如《国家宝藏》的叙事方式契合了人类爱听故事的心理特征，易于让受众产生共情和反思，从而

---

① 赵敏：《融媒传播中地方电视文化类节目的突围与反思》，《当代电视》2019年第10期。

在无意识的状态中潜移默化地对中华民族的共同价值观产生认同，"激活"传统文化。①吴雁和袁瀚也提出"电视文化节目具备教育性和大众性，既承载了媒介的价值导向功能，又覆盖了广泛的受众人群，是执政党和主流媒体话语传播的有效载体"，近年来的优秀电视文化节目做到了"基于中华民族优秀文化，在现代化建设的进程中传播中华民族共同体意识，在电视媒介话语中营造民族共同体"②。可见，电视文化节目相对于其他节目形式在价值构建层面具有更多的话语权。但与此同时，温鹏等学者还指出，文化类综艺节目的热播一方面有利于提高大学生的文化自信，增强文化认同，树立创业意识和促进创新能力，但另一方面也对大学生造成了一定的文化焦虑，某些节目还会诱发部分学生的不良消费观念。③由此可见，当前良莠不齐的文化类节目对青年受众价值观的构建具有利弊双关的影响，这对文化类节目的正向价值引领提出了更高的要求，因此，从拥有何种功能到如何更好地实现此功能成为一个顺承相接的研究话题。

刘朝霞、尤雅秋基于经典案例，提出："《国家宝藏》从典型人物、中国仪式、匠心智慧、东方价值观四个方面入手，以名人和素人共同引领守护，整合线上线下，以兼具文化和综艺气质的高质量节目在观众心目树立了文化强国和负责任大国的形象，引发公众对优秀的传统文化产生深厚的民族自豪感。"④同样是研究国家形象的塑造，杨文思以《经典咏流传》和《上新了·故宫》为例，指出节目通过"技术与文化相结合的方式，制作原创节

① 赵晨妹、葛晓宇：《新型主流媒体舆论引导力提升的策略与路径——以中华传统文化综艺节目为例》，《中国电视》2019年第6期。

② 吴雁、袁瀚：《营造"共同体"意识：论主流媒体话语调适的转向——基于电视文化类节目的思考》，《现代传播》2019年第8期。

③ 温鹏、陶春丽、职晨晨：《文化类综艺节目热播对新时代大学生价值观的影响》，《西部广播电视》2019年第8期。

④ 刘朝霞、尤雅秋：《文化综艺节目中的国家形象建构——以〈国家宝藏〉为例》，《青年记者》2019年4月下期。

目，传承中华文化的古典美与意境美，展现了中华文化的独特魅力，提升了国民自信，加深了民族文化认同感，塑造了一个正面、积极的文化大国形象"[1]。

由此可见，优秀传统文化背后传递的大国形象和文化自信以及文化认同是一脉相承和顺次相接的，在这个问题的讨论上可以同传统文化的创新策略研究接轨，立足于正向价值的输出。

（二）社会行为层面分析

该层面的分析主要针对具体的行业或实践展开，例如王见凤在其文章中论证了文化类节目的热播对高校图书馆阅读推广工作的促进意义。该学者指出，高校图书馆应进一步丰富阅读推广方式，可借鉴文化类节目中的"答题"模式或纪录片等形式将其转换运用到推广方式中，还"可以借助某款文化类电视节目的影响力来对馆内图书进行重新排序、整合"[2]。而陕西省图书馆李小宁从《经典咏流传》的文化现象入手，分析了图书馆传承中华传统文化的作用与途径。[3]这两个研究中，图书馆对阅读的推广与文化类节目对传统文化的推广具有一样的性质，因此在逻辑上存在相互借鉴的可能。除了对图书馆发展的影响以外，张敏等学者立足高校教育，探讨了文化类综艺节目对当代大学生的潜在教育可能，通过对南京高校的问卷调查，得出大学生对综艺节目的需求具有"精神追求积极，情感缺乏理性""文化认同感强烈，精神生活趋于多样化""精神自主性增强，总体处于享受型谨慎需求"

① 杨文思：《文化类综艺节目对国家形象的塑造——以〈经典咏流传〉和〈上新了·故宫〉为例》，《视听》2019年第12期。

② 王见凤：《文化类节目对高校图书馆阅读推广工作的影响》，《现代交际》2019年第9期。

③ 李晓宁：《从〈经典咏流传〉节目的文化现象看图书馆传承中华传统文化的作用与途径》，《公共图书馆》2019年第2期。

等特点，并由此探讨了推进文化类节目建设的路径。[①]由此可见，文化类节目的影响力早已波及社会人文生活的方方面面，对教育业、图书出版业[②]乃至汉语言国际传播[③]都有一定的启发和促进，但2019年关于该层面的研究相对较少，论文质量也有待进一步提高。不可否认的是，这是跨学科研究可以尝试探索的领域。

综上所述，2019年关于文化节目社会价值方面的研究多偏向于价值构建角度，且研究内容围绕社会价值是什么、为什么、怎么做三个层面展开，缺少相对应的效果研究。以经典案例为蓝本进行的策略分析，前提肯定了热播节目在价值构建层面的优势，同时也变相促使了经典模式的同质化。因此，关于该层面的深入研究仍有较大的需求空间，未来或可从视听语言的独特叙事和修辞的维度，展开价值语义的探索。

三、电视文化类节目的美学价值研究

对文化类节目美学价值层面的研究，即将电视文化类节目看作电视艺术文本，对此进行美学意义上的分析和研究，探讨其审美价值和具体的美学特征。

文化类节目中富有中华传统文化诗情画意的形式和意蕴，使文化类节目的艺术性和审美性逐渐获得关注。万钢指出"打造精品文化类综艺节目，不能仅停留在文化底蕴传播和思想内涵表达上，更要注重艺术审美和表现结

---

① 张敏、王越、叶帅：《文化类综艺节目对当代大学生的潜在教育探讨——基于对南京高校的调研》，《传播与版权》2019年第6期。

② 张道静：《图书内容场景化演绎给图书出版业的启示——以〈一本好书〉文化综艺节目的热播为例》，《传播力研究》2019年第3期。

③ 杨超、揭其涛：《影视传播全球化语境下的汉语文化自信提升——以中央电视台文化节目〈经典咏流传〉为例》，《新闻研究导刊》2019年第9期。

构"①。冷淞等学者则言明"文化类综艺节目是视听传媒与中国传统文化融会贯通所孕育出来的兼具真善美的艺术形式",要想实现其创新,根本之道是回归到电视文艺美学。②可见,文化类节目的审美属性已然成为学界关注的重点,这表明文化类节目不仅具有社会文化价值,还需要从艺术体认的角度实现自身的美学价值探讨。

关于美学价值的探讨,多从其艺术表现形式和审美特征入手。黄静指出电视媒介构建的美学效应首先表现在舞台视觉唯美效果的凸显,其次是舞台时空重新构建,再次是配乐和声音等听觉美感的传达。此外,文化类节目叙事中所携带的家国情怀的编码,在传播主流价值观上"寓教于乐"的功能,也都彰显了节目自身的艺术特征。③该学者此处所论电视媒介的美学效应,实则指出电视媒介在视听语言上具有合目的性的形式,满足审美的存在。贺滟波以文化类节目《一本好书》为例,认为该节目"打造了开放性的环形表演舞台,客观上赋予节目虚实相生的审美意境",此乃一层诗意空间;采用非线性会话逻辑结构的品论环节,以及融合媒体的垂直传播空间衍生出相辅相成的多个互文性文本则又构成另外两层诗意空间。④可见,空间人物叙事上的虚实相生,可使节目的舞美时空实现诗意转换,而显性传播和隐性互动的交叉,则从审美的视角赋予了传播美感。而以上被多次讨论的场景转换从时空叙事的维度,被佐证为具有抒情性和审美性,因而能参与文化类节目的美学构建。

---

① 万钢:《符合时代命题与审美的文化类综艺节目创新》,《电视研究》2019年第7期。

② 冷淞、王樱潼、孙肖璐:《文化类综艺节目的美学回归与创新趋势》,《中国电视》2019年第2期。

③ 黄静:《传统文化的媒介构建——文化类综艺节目艺术特征研究》,《当代电视》2019年第10期。

④ 贺滟波:《〈一本好书〉:文化综艺节目中的诗意空间》,《中国广播电视学刊》2019年第9期。

文化类节目的审美性，并非只是美的形式和内容，还具有美的价值。何玲华在其论文中指出，文化类节目"无论是从符号内容维度还是从审美体验层面"，"对救赎电视泛娱乐化的作用十分显著"。符号自是富有中华传统精神的文化符号，而审美体验则指向仪式传播、沉浸体验、视听叙事的层面。[①]刘强、乔慧指出《邻家诗话》秉持了"兴观群怨"诗的美学作用和社会教育作用，遵循了诗词"可以群"的价值功能，具体体现在节目流程、节目形态的架构上的中式美学特征，也体现在节目非竞技格调下所选择的潜移默化共情传导的文化传播机制。[②]可见，文化类节目的美学价值指向的是更为深层的社会价值。

综上所述，2019年关于文化类节目的美学价值研究，主要从审美性判断、艺术特征、美的社会价值层面进行探讨。从论文的质量和数量上来说，对该领域的关注仍有所欠缺，未来的研究还需要结合具体的美学理论展开。

四、电视文化类节目的反思性研究

对文化类节目的反思性研究主要是基于文化类节目的生存现状，分析其面临的现实困境和未来发展趋势，以探究解决之道。

文化类节目的升温与崛起，是多种因素叠加的综合影响所致。冷淞等学者指出，政策上的文化导向、"泛娱乐"背景下观众对文化的需求、现代传播技术都是助力文化类节目实现突围的背景优势。[③]杜思杨在其论文中还指出文化类节目的发展契机受到大众"文化焦虑"现象的影响，从侧面解释了

---

① 何玲华：《文化原创类节目：充盈符号内容和审美体验的新样型》，《中国广播电视学刊》2019年第12期。

② 刘强、乔慧：《非竞技诗词类综艺节目的美学特征与文化传播机制研究——以〈邻家诗话〉为例》，《大舞台》2019年第5期。

③ 冷淞、王樱潼、孙肖璐：《文化类综艺节目的美学回归与创新趋势》，《中国电视》2019年第2期。

互联网时代，信息的难以聚焦和深入探寻，使得民众产生了对文化的需求。此外，文化类综艺节目的口碑发酵也是促进其逐渐热播的原因，因此由央视主推，各大卫视相继助攻，使得文化类节目获得了观众和市场的肯定。①

虽然文化类节目生逢其时，但其并非一帆风顺，持续发展仍需突破一定的现实瓶颈。王永指出文化类节目到2019年进入了"七年之痒"，在其热播的背后，面临许多亟待解决的问题：节目质量良莠不齐，加上网络综艺节目的冲击，收视呈现疲软期；题材扎堆雷同，同质化现象严重，观众进入审美疲劳期；市场转化不理想，难以产生足够的商业价值；表现形式较少，基本上以大成本制作的现场节目为主。②学者曾一果从媒介仪式构建的角度对当下文化类节目提出反思，指出："在消费主义和娱乐主义盛行的电视领域，由于激烈的行业竞争、对传统文化内核的不正确解读、追求收视的即时效果而忽略长远的文化发展规划，其实也在某种程度上消解着电视节目精心建构的媒介仪式。"③关玲和张师迅则从传统文化和电视表达的角度，指出文化类节目中存在对传统文化取舍之间的扬弃问题，精英文化与大众文化表达之间的矛盾，以及传统文化的系统性与碎片化表达之间的矛盾。④由此可见，2019年文化类节目的发展存在创新性不足，同质化严重，社会和商业效益不对等，电视对传统文化呈现和传播的不正确解读等问题。

关于目前文化类节目以上所面临的发展困境，学界也在积极探索解决之道。杨乘虎指出，进一步推动文化类节目高质量发展，需要把握好文化内核

---

① 杜思杨：《浅谈文化类综艺节目面临的挑战与发展趋势》，《今传媒》2019年第10期。

② 王永：《原创文化类电视节目兴盛背后的冷思考》，《新闻战线》2019年第8期。

③ 曾一果、朱赫：《记忆、询唤和文化认同：论传统文化类电视节目的"媒介仪式"》，《现代传播》2019年第3期。

④ 关玲、张师迅：《电视文化类综艺节目中传统文化的现代转译》，《中国电视》2019年第12期。

与综艺形式的边界问题，全球模式与本土创造的版权辨析问题，文化情怀与现实关注的结合度问题，聚能与赋能的组合效应创造（不断提高产品和服务的附加值与竞争力）以及整体性与多样性的辩证组合的问题。①冷淞等学者则认为，媒体要在摸清受众视听语言习惯的基础上充分挖掘节目类型，开辟新品类，"除了目前文化类综艺市场上已有的诗词、书信、非遗等领域，历史建筑、方言文化、服装服饰、四大名著等都是有待深度挖掘的新型资源；此外，紧扣内涵，深耕垂直细分领域，以精益求精的态度从不同层面进行挖掘，把'单一领域'做透做好，实现'物尽其用'也是不可忽视的"②。除以上针对各大卫视文化类节目的普遍建议以外，赵敏立足地方电视文化类节目的发展境况，提出地方电视应该促进经费来源多元化，加强节目的投入力度；尝试运用VR/AR/5G等新的传播形式和制作模式；加大地方部门联动，多管齐下推出外延产品等建议。③

综上所述，2019年关于文化类节目的现状分析和困境反思多是与其他层面的研究一同展开，例如在进行创新策略研究的时候，结合具体的时代背景和现实困境进行论述，少有专门对现状和困境的具体分析。

五、总　结

（一）研究现状

本文以527篇知网论文为研究样本，对其进行分类研究和逻辑梳理。从

---

① 杨乘虎：《关于文化类综艺节目高品质发展的若干思考》，《中国电视》2019年第7期。

② 冷淞、王樱潼、孙肖璐：《文化类综艺节目的美学回归与创新趋势》，《中国电视》2019年第2期。

③ 赵敏：《融媒传播中地方电视文化类节目的突围与反思》，《当代电视》2019年第10期。

论文的研究数量上来说，多是集中于创新策略的研究，主要采用个案分析法和内容分析法，或从单个领域展开具体研究，如叙事策略、传播策略、营销策略、主持策略等方面；从研究方法上来说，主要是内容分析法，值得注意的是有部分学者尝试从数学建模等定量研究的角度展开传播效果的研究，为文化类节目受众调查分析提供了数据支撑；从研究案例的选取上来说，对综N代研究较多，对2019年新推出的文化类节目研究较少，这与2019年文化类节目创新性不足，缺少高质量和高收视的行业"爆款"有关。此外，学界的理论视点存在对央视综艺关注较多，对省级地方卫视乃至县级电视台的原创文化类节目关注度严重不足的情况，使得地方卫视的实践发展缺少理论上的指引；从研究的质量上来说，存在一定的同质化现象，且质量良莠不齐，部分研究有浮于肌理之嫌。未来还需立足现实发展，推动理论发展，可往跨学科研究和节目对比研究等方向继续挖掘，更加注重节目美学价值和社会价值的探讨，同时将学术注意力更多投向地方卫视的发展。

（二）研究启示

通过对2019年文化类节目的相关研究发现，对于同一主体的不同研究，多是从一个定点的不同维度进行发散思维的研究，例如对一个角度的研究可以展开不同层次和方向的论述。以对观众群体的研究为例，在传播学的视阈下，表现为受众研究，可从"使用与满足"的角度展开具体的传播行为效用分析和传播策略分析。而在接受美学的视域下，表现为审美接受研究，可从"召唤结构"的角度考察观众对电视文艺作品的艺术接受行为和诱因，以上都是从横向思维的发散角度进行的研究串联。从纵向的深层次剖析，则呈现出一种缜密的逻辑体系。例如对文化类节目美学价值的研究，首先需要明确的是文化类节目是否具有美学特征，这是从艺术体认的角度进行的前提判断；其次需要明确文化类节目中的审美性体现以及审美价值归属，其实是基于既有作品分析其美学功能和社会价值；再次需要探究文化类节目中如何更好地体现其审美性和艺术性，这是基于在上一级规律总结研究上提出的通用性实践建议。由此可见，关于文化类节目社会价值的研究，其实涵盖了美学价值的讨论，而无论从何种层面提出的实践建议，都属于创新性策略的研究范畴，故而从宏观上又可将文化类节目的研究划分为内容分析、社会价值分析、创新策略分析三个部分。未来选题或可立足三个基本部分，进行横纵思维的拓展。

（作者：申渝，中国传媒大学2019级广播电视艺术学硕士研究生）

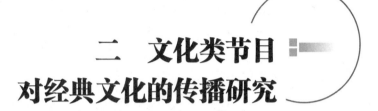

二　文化类节目
对经典文化的传播研究

文化类综艺节目对经典的传承创新及价值阐释

摘要： 经典传统文化经过电视影像媒介的创新焕发勃勃生机，在回归经典的时代语境下，以《朗读者》《经典咏流传》《中国诗词大会》等为代表的文化类综艺节目凭借其深厚的文化内蕴和审美价值逐渐占据了文化市场的主导地位。文化类电视综艺将经典熔铸于人们的现实生活，吸收中外优秀文化之精华，从而焕发出新的审美精神，人文之美人人共享，审美的日常生活化让更多的受众达到自我之超越、心灵之净化的境界。

关键词： 文化综艺；经典传承；现实关注；审美价值

近年来，文化类综艺电视节目步入快速发展时期并且赢得观众一致好评，有温度、有文化的综艺节目成为信息影像爆炸时代人们急切渴望汲取的精神食粮。由中央广播电视总台率先垂范、地方电视同声相应的文化类综艺节目运用别出心裁的演绎方式将经典生动再现，传统文化再一次"活"了起来，充分展示了大国之风范，文化之自信。同时，伴随着文化类电视综艺拥有越来越广泛的受众群体，审美正逐步走向日常生活化，人们获得了更多的审美享受和乐趣，其审美价值优势愈发凸显。

一、传承创新：经典光辉的重现

中华五千年文化经过岁月的沉淀如同美酒一般历久弥香，文学艺术的创造，凝聚了人类生活对真善美的追求，因而成为人类文明的结晶。但由于时代的快速发展，人们生活节奏的加快，传统纸质阅读文化消费已经无法跟上图像电子文化消费的步伐。文化类综艺的出现，恰恰弥合了传统与现代文化接受之间的鸿沟，各大平台制作的以弘扬传承中华文化为要旨的综艺节目用人民群众喜闻乐见的形式呈现给观众，创新式地建立起经典和观众之间的情感纽带，优秀传统文化再次回归到大众视野。

首先，优秀的文化类节目必然是立足经典作品或者经典文学样式的，从中汲取营养才能面向观众，因此具有文化传承的价值。在民族文化复兴的语境之下，主流文化顺应观众的审美需求，并且在文化市场当中占据主导地位，这是一个国家文化自信的突出表现。"诗言志，歌永言，声依永，律和声"，《经典咏流传》将古典诗词和现代音乐有机结合，集结了一大批优秀音乐人和素人"和诗以歌"传唱经典，为传统诗词文化再次插上"乐"的翅膀，还原经典诗词韵律甚至可以说是再造经典，观众沉浸在美妙的诗词文化和音乐的旋律中，传承的旗帜由此高高飘扬在每一个平凡人的审美视界。《中国诗词大会》着眼于"人生自有诗意"的文化意趣，秉承"赏中华诗词、寻文化基因、品生活之美"的节目宗旨，以激烈的赛制形式吸引了广大观众的诗词学习兴趣。节目题型的设置内容涵盖广泛，涉及婉约、豪放、古代、近代、田园、边塞等不同诗歌题材类别，第三季还邀请到非遗文化传承人拍摄视频短片，用剪纸、糖画、木雕等方式生动形象地呈现诗词题目。另外，北师大康震老师在节目中的现场作书画设置题目的方式也让观众看到了传统文化的古韵魅力，经典的传承复归成为当下文化市场的重要走向。《朗读者》同样坚守中华优秀文化基因，披沙拣金，在浩如烟海的古今中外文学巨著当中选取具有特殊意义的文学片段，由嘉宾朗读，唤醒语言文字直击人心的力量，还原经典最原始的样貌，赋予文字鲜活的生命力。每一次的经典文本阅读都是在感知古老的民族文化和时代特点，一个个文字当中蕴含着华夏文明深厚的文化底蕴和民族精髓，包揽了民族文化中特有的价值体认，满足了现代人在"泛娱乐化"时代的文化乡愁。所谓经典常读常新，主持人董卿在第一季第十期节目中朗读了《红楼梦》的宝黛初见的经典片段，她提到："都说是说不尽的《红楼梦》，因为往浅了读，这是一个院子里的儿女情长，往大了读，这是一个朝代的盛衰兴亡。"文学经典是值得我们去反复品读和玩味的，文化类电视节目正是在利用大众传媒的特殊文化功能的同时，用文学经典传承民族文化底蕴，用阅读坚守经典传诵的时代声音。

其次，传统文化再次焕发新的生机活力，离不开电视节目的创新匠心呈现。《中国诗词大会》有意将节目打造成为全民共享的诗词盛宴，推出的四季节目每一季都有新的升级和创新点，创意环节"飞花令"的设置让观众不禁拍案称绝；《经典咏流传》创新性地将古典诗文在跨越千年之后以全新的面貌与大众见面，用音律的方式播撒古诗文真善美和梦想的种子；《朗读者》依靠文字、声音传递情感，经典传诵、演绎的"清流"方式使得节目呈现更为纯粹。《朗读者》第二季将舞台设计全面升级，采用360度室内结构全息投影，210度环绕式全息纱幕影像，镜像式巨型吊装LED竖屏，营造出了多层次、多空间的舞台感受，为观众带来绝妙的视觉体验。嘉宾访谈室和朗读舞台之间的大门，寓意着文学经典即将再次被开启，打开门时的那一束光可以看作是经典光辉的重现和对读者心灵之门的叩问。从节目呈现效果来看，《经典咏流传》邀请到各路音乐人、明星加盟传唱经典，在一定程度上具备了社会号召力，另外明星嘉宾不作秀、影视技术不滥用，观众完全被经典文化的艺术魅力和真情实感所征服，经典诗词以既传统又有新意的形式广为流传。《朗读者》节目组邀请的朗读嘉宾或多或少都和作品有联系，在朗读之前，会有一个相对私密的"访谈空间"，由主持人和朗读嘉宾对朗读文本做简单的介绍或者请朗读嘉宾娓娓道来自己的故事，朗读者在非公开的空间中得到放松，观众在场外也获得了"窥私"欲望的满足。从节目内容价值来看，文化类综艺节目其审美内核都是优秀的中外文化，因此在选材内容上都要求做到民族性、时代性和文学性，依靠内容价值取胜，着眼于拓宽观众的文学眼界和人文素养。《经典咏流传》将文学性与音乐性相结合，将诗词鉴赏点评贯穿于作品，北师大康震教授的精彩解读让观众在诗词音乐熏陶之余，开阔了文学视野，深化了对诗词内容的理解认知，增强了对民族传统文化的认同感和自豪感。

二、现实关注：审美生活化的开掘

海德格尔在《艺术作品的本源》中说："世界不是立于我们面前让我们细细打量的对象，它从来就是诞生与死亡、祝福和亵渎的路径，使我们失魂落魄般地把持着存在。"①因此，世界是一个活生生存在的现实世界，是人不断追寻生命意义和存在价值的世界。人存在于世界中，通过文学艺术的审美鉴赏活动，人们得以从日常生活的琐屑卑微状态中挣脱出来，达到一个澄明的境界。现代社会物质资料极其丰富，人们对于精神享受的需求越来越迫切，传统文学作品固然以其夺目的光辉经久不衰，然而对于大部分只有普通鉴赏能力的人来说，无疑是晦涩难懂的，文学经典成为被束之高阁的"尘封之作"。在此契机之下，文化类综艺节目接过历史的接力棒，突破精英文化的桎梏，立足现实生活，用影像媒介承担起传播优秀经典文化的重任，使得当代人的审美活动跨越文学艺术的范畴而渗透到大众的日常生活当中，人文之美人人共享，审美生活化让人们获得更多的审美享受。

艺术和生活是相互促进的关系，目前的主流文化愈发重视提倡面向现实、关注人生的审美文化追求。主流文艺应该站在时代浪潮的前端，具有超前意识，关注人类命运问题，同时又能俯下身来，建构与现实人生的密切联系，关注百姓日常生活百态，使人们获得深切体验和审美享受。

主流文化要实现重视发展审美维度，教育人们从审美的角度去体验和

① 马丁·海德格尔：《林中路》，孙周兴译，上海译文出版社，2004，第30页。

评价世界，用审美的态度欣赏世界，以审美的生活化开掘出更为贴近民众、民心的文艺作品。现代媒介运用技术手段将审美艺术涌向人们的日常生活当中，人们的娱乐活动空前丰富，但问题是泛娱乐活动逐渐造成人们的审美疲劳甚至是审美反感，人们开始渴望文化的"复归"，"曲高和寡"的传统文化开始结合现代影像手段拉近与观众的审美距离。周宪认为：观众不再需要"仰望"经典，而是"平视"经典。也就是说，观众和文化节目之间是一种平等博弈的关系。①审美真正地开始生活化、平民化。《朗读者》的文本选择扎根于时代社会生活和人民的情感记忆，契合当代人的审美需要，以主题词的方式呼应文本内容，让文学经典成为一个鲜活的生命活跃在朗读者和观众的情感体验当中。文学艺术不再抽象，它源自于日常生活，反映日常生活，同样能在日常生活中精彩呈现。《朗读者》第一季邀请到儿童文学作家郑渊洁和他的父亲郑洪升共同朗读其作品《父与子》，在访谈空间由嘉宾讲述寻常父子之间的温情故事，随后视角切换到父子二人深情朗读作品，观众被浓浓的父子情打动，对作品本身也有了更深刻的理解。文学从高阁之上解脱出来，借助视听手段打造成为平民化、通俗化的精神食粮，引发人们的美学思考，启示人们生活的意义何在。"旧时王谢堂前燕，飞入寻常百姓家。"审美的日常生活化让更多人接触到过去只有少数文化精英才能触及的文学高地，同时文化综艺节目的去标签化、平民化使得普通受众有了更贴近生活的真实感，人人都是经典文化的传承使者，全民参与度和学习热情空前高涨。《中国诗词大会》的参赛选手是来自各行各业的诗词爱好者，百人团中的答题选手分别设置有少儿团、青年团、百行团和搭档团，他们没有明星光环却在台上闪耀着非凡的光芒。第三季诗词大会外卖小哥雷海为击败北大文学硕士彭敏成为冠军，观众在极为惊喜的同时也被雷海为的深厚诗词功底以及他在背后所付出的艰辛努力所折服，掀起全民学习古诗词的热潮，经典文化的影响和传播上升到全民参与的高度，人人都是经典的见证者和传承

---

① 周宪：《当代中国的视觉文化研究》，译林出版社，2017，第427页。

者。观众在日常生活中通过诸如此类的文化类综艺节目获得审美需要维度的满足，从而对日常生活进行再度体验，在审美体验中获得审美享受，唤起审美之思，领悟人生的价值与意义。

三、共情超越：人格心灵的净化

优秀文学艺术的审美价值不仅在于作品自身，更体现在它对人性广度和深度的挖掘与展示、人类灵魂的升华与铸造以及人格心灵的净化与超越。苏珊·朗格认为："艺术是人类情感符号形式的创造。"[①]文化类综艺作为优秀传统文化的传承使者，从中华民族五千年的深厚文化积淀当中，找寻集体的文化记忆和价值体认，涉及文字、诗词抑或是经典名篇、家风、书信等诸多领域，这些文化符号都是烙印在国人深层文化记忆当中的无价之宝，借助现代的媒介传播方式实现传统文化的全新演绎，有声文字与观众达成情感共鸣，唤起国人的文化归属感和精神超越感。观众作为审美主体，在欣赏节目即和审美客体相互交融的过程中，审美主体感受到精神需求的满足和自我实现的愉悦。诚如胡经之所言：然而审美的根本目的在于自我人格的价值提升，这就必须要超越自我，以人类本性做出审美反思，从而不囿于现实生活的泥沼，坚定地超拔出来，完成人格心灵的净化。[②]

当下的综艺娱乐市场充斥着过度娱乐化、低俗化的倾向，导致不少节目被困在制造话题、拼咖位、博流量的怪圈中，让观众成为只寻求感官刺激忽视理性思考的感官动物。《朗读者》作为"清流综艺"的核心在于其隽永深厚的人文关怀和情感传递，通过艺术的呈现，引起观众相应的、一致的情感体验，这种共情不仅涉及理智，也涉及情感，这是一种审美意义上的共鸣。在每一期嘉宾的深情朗读下，内蕴着中华民族价值体认和精神

---

① 苏珊·朗格：《艺术问题》，腾守尧译，南京出版社，2006，第12页。
② 胡经之：《文艺美学与文化美学》，复旦大学出版社，2016，第61页。

密码的文学作品拥有了血肉灵魂，琅琅书声唤起观众的情感共鸣，时代经典激扬国人的文化归属感与自豪感。著名翻译家许渊冲先生在《朗读者》中谈起自己的翻译事业时自信而又豁达，读到年轻时翻译的小诗时，情之所至他真诚地红了眼眶，观众也因为共鸣和感染不由自主地流下眼泪。耄耋之年的许老先生眼中闪烁着智慧又坚毅的光芒，他的生命充满了乐观和进取精神，一句"让中华文化得到认可，我也就没什么遗憾了"让观众体会到老先生对中华文化的传播使命和深厚感情，从而进行自我反思，完成人格心灵的净化。另外，由于文学拥有得天独厚的艺术魅力，其自身就存在着真善美的价值因素，它审美地反映现实，表现出审美的态度，这也是古典文学作品仍然有巨大的艺术魅力并能启示人们认识生活、以何种审美态度关照生活的原因。《经典咏流传》中最让人动容的作品便是支教老师梁俊带着一群来自山区的孩子们共同传唱清代袁枚的《苔》——"白日不到处，青春恰自来。苔花如米小，也学牡丹开。"梁老师以独到眼光为孩子们选择了袁枚的小诗，正是在告诉孩子们同时也是在告诉千千万万个平凡的我们：虽然阳光暂时照不到我，但是我的青春、我的精神风貌依然在，我仍旧能富有光彩地快乐地绽放。观众被孩子们稚嫩真诚的童声和梁老师精心动人的改编打动，已孤寂清冷300年的《苔》跨越时代和屏幕，实现了"优秀传统文化的创造性转化和创新性发展"。"风一来，花自然就盛开"，梁老师带着观众唱出了文化的自信、青春的期许，更激发了人们向上、向美的价值追求。《朗读者》通过文学文字的情感力量和观众建立起对话关系，使观众从日常生活的工具理性的压制中解脱出来，把审美的观念引入生活，就是提升你自己；以美学的思维来缔造自己的生活，抵达人类理想的生存境界，即"诗意地生存"。①

文化类综艺的审美价值同时体现在艺术超越性上，节目不仅关注当下的生活，也关注未来的世界，超越今天指向明天，不断修正创新，弘扬主流

---

① 周宪：《美学是什么》，北京大学出版社，2016，第372页。

文化，为人类开拓出一片澄明的境界。以《朗读者》《经典咏流传》《中国诗词大会》等为代表的文化类综艺节目倾尽所能给生命以敬畏，给文学以礼遇，用影像记录刻写在未来能够成为这个时代记忆的东西。节目的成功不是偶然，正是由于制作团队对节目内容价值的不懈追求，怀揣着传播创新优秀传统文化的历史使命，不被潮流所裹挟，不被流量所绑架，它洞察到时代的特点和未来的审美需求走向，将真理置入作品的同时，对现实人生和整个人类进行再次塑造，实现了艺术创造和人格塑造的双重创造，既延伸了时间的长度，又拓宽了人性的维度。

（作者：杜莹杰，中国传媒大学人文学院中文系副教授；

张继昕，中国传媒大学人文学院2019级文艺学研究生）

百年墨香点亮纸质书页，戏剧魅力传递文本之美
——由《一本好书》引发的思考

摘要： 文化类综艺节目《一本好书》一经播出，其新颖的戏剧式读书方式和逼真的舞台设置便引发了观众们的热议。2019年10月《一本好书》第二季强势回归，不仅沿袭了第一季华丽稳健、激情优雅的格调，更是坚持了全球化的视野，带领观众汲取全人类的智慧和经验，启发了观众对于书籍的深入思考，滋养着个体的生命和成长，并且在豆瓣节目评分一路走高的情况下，节目仍旧保持着自身的气质和节奏，用心在传承着人类知识的精华。本文就《一本好书》的节目创新形式和节目产生的效果来谈谈对于该节目的几点思考。

关键词： 创新；戏剧式阅读；互动；启发

2018年国庆小长假结束之际，文化类电视节目再次升级，继《朗读者》《阅读·阅美》等"阅读"类节目燃起收视热潮后，关正文导演的场景式读书栏目走入大众的视野，该节目一经播出便以其新颖的形式和题材获得了极高的关注度，豆瓣评分高达9.2，到第九期即将开播之际视频播放总量高达2.2亿次左右，更是受到人民网、《中国青年报》等国内多家媒体的一致好评，最重要的是在获得高收视率和良好口碑的同时，《一本好书》在如今国民阅读率低迷的时代，引发了观众对于读书的兴趣和热爱，加强了全民阅读的意识，使得文学经典名著伴随着全新的节目形式强有力地回归大众的日常

生活。节目主持人与应邀嘉宾访谈式的解读，应和着拥有丰富戏剧舞台经验的老戏骨们的动情演绎，与现场以及荧幕前的观众朋友们一起徜徉在中外的文学名著典籍中，感悟语言文字之美。除此之外，华丽逼真的舞台场景、极富感染力的配乐等这些辅助因素与人文情怀一同构建出了这档高质量的原创"现象级读书节目"。

2019年10月14日《一本好书》第二季登陆江苏卫视，早在第一季播出之后，《一本好书》便获得了2018腾讯视频星光盛典"年度口碑节目"、《南方周末》2018年度盛典"年度创新案例"奖、《新周刊》"中国年度新锐榜"、"推委会特别大奖"等荣誉，更是以9.2的高分名列2018年度豆瓣高分网络综艺第二名。第二季节目开播伊始，便受到了社会各界的广泛认可，互联网微博话题#一本好书#的阅读量截止到11月15日达到了3亿，参与讨论次数77.2万，关于红色革命英雄前辈和个人奋斗的话题更是引发了全网的大讨论。最近豆瓣评分9.4的高分，将这部诚意之作再次推向内地原创文化综艺类节目之巅。从第一季的9.2分到第二季的9.4分，《一本好书》引发的舆论热潮不断，精益求精的节目制作，字斟句酌的片段抓取，将名著经典细细讲来。

一、文化内核延续与节目形式升级

2017年众多文化类电视节目脱颖而出，从文化情感类节目《朗读者》到文博探索类节目《国家宝藏》，文化类电视节目样式不断推陈出新。文化类节目《一本好书》有别于单一的答题竞赛或者文化访谈、脱口秀等较为传统的节目样态，首创体验式阅读模式，不仅带给观众耳目一新之感，更是一场精彩的戏剧盛宴。正如文学家高尔基所说，"书籍是青年人不可分离的生活伴侣和导师"，在"世界被把握为图像"的时代，深度阅读日渐式微，随着互联网时代移动终端的兴起，文本想要重新唤起当代青年读者的阅读兴趣，必然要借助电子媒介的力量对其进行宣传和推广。最近两年购买和借鉴海外电视节目模式的风潮得到了有效遏制，电视产业要想取得长远发展，同质化倾向严重的抄袭和复制必然不是长久之计，文化类电视节目效果不仅仅是单纯的感官娱乐，它的自身属性使其天然承担起宣传和教育功能，观众在真人秀节目大行其道之后，对于电视节目的认知逐渐回归理性，在满足精神需求的同时，更是希望可以获得知识的汲取和情感层面上的共鸣，从这一点来看，《一本好书》节目本身不仅顺应时代需要，而且另类挖掘优秀文化资源，试图将观众从日常沉溺于图像的直观性快感中唤醒，用阅读感受笔墨书香中的词句意蕴。

文化类电视节目包罗万象，央视与地方电视台主打"原创"与"文化"特色的精品栏目不断涌现，节目题材从汉字、诗歌、书信到文物等不断地适应观众更高层次的文化需求，同时充足的文化资源为节目题材的推陈出新提供了有利的条件，从《朗读者》诵读背后的情感流露、纸质信件的深度挖掘，到如今《一本好书》大型场景化的读书形式；从邀请嘉宾朗读引起自身情感共鸣的片段式短文，到采用戏剧化的手法，将一本本中外名作转化成引人入胜的视听语言，虚拟现场代入感不断增强，艺术表现手法从单一的朗诵形式升级为融文学、表演、舞美、音乐为一体的综合艺术，将观众的思想情感集结到对经典著作的审美欣赏与优秀文化的体验中来，一步步地实现与文本中人物的交往与互动。不得不提到的是《一本好书》首创360度沉浸式舞台化场景，以舞台表演、情景再现、影像图文插播等手段，通过演员们精彩表演呈现出11本书的矛盾冲突、人物性格和故事情节，力求消解书中故事与观众之间的陌生感。

不负期待，余温未散。《一本好书》节目组在第二季的第一期中，便选取了激励几代中国人奋发向上的经典文学作品《红岩》作为本季的开场篇目，在这部关于革命道德信仰的书籍中，通过节目组对文本《红岩》"人情世故"部分的精心裁制和巧妙安排，观众由经典叛徒甫志高的内心独白，看到了普通人血肉之躯中的人性，这使观众更能真正体会和佩服江姐、许云峰这些革命前辈超越常人的道德追求和钢铁般的革命意志。许云峰被捕之后，舞台上的一场惊心动魄的心理大战，把观众的情绪层层推进，在牺牲和自由之间，在信念和妥协之间，人性的维度得以延展和拓宽。许云峰被捕之后，他面临的是两个选择，一边是仅仅举起一杯酒，便能重获自由的一张照片，而另一边是同生共死跟随的兄弟和同志的性命；一边是放弃信仰的自由，一边是无价的鲜活生命，如此悬殊的两端确是对心理的毁灭和摧残。为了保持绝对纯洁的革命信仰，为了明天那个美好的世界，所有的革命志士义无反顾选择了牺牲。虽然现实生活中，我们基本不会出现如此跌宕的人生，但是有时我们仍然会接受命运的拷问，除了利益之外是否还有更高的原则和追求值得我们去寻找；是否有一种足够大的力量，支撑着我们曾经那个最初的纯洁的理想。

《一本好书》节目组在改编甫志高的内心独白时，将他的个人算计带入其中，观众在意外却又熟悉的人物形象面前开始揣度、思量，这正是该节目希望能引起观众反思的目的所在，这一期节目的最后由于震饰演的许云峰在新中国成立的44天后即将走上刑场，临行前他穿着斑驳的长袍步履艰难却又视死如归，在面带微笑并满怀憧憬的与观众的对话中，有这样一句话——"我们要走了，我们曾经幻想可以活着享受胜利的喜悦，但是没有机会了，我们今天已经离你们很远了，但是我们看着你们的快乐和幸福就会很高兴，你们替代我们活在我们当年的梦里，去看看这本书吧，不是为了让你们记住或感激我们，而是希望你们能了解和理解我们，你们就是我们的孩子"，这番临行前的留言再次将观众的情绪带入高潮，现场有不少观众潸然泪下。实力派演员+优秀的节目制作组，演技的刚毅和细腻+英雄的铁骨和柔情，让《红岩》这部小说的经典形象许云峰不再遥不可及，而是活生生地成了站在我们身边的大叔，使观众沉浸于故事情节的同时，又能通过演员与原著中的人物进行跨越时空的对话，观众除了震撼剩下的便是想要阅读原著的欲望了。

该节目采取了幕后访谈的形式，通过作家、学者等不同身份的品书人对于文学作品的独到点评与场景解读，"让观众对所描绘的事件，有一个分析和批判该事件的立场，从而调动观众的主观能动性，促使其进行冷静的理性思考"①，在节目的第一期，朱大可、蒋方舟这两位代表不同年龄阶段的访谈嘉宾分别给出了自己对于《月亮与六便士》、现实与理想之间的冲突的理解。通过陈晓楠这位拥有知性优雅气质的节目主持人的提问，以及对故事情节的解读和梳理，使整本书的深层含义清晰显现。平凡普通的人对于理想的追求从年轻时的不甘心到人过中年的摇摆不定；艺术家从天才的或魔鬼的逻辑到与日常的生活秩序的冲突，艺术工作者从认为自己是"被选中的一个"到不断追逐生命中幻象的人格同化，三种不同的生命形态通过一部由经典文学作品改编的舞台戏剧展示出来。用一个小时左右的表演时间，把一本书的故事讲得清楚、完整且意犹未尽，足见节目创作者的深厚功力。

　　《一本好书》将文化综艺类节目的形式再次升级，不仅积极探索各类传统艺术形式的媒介化发展方向，而且将媒介形式的边界进行了破除与重组。比如在节目表现形式上弥补了传统阅读类节目在画面语言表现力上的不足，将影视语言与舞台戏剧、图书品评与演讲沙龙等融为一体，形成各门类艺术融合发展的新方向。《一本好书》不仅具有戏剧舞台表演艺术的特征，能使观众拥有身临其境的情感体验，它还依旧保留了传统文化读书类节目所固有的图书品读、内容解答环节。在每个重要的情节故事高潮爆发点之后，该节目便会自动切换到由主持人引导嘉宾对刚才上演的书中精彩片段的讨论和深度解读的第二现场，并且这种讨论和解读通常意义上会以一个开放式的观点对观众进行启发，之后再自然过渡到演员表演的舞台上，这既保持了传统读书类节目对于观众的主流正确价值观的引导，也提升了该类节目应有的文化品位；既包含了大众熟悉的谈话环节，没有因过于新颖的节目形式和经典文

———————

　　① 百度百科：间离效果，https://baike.baidu.com/item/%E9%97%B4%E7%A6%BB%E6%95%88%E6%9E%9C/11023466?fr=aladdin。

51

化的厚重而刻意与观众拉开距离，给人以高不可攀的"宣讲"的姿态，又同时从观众的角度出发，辅以简洁却又不失逻辑的叙事手法，华丽却又精致的场景设计，降低观众的理解难度的同时，又对经典名著的主题和内容进行深度挖掘和参与体验，满足了观众对于充实精神的迫切需求，以及对当代受众群体的实际关照。

二、沉浸式舞台体验与新奇的视觉快感

在奇观画面崛起和流行的年代，《一本好书》却善于抓取和还原经典名著中的重要场面和塑造典型的人物性格，虽然将文本中原有的时间深度模式转换为空间平面模式，但是这也无形之中契合了后现代主义艺术总体构成倾向于空间的平面化①特征。节目组通过近一个半小时的时间来探索经典名著本身的叙事元素和故事的逻辑关联，这对于恰当地讲好故事、解释故事的深度，以及对于名著内容的凝练和萃取非常重要。与此同时，《一本好书》将经典文本搬上舞台剧场，这样的戏剧化形式的转化，也就进一步强调了视觉快感。在节目的舞台上不仅还原了文本中描绘的经典场景，强调了视觉画面的冲击力和快感效果，而且演员们精彩的舞台表演也在一定程度上具有本雅明所说的艺术的此时此地性和独一无二性，这不仅被赋予一种带有叙事内核的逻辑关系，还一定程度上要求在场的观众主动参与和配合，顺着叙事情节的线索来把握主题和人物的关系，因此电视综艺节目《一本好书》既带有传统叙事艺术的韵味，又带有以奇观画面为代表的震惊效果。

艺术在教导人们学会看的过程中，并不是一味地迁就和满足观众现有的图示和鉴赏力，而是不断地提高和激活他们的探求欲望。②文化类综艺节目《一本好书》不仅用了两年研发创作，采用环形舞台的方式搭建了上百个景

---

① 周宪：《视觉文化的转向》，北京大学出版社，2008，第265页。

② 周宪：《视觉文化的转向》，北京大学出版社，2008，第76页。

别去还原22本书中的精彩场面，并且脱离了传统意义上的台前和幕后关系。与莎士比亚式的环形剧场表演平台位于剧场中心地带，观众围绕在舞台三边观看演出不同，总导演关正文受到赖声川编导的话剧《如梦之梦》舞台设置的启发，将《一本好书》舞美设计进行了创新，首创360度沉浸式舞台化场景，使得戏剧化的舞台表演形式呈现出电影艺术般的美感和质感，由于文学天然便带有想象性的特征，这便给导演留下了"大范围的创作空间"，在表演的不确定性存在的情况下，导演们需要足够大的空间来发挥他们对文字内容戏剧化的想象力。从华丽豪宅到落魄酒馆，从阴森可怖的皇陵到科幻世界的三体未来，从浪漫的欧洲塞纳河畔到无人生还的海岛旅店，从关押革命先烈充满酷刑的渣滓洞到美国乡村囚禁畅销作家的偏远农场，从演员走位的空间设置到表演动作变化的时间节点，从服装设计、道具构思到现场的灯光安排，以及种种细节呈现得都非常考究，由于表演空间的拓展，演员调度的便捷性为宏大的叙事提供了空间上的支持，舞台场景不仅能够快速转换，而且多条线索的平行叙事的运用也使得节目内容更加充实和丰富。

在品读历史学家黄仁宇先生的成名作《万历十五年》的那一期节目中，演员王劲松所饰演的老年万历皇帝一出场便是在定陵的地宫中，一身白色素服的皇帝站在上帝的视角述说着自己纠结又别扭的一生。他既是万历中兴的掌舵人，又是数十年懒政的当事者，他带着观众走入时光隧道，采用倒叙的方式，以口述回忆录的形式，将年少往事渐渐揭开。老年万历皇帝的台词既可以被解读成旁白，又可以说是人物内心的独白，有些部分又是与现场观众的对白。此时处在地宫里的万历皇帝更像是一个讲故事的普通老者，褪去了皇帝的光环，多了一丝羽化成仙的淡然。该节目利用灯光效果和场景瞬间切换，使老、中、幼三代万历皇帝同台演绎处在不同时空的同一个人物，并且通过戏骨王劲松在节目现场极具层次感的情感表达，以交叉串演的方式将舞台上万历人生中的重要场景娓娓道来，带领观众一步步进入那个风谲云诡的大明王朝，翻阅那本暗流涌动却又令人心酸的《万历十五年》。这样的节目创作模式，用总导演关正文的话来说，"就是有点介于舞台剧、影视剧和电视节目之间，或者叫这三者的融合"。节目采用国内较为少见的环形舞台设计，通过一个个尺寸不一且陈设不同的舞台场景的划分，让观众、演员、舞台控制和池底座位排列选择之间彰显出多种形式关系，不仅舞台样式奇特新鲜，而且用戏剧化的读书形式把概念化的文字语言更直观有效地表达了出来。

如果说《朗读者》是通过声音进行书面文字的再创作，需要声情并茂；那么《一本好书》则更符合当代社会的视觉化倾向，观众体味到的是直观的情景交融。当下的冲动和及时反应更新了阅读过程中的静观独坐，呈现给观众眼前的则是新奇多变的视觉快感。实力派演员赵立新、王劲松、潘虹、王洛勇、王建义等表演者们借助这个为戏剧作品量身定做的表演空间，既满足了人们不断攀升的观看欲望，又表达了每本书中作者所阐发的深层含义。

三、戏剧化的启发式阅读与现场互动参与

《一本好书》自播出以来，好评不断，节目组没有邀请当红的流量小生，有的只是老戏骨们拿着做公益的片酬，带着对原著的尊重进行的完美演绎。正如塔齐曼所言："大众媒介反映了主导的社会价值。"[1]2018年豆瓣评分超过9分的电视综艺节目中，没有一部是明星真人秀类节目。[2]由此或许可以看出文化综艺类节目好评度的提升，印证了明星真人秀表面流量高走的背后，难以形成节目品牌和可持续的影响力，以及逐渐无法契合观众日益增长的审美和精神追求的现状。这种大众需求的转向可以看出观众的选择日渐趋于冷静和理智以及对于优秀综艺节目内容的认可和肯定。《一本好书》的节目创作出发点就是通过大众审美需求的转换，打造一档"全民阅读的试

---

① 周宪：《视觉文化的转向》，北京大学出版社，2008，第289页。
② 迟彤彤：《2018综艺行业调研报告》，《电视指南》，2018年12月16日。

衣间"。在当下高速运转、信息爆炸、泛娱乐化趋势蔓延的大背景下，生活节奏的加快，使大众在精神文化层面的空虚日益加剧，传统的阅读模式受到了强烈的冲击，2017年据一项权威的调查数据显示，包括教辅教材、电子书阅读计算在内，我国国民大众人均阅读图书量每年只有7.86本左右，这引出了不少人对于国民文化素养提升的极度担忧和过度焦虑，大众文化在精神层面的缺失日益凸显，而且大部分民众在面临着市场上各种纷繁复杂的知识选择时，通常表现出的是茫然和不知所措。《一本好书》《朗读者》这类文化综艺节目的横空出世，一次又一次地在线上线下同时引发全民阅读浪潮，缓解知识焦虑的同时，再次证明了传统经典图书的文字魅力。以综艺节目这种时下接受程度较高的文化产品类型为载体，把中外文化精粹引入大众阅读视野，从全世界甄选出最适合当下人们生存状态的经典好书。

在《一本好书》第二季的最新一期节目中，风趣幽默的脱口秀主持人王自健，为已经习惯了沉浸式舞台戏剧表演模式的观众们，带来了一场别开生面的"图书介绍脱口秀"，在拥有了第一季介绍《人类简史》和《时间简史》两本书的经验之后，王自健在新一期节目中表现得更加游刃有余，现场讲解这个刚刚过去的"双十一购物狂欢节"蕴含着哪些怪诞行为。许多网友欲哭无泪地表示："如果早一点播放，那么就不会上双十一套路的当了。"由此可见，该节目不仅贴合当下最流行的前沿话题，而且就大众关心的、最紧迫的问题进行了深入的解析。

《消失的美学》的作者，法国哲学家魏瑞利奥发现，"阅读书籍是一种传统慢速传播或接受的方式，较之于现代图像传播技术而言，阅读已不再具有优势"。[1]我们或许可以这样理解，阅读是传统"凝神静观"的典型形式，它需要读者不断地思考和想象作品的深刻含义，需要反复品读和吟咏沉思，因而审美主体需要理性和理解。被誉为接受美学"双子星"之一的姚斯提出了"文本空白"的概念："在提供足够的理解信息的前提下，文学作品

---

① 周宪：《视觉文化的转向》，北京大学出版社，2008，第257页。

中的不确定性和空白越多，其含义便越是深邃，艺术质量也越高。"① 这就使得读者与作品只隔了一张纸的距离，看似近在眼前，而实际上内在的陌生感会使不少人望而却步。但是文化类电视节目《一本好书》则不同，它采用沉浸式戏剧的方式将难免有些晦涩和烧脑的文字组成的文本内容演绎出来，通过潜移默化和深入浅出的方式，引起观众对于书本内容的好奇。表演者有时既是书中人物，有时又跳出书中情节之外，与现场观众交流，同时观众好像也可以与书中人物进行现场对话，在沉浸于表演情境的同时，观众与演员之间的距离消失了，当下的、体验的快感使观众忘却了自身现实的存在。

比如在第一季第八期节目中，进行戏剧化演绎的图书是经典密室杀人模式的鼻祖，发生在孤岛之上的惊悚推理小说——由推理女王阿加莎–克里斯蒂撰写的《无人生还》。节目开始就给观众营造了一个身临其境的孤岛情境，并提前告知观众："现在真实剧情版狼人杀就要开场，凶手就在他们中间，你需要盯住现场所有的细节，开启你的侦探生涯。"这瞬间就可以使人感到紧迫感且后脊背发凉。这样的设置还会使观众逐渐形成由空间维度向时间深度的转换，如果说这舞台上10个人在各自房间的内心独白则属于"过去完成时"的话，那么剧中人物阿姆斯特朗医生恐惧地向观众发问道："已经死了两个人，你们看清楚了吗？告诉我到底谁是凶手？这件事儿越闹越大了，你们先好好想想，咱们待会再说。"女秘书薇拉也曾无助地向观众请求道："你们能告诉我凶手是谁吗？哪怕只有一点点线索也好，如果你们也搞不清楚那就去看书，去翻阅、去找到凶手，也许还来得及救我。谢谢，谢谢，拜托你们一定要去看书啊！"这些则是剧中的"现在进行时"，通过这类现场请求、询问、对话，瞬间拉近了演员与观众、书本与读者之间的距离，书中内在的、深度的叙事逻辑关系便不断展现。

而对于电视机前的观众而言，通过观看电视节目获得了经典作品的部分内容，从中不仅能看到众生之相，观察各行各业的千人千面，更是激发了他

---

① 百度百科：召唤结构，http://baike.baidu.com/item/召唤结构/11036680?fr=aladdin。

们想要阅读图书的欲望和独立思考的能力，这便是由观众主动去寻求实现读书的"将来完成时"了。在看完每一期的节目之后，很多网友的评价便是迫不及待地想要去阅读原著，而看过原著的网友则表示，通过节目组近乎完美的剧本改编和创作，在得到了更加深刻的启发的同时，也需再次重读经典。让文字活起来，请观众走进去，其实这也是该节目的目的和初衷，"让更多的人识好书、读好书"①。借用杨绛先生的一句话或许可以推测导演的良苦用心——"世态人情，可做书读，可当戏看。"

（作者：郭洁云，中国传媒大学2017级艺术史论专业硕士研究生）

---

① 金力维：《一本好书，一出好戏》，《乌鲁木齐晚报》，2018年10月24日。

文学经典改编综艺对文化传播的作用分析
——以《经典咏流传》为例

摘要：《经典咏流传》借助光、声音、文字、形体等艺术形式对中国经典诗歌进行改编，它注重对诗歌意境的再现、对人文精神的传承，且通过商品流通的途径对经典诗歌进行了"大众化"的阐释，促进了中国传统文化的传播。同时，也实现了不同群体之间的"对话"，达到了"共鸣"的效果。

关 键 词：《经典咏流传》；人文精神；商品流通；对话；共鸣

《经典咏流传》是央视推出的一套大型系列文化音乐节目，该节目将中国经典诗歌与现代流行音乐相结合，还原其"诗乐舞"合一的最初意境，力求探析传统文化的深层内涵，同时这也促进了中国传统文化的发扬和传播。本文从文化传播的内容、方式和目的三个方面，探析文学经典改编综艺对文化传播的作用。

一、文化传播的内容

"网络时代电视文化传播的目标是：一方面要以如何提高受众的文化素质和欣赏水平为己任；另一方面是以如何提高节目的文化品位，增强吸引力和核心竞争力为努力的方向。"① 《经典咏流传》的宗旨是"读诗成曲，传

---

① 王长潇：《当代中国电视文化传播论纲》，山东人民出版社，2005，第220页。

唱经典"，所谓"经典"，是指具有权威性的著作，它是历经百代留存下来的精神瑰宝，具有凝练性、集中性和代表性，其中蕴含着一定的通用价值和经验总结，因而《经典咏流传》选择对经典诗歌进行传承，对中国经典诗歌意境的生动再现及对人文精神的弘扬发展，正是切合了电视文化传播的目标和追求。

（一）对诗歌意境的再现

《经典咏流传》对经典诗歌的传承不仅仅是文本的再演绎，更是试图通过光、声音、文字、形体等艺术形式，对其进行"诗乐舞"的综合表现，并力图还原其最初意境。在中国文化发源之初，"诗乐舞"三者合一、无法分割，《毛诗·大序》写道："诗者，志之所之也，在心为志，发言为诗。情动于中而形于言，言之不足，故嗟叹之；嗟叹之不足，故永歌之；永歌之不足，不知手之舞之足之蹈之也。"古诗和音乐、舞蹈密切相连。随着历史的发展，诗、乐、舞虽逐渐分道并行，但它们三者之间依然彼此衬托，共焕光彩，如在我国魏晋时期，嵇康操琴而歌，《广陵散》传世久远。精炼的文字和悠扬的曲调之间是一种相辅相成的关系。"宋代的沈括提出了中国歌唱艺术的一条重要规律：'声中无字，字中有声。'"[1]这同样适合于《经典咏流传》中对诗境的表达，"声中无字"即声音将字融化掉了，字被否定了，但字的内容却在声中得到了更为有力的展现。因为音乐的节奏是"艺"的本体，所以"乐"是表现意境的最佳友伴，《经典咏流传》通过"乐"对诗歌进行展现，能够直接展示出诗歌的节奏与内部和谐。音乐将"字"转化为"声"，变成歌唱，因而诗歌的语言便变成了"美"。同时该节目也力求表现"真"，"真""善"与"美"三者的结合，正是中国诗歌千年来追求的艺术灵境。

该节目利用不同的乐器对经典诗歌进行解读，表现出了真实的生活和

---

① 宗白华：《美学散步》，上海人民出版社，1981，第60页。

真实的情感，创造出了新的美。例如《行路难》的演唱者冯满天，历经20年，用黄金淬弦，使曾陶醉了竹林七贤，惊艳了白居易的乐器"阮"重见天日，并用它弹唱了《行路难》。通过他的演唱，观众可以感受到主观生命情调和客观自然景物的交融互渗，也可以更好地理解作家创作的心境、物镜和情境，艺术的意境倏然而现。"艺术意境不是一个单层的、平面的、自然的再现，而是一个境界深层的创构。从直观感相的摹写，活跃生命的传达，到最高灵境的启示，可以有三层次。"①艺术家对经典诗歌进行单纯的模仿和演唱，是开始了第一重境界；而通过音乐尽力还原诗歌表现的情景，是进入了第二重境界；专家对诗歌以及表演进行点评，提炼出其中的道理和情致，则是到达了第三重境界。三重境界的层层深入可以照顾到不同文化层次的观众，孩童可以聆听到优美的旋律，少年可以观赏到情境的传神，而老者则能体味到诗中的机趣。这种关怀本身就是一种人文精神的展现。

（二）对人文精神的传承

《经典咏流传》综艺节目选择经典文本，通过不同符号对其进行现代阐释，经典为雅，多样的乐器及流行唱法为俗，雅俗共赏，重塑了人文精神。附着在电视节目上的价值取向是一个时代复杂文化现象的表征，综艺节目具有很强的渗透力，因而我们应当考虑媒介对受众的潜移默化的影响。如果综艺节目一味地传播庸俗、愚昧的东西，这势必会影响到观众对整个社会的理解，会造成他们对社会的不信任。所以综艺节目的宗旨应是以人为本，关照广大民众最真实的情感状况，通过这种看不见、摸不着的潜移默化的影响，进行正确的价值引导，通过电视节目展现人文关怀，让观众感受到国家的奋进向前、民族的腾飞迈进，同时，这种博大精深的人文精神也会促使个人以孜孜以求的态度在生活中努力地学习和工作。

在如今视觉文化的时代，电视节目对民众日常生活的影响可谓无孔不

---

① 宗白华：《美学散步》，上海人民出版社，1981，第74页。

入，综艺作为其中重要的一支，具有不可小觑的力量。他对每位受众价值观念的影响看似无声、实则巨大，所以对综艺节目的"人的关怀"进行具体化，便是要对观众进行正确的价值引导。《经典咏流传》结合生活中发生的真人真事对诗歌进行再解读，实则是要"借古喻今"，即力求通过一种生动通俗的形式讲述出什么是"真、善、美"，演示出当人们面对社会的冲突和争端时应当依据何种社会准则。价值观是一套信念，它告诉我们应该做什么、值得做什么。在节目中，我国登山运动员夏伯渝老人为了"登上珠穆朗玛峰最顶峰"，历经了重重磨难——双腿截肢、雪崩、地震，终于在他69岁时登上了8848米高的最高峰，这是一个"老人与山"的和解，更是一个坚持梦想和信念的写照。当综艺节目的文化价值取向和人的自我意识、需求在某一点上结合起来时，便能够产生共鸣，从而形成长久的影响。

二、文化传播的方式

在现代消费社会中，综艺节目的本质是一个文化商品，《经典咏流传》作为一档文化节目已经被纳入了商品流通的渠道，观众亦被纳入了商品流通与交换的过程。商品有两种功能：物质的功能，即要满足它的实用属性；文化的功能，这一点是关于意义和价值观的。《经典咏流传》借助商品流通与交换的途径，对经典诗歌进行"大众化"阐释，扩大了自身的影响力。

（一）通过商品流通的途径

首先，《经典咏流传》可视作一件商品，它在财富的流转方面发挥了一定作用。演播室生产出这档综艺节目，把它卖给经销商以谋求利润，然而这并不是事情的终结，正如费斯克在《理解大众文化》中所言，一个电视节目，并不是牛仔裤这样的物质商品，它的经济功能，并没有在它出售后宣告结束，因为在它被消费的同时，它自身又转变成了另一个生产者。它生产出来的是一批观众，然后，这批观众又被卖给了广告商。①几乎所有的电视节目都会插播广告，或者在片头、片尾，或者在节目之中，而流量较大的综艺节目就可以为广告商带来可观的利益，它会提高该广告产品的知名度，随着知名度的提升，产品销量也会随之增加，商家获利后，便会将更多的资金用于广告宣传，因此这会形成一个循环。《经典咏流传》由"梦之蓝"和"欢乐谷"冠名播出，它们通过嘉宾席前的座位牌以及现场安放的广告牌呈现出来。另外在节目开始之前会有一分钟以上的广告，在节目播放期间，大屏幕上也会不断地滚动播出兰蔻的广告，按下暂停键以后也会有加湿器、网游等各种类型的广告不断出现，广告无处不在，被卖给广告商的"商品化"的受众，在不自觉的情况下充当了资本主义的"流水线工人"，在无形中受到广告的影响又会对该产品进行消费，实际上又为资本创造了价值。而为了能够赢得更多的消费者，综艺节目就必须诉诸大众的共同之处，尽力消弭差异，而经典又恰是历经时间筛选出来的被更多人认可的文本，所以它能够寻找到更多的隐性消费者，得到更为丰厚的经济回馈。故此，经典在商品流通的过程中，亦扩大了自身的影响力。

（二）通过经典的"大众化"阐释

若想让经典获得更为广泛的流传，就必须将其落在实处，即对其进行"大众化"的阐释。"大众"有别于"群众"，"群众"是一个群体的聚集，"他们是异化的、单向度的，他们的意识是虚假的，而他们与奴役他们的体制之间的关系，如果不是心甘情愿的，也是不知不觉受欺骗、被愚弄的状态"②。而"大众"是"一种变动的社会从属关系"，"大众文化"便是

---

① 费斯克：《理解大众文化》，王小珏、宋伟杰译，中央编译出版社，2001，第32页。

② 费斯克：《理解大众文化》，王小珏、宋伟杰译，中央编译出版社，2001，第29页。

由"大众"促成，文化工业扮演为"大众"提供文化资源的角色，以供大众在自身的选择中使用或拒绝。所以，高质量的文本——经典诗歌更容易为大众所接受，《经典咏流传》选择对经典诗歌进行"大众化"的阐释是一个正确的路径。"大众"在观看综艺节目的过程中，会将上述的文化商品转化成一种文化资源，这种资源中承载着一定的文化价值。文化是一个活生生的过程，它不能无中生有或随意生发。观众在观看这档综艺节目时，接受的是一种高雅经典文化，在这之中观众会产生一种快感，并从中体会到一定的意义，这是一种对工业产品的生产性使用，"在这种文化经济中，原来的商品（无论是电视节目还是牛仔裤）变成了一个文本，一种具有潜在意义和快感的话语结构，这一话语结构形成了大众文化的话语资源"[1]，"大众"将这种文化商品转变成于自身有益的事物，并用这些商品创造了从属于自身的价值，获得了一定的独立精神和身份认同，并在这之中寻到了意义，获得了快感，提升了精神境界。

三、文化传播的目的

（一）对 话

伽达默尔曾提出在自我和他人之间存在着一种对话的可能，诗歌推荐人、演唱者以及评委对诗歌文本的解读实际上就是自我和他人的交流与讨论，每个人根据自己的理解和体会，会对同一首诗歌有不同的解读。例如，许魏洲和廖昌永同唱一曲《沁园春·长沙》，前者唱出了青春的飞扬，后者则唱出了历史的浑厚。在这种对话中，每个人面对经典文本都是平等的，正如巴赫金所言，处在社会中的人，总是与他人有一定的相互关系，不存在任

---

① 费斯克：《理解大众文化》，王小珏、宋伟杰译，中央编译出版社，2001，第33页。

何垄断话语的特权者，而正是这种自我与他人的对话，恰构成了我们生命的本真意义。①《经典咏流传》便是这种对话关系的生动写照，表演者和大众都不是真理特权的拥有者，他们从自我的生命体验出发，结合当下中国的发展现状对诗歌文本进行解读，使以文字形式呈现出来的诗歌经典变成了一种精神性的存在，而此时在每一个人的言说中，同一个经典便会产生出许多不同的版本，这是个人根据具体情境阐释的结果，但这也从另一个角度说明了——被改编、再阐释后的经典诗歌文本就已经不是其自身，原作者的版本只是一个文本原型。所以通过个人与他者的对话，言者和闻者之间的相互转换，每个人都可以意识到自我的存在，而正是在这种不同思想的交锋中，人的想法才会逐渐成为真正的思想。所以，《经典咏流传》为我们提供了一个交流、对话的平台，其中不只有节目主持人与表演嘉宾、评委及观众之间的对话，亦是整套节目与大众之间的对话，更有纵深意义上的现代人与古代人之间的跨时空对话以及哲学层面的精神思想的交流与碰撞。

（二）共　鸣

《经典咏流传》与他者进行对话所产生的客观效果是能够引起观众的共鸣，并使观众的精神得到净化，最终能够领悟节目中所传达的意涵。与此同时，经典的电视节目还会让人回味悠长。

"共鸣"，原本是物理学上的一个概念，借用在文学理论中，是指"在阅读文学作品时，读者为作品中的思想情感、理想愿望及人物的命运遭际所打动，从而形成的一种强烈的心灵感应状态"②，这种状态同样适用于其他艺术形式。就文学经典改编的综艺节目而言，它不仅有千年流传之经典的深刻思想内涵，更有现代多元媒介艺术形式的助力，观众首先是被节目的形式，即绚丽的舞台、动听的旋律和动人的表演等所吸引，然后才能体悟到经

---

① 陈默：《电视文化学》，北京师范大学出版社，2001，第55页。
② 童庆炳：《文学理论教程》，高等教育出版社，2015，第365页。

典背后所承载的文化意义。而这种整体的美感——经典与现代的结合、内容与形式的统一，正是共鸣产生的条件之一，丰富的思想内涵和强烈的艺术感染力，是作品可以引起受众共鸣的基础，这是就艺术作品本身来谈。而条件之二是就受众而言，产生共鸣的前提是观众"期待视野"中的思想观念、情感意愿等与艺术作品中的思想情感相同或接近。《经典咏流传》所选皆为经典，是几千年历史长河的剪影，具有极高的凝练性，观众或多或少都能从中找到与自己相契合的思想火花。因此，《经典咏流传》能够引起观众强烈的共鸣。

当观众被节目中的一首诗歌或一个细节打动时，便会产生一种强烈的情感状态，这种情感状态也可以被称为"移情"。所谓"移情"，就是指观众将自身的观念投射到了对象身上，使之呈现了一定的审美效果，而这种"身临其境"之感也正为"共鸣"之后的下一个阶段——"净化"奠定了基础。"净化"，此处尤指"由于作品中某种情感力量的震撼，可使读者的某种情绪得以宣泄，使畸变的心态得以矫正，使扭曲的人格变得纯正"[1]，《经典咏流传》正是以这样一种潜移默化的形式对人进行审美教育，激发他们心目中对真善美的向往，引领正确的社会风尚。在这种"润物无声"的娱乐形式中，不仅观众的精神境界得到了提高，对人生真谛有了更深的领悟，整个社会的风气也会越来越正、越来越和谐。而这种高质量的电视节目也会让我们回味悠长，代代"咏流传"，正如这档综艺的主持人撒贝宁所言，"文化没有国界，经典海纳八方，以诗会友，插上诗的翅膀，没有经典到不了的远方"。

（作者：王智宏，中国传媒大学2018级文艺学硕士研究生）

---

① 童庆炳：《文学理论教程》，高等教育出版社，2015，第367页。

传播视域下"慢综艺"诗意对话建立的现代趋势
——以电视节目《朗读者》为例

摘要：人与人之间的对话是一种多重参与主体相互间生存方式、人生取向、价值观等关系的隐形构建。对话本是言语主体之间的交谈，是人们的言语活动，但对话逐步演化到各个领域，在当今走向对话的大时代下，对话成为一种哲学，一种文化。各个形态中的对话依然保持着对话体系，电视节目中特别是"慢综艺"中的对话是值得推敲和品味的。"慢综艺"中的诗意对话开辟了节目模式新思路，同时也为大众传媒与文学经典的有效融合注入一股"清流"，在"电视节目结合中华文化"的思路上起着建构性的作用。本文以《朗读者》为例，通过分析其中的诗意对话进而取得对传播视域下电视节目审美倾向形象性、情感性、审美性、符号性的要义认知。

关键词：传播视域；"慢综艺"；诗意对话；诗意交往；价值取向

一、电视节目与诗意对话

近年来，随着人们消费方式、观念的转变，越来越多的人开始追求更高层次的文化消费。人工智能的出现、微视频的膨胀、影视媒介影响力的加强等不断地在营造一种"快餐文化"。在这个泛娱乐时代，图像文化开始占据"文学性"的东西，在人们视觉体验方面取得"图像霸权"。所以如何在传播领域下让现代传媒影视、网络艺术等更好地呈现"文学性"，以一种诗意的表达方式让文学经典、优秀传统文化得到更好的弘扬与传承是值得反思的问题。大众传媒的丰富，从另一角度来看，它也为文学经典传播、文化传承开辟新的可能性的渠道。文学经典进入传媒领域，文化与传媒的融合是一种趋势，借着两者的融合关系，观众才可以既享受一场"视觉盛宴"，又将崇高感、愉悦感、净化感渗入自身的审美体验当中，不断地收获审美惊奇。

对话强调主体间性与关系中的自我的本质。柏拉图《对话集》《十日谈》《围炉夜话》等使得人们对"对话"早已不再陌生。自笛卡尔"我思故我在"这一哲学命题提出以来，一种主客分离的主体性不断得到宣扬。苏联哲学家巴赫金在其著作中提到："存在就意味着进行对话的交际。"巴赫金所主张的对话里面有"自我意识"，也有"他者行为"，他的"对话"是人与人之间平等的交往过程。人所维持的基本关系就是对话关系，"对话"是人生活的本质。对话属性之一就是它有声音与语词，它在运用一定的语法规则进行语言活动，这与综艺节目中的会话属同构关系。电视节目特别是综艺节目中的"对话"也是主体间平等交互，由主持人情感性带入，观众平等性参与，并借用语言的意义系统，最终上升为形象性、情感性、审美性、愉悦性交织的高境界层次的对话交往。文化情感类"慢综艺"《朗读者》的对话是诗意的，其语言意义系统属于诗学建构。在中国电视节目探索文化节目的前进道路上，2017年《朗读者》作为文化情感类节目中的一股"清流"，一经开播就走红，带给观众如诗般的"文化盛宴"，给人静静、慢慢又满满的力量。另外像《中国诗词大会》《中国成语大会》《国家宝藏》《一站到底》《声临其境》等电视节目一经开播就获得观众喜爱，从这些现象可以认识到人们对中国传统文化与传媒的融合是充满期待的，同时也有自身的审美追求。《朗读者》电视节目中主持人的诗意语言、朗读者的情感故事、观众情感的心理认同等围绕"境"与"象"在《朗读者》舞台上建构意义世界，在此，生命意义得以澄明，无限上升着绵延的爱与希望。

古时的文艺实践集诗、乐、舞为一体，中国诗学自古就有"诗言志""诗缘情"的开篇纲领命题，诚如孔子曰"不学《诗》，无以言"，

《毛诗序》说"发乎情，止乎礼义"，陆机提出"诗缘情而绮靡"，《诗薮序》有言"夫诗，心声也"，《碧溪诗话》道"诗者，人之性情也"，等等。古典文化中十分强调诗对人的陶冶、净化作用，最终借用诗从具体的感兴逐步上升为娱乐教化的理性认知，即古罗马贺拉斯所说的"寓教于乐"。早期诗歌总集《诗经》汇聚了古时人们自然朴实的生活情调与热情乐观的生命情感，后人对它品读鉴赏都是借用其短促有力的诗句来进行把握的。读《氓·卫风》"乘彼垝垣，以望复关"可叹城墙上女子的脉脉深情；读《君子于役·王风》"日之夕矣，羊牛下来"可感家中妇人绵绵思意。正是诗的媒介功能让后人在《诗经》中捕捉到生存力量并领悟到生命意义，这是诗在引发读者的共鸣，这是诗在引导人情，更是诗在赐予读者崇高而美好的审美体验。

诗意对话即语言里有诗。《朗读者》节目中的语言是诗的语言，借用诗的艺术发挥诗的媒介功能。《朗读者》对主持人开场话语的精心设计是在用诗意的语言奠定节目主题的基调。文学修养与主持功底兼备，具有知性气质的主持人董卿总能对各种文学母题表达出"文学性"，于节目是主题带入，于观众则是长久的情感传递。说起礼物，主持人提到切·米沃什"对于这个世界，我已一无所求"的佳句，情意最深的礼物莫过于对自己心灵的馈赠；谈到告别，主持人想到陆游与唐琬，说他们"山盟虽在，锦书难托"；提起味道，主持人讲到《红楼梦》中的人生况味，其中对宝黛之间的爱断情殇总结道："一个是枉自嗟呀，一个是空劳牵挂。"主持人的开场话语将各种文学母题用诗的形式加以对象化，这样观众直接在具有凝练性、跳跃性、音乐性的诗意语言中对各种节目主题进行把握认知，极易引发观众的情感张力并产生情感共鸣。跟综艺节目《奇葩说》中具有思辨性的对话相比，《朗读者》的诗意对话体现得更为明显。

电视节目"慢综艺"的诗意对话彰显为对话内容表述的诗意化。文化类节目使对话语言进入文本意识，对话语言的"文学性"关联着文学经典，它的张力体现在所建构的意义系统上。杜甫说"语不惊人死不休"，中国自古就有重视修辞的观念，如《易传》讲到的"修辞立其诚"，《文赋》提出的"选义按部，考辞就班"，《文心雕龙》说到的"撮辞以举要"。为了达到特定的效果需要组织相应的语言，这里不得不提到普通话语和诗意话语，普通话语是一段传递信息的行为，它建立的是通信系统，而诗意话语在此基础上拥有更具表现力的力量。意大利哲学家克罗齐提出"艺术即直觉即表现"，此处的表现亦意味着情感表现，这也是诗句"红杏枝头春意闹"中的"闹"和"春风又绿江南岸"中的"绿"的表现力量所在。电视节目诗意对话的建构需要突出抒情性的情感表达，情感类节目《朗读者》在这方面是成功的范例，观众的"感兴"启于文学经典与大众传媒的有效融合。

二、诗意对话的主体间性

对话中的主体间性即交互主体性。"自我"与"他人"建构互为主体性的关系才有可能彰显生命本质，同时在"他人"的参与下，不断与他人取得联系。依据巴赫金，主体间性中的"人"作为参与存在在对话中与他相遇并相互"扶持"，使主体克服自身不足，获得真正的主体人格。

说到《朗读者》的主体间性需要从节目本身设置的节目模式入手。《朗读者》是集访谈、朗读、解析于一体的节目模式：主持人围绕文学各大母题做引言，拉进观众对本期节目主题的切入距离。在访谈中，受邀请嘉宾围绕主题向主持人"叙事"。朗读环节中，朗读者与文学经典融为一体，既实现和文学文本诗意对话又实现与观众的情感交流，最终经过主持人的轻解析，以凝练语言让这档节目的情感温度得到上升。有诗、有文、有故事，这是《朗读者》的标榜，在《朗读者》的舞台上，借用朗读者的声音，一场文学与情感的思想交织得到实现，人与人之间共享的声音、文学、情感在一定语境中相勾连，最终组装成心灵的同频共振，交织爱与美力量的火花，这也是

《朗读者》与中国传统文化结合，与文学经典相联系所取得的魅力所在。

诗和文本身就是情感的外露。文学创作中十分注重"真情"，如"诗是强烈感情的自然流露"，这是英国诗人华兹华斯的浪漫式色彩，苏珊·朗格曾表达"艺术符号的内涵是情感"，《文心雕龙·神思》中提到行文首端是"窥意象而运斤"，谢榛在《四溟诗话》中说"景乃诗之媒，情乃诗之胚"。文学经典的创造根据创作者的价值取向进行了"诗意的裁判"，人在现实中遭遇的活生生的"事件"，在文学文本中实现客观化。在这方面只有诚挚的情感才能呈现最大的人文关怀，对读者（观众）才能形成强烈的感染力和冲击力。朗读者分享的是个人最真实的故事，他在用真实的故事"运斤""造形"，为观众进行美的创造，分享的故事自然也具有文本性。斯琴高娃讲自己与母亲的故事，故事即小说；老狼讲青春故事，故事即诗，这些故事饱含真情实感，观众从这份真实性中找到了艺术美的力量。

《朗读者》节目中的访谈是"自我"与"他者"关系的建构，两者平等的交流共同完成诗意性的对话。对话中朗读者交流自身不同于他人的情感经历，独立的生命体验和独特的价值体系得到沟通和交流，这本身就是美。朗读者填补了他人的"视域剩余"和外在性，观众在朗读者的故事中获得审美观照和审美体验。（这里的视域剩余是巴赫金对个体有限性的表达，对话中的审美观照在巴赫金看来，就是自我与他人有限性的补充与交融。）体验有自我体验，也有他者体验，观众对于《朗读者》极易达到情感上的认同，一方面，是自我体验到的生命意义在"朗读者"的经验里寻找到情感期待与审美惊奇；另一方面，别人的经验对于生活真理的澄明与开启也营造出相应的审美体验。

朗读者的叙事声音具有真善美的价值取向，《朗读者》的朗读环节是"对话"最高境界所在。此时的朗读者是在阐述自我存在，与文本合二为一，而观众与朗读者形成的是心灵上的对话，对话的诗意性就在自我的"放置"与他人的"移情"的相互作用中展开。观众心灵上的对话有两种形态：

于朗读者，观众在收获审美体验；于自己，观众在获得一份审美心理认同。在哲学领域认同即同一性，相对于观众而言，朗读者进行的是传递声音、语言、情感的物质活动，观众在这样的物质活动中找到与自身精神活动相对应的同一性，心理认同此时尤为明显。对于大部分电视节目的制作设计来说，注重观众的心理认同尤为关键，不能一味地制造陌生化。

三、对话的诗意交往过程

巴赫金对话的主导思想就是交往。移情被视作交往美学审美活动的第一个因素，对话中的"我"要将自身放置于他人，对他人的意识内容进行体验，学会与他人融为一体。

关于移情，中西美学中都有不同的理论研究。劳伯特·费肖尔在《视觉的形式感》中指出"移情作用"，休谟提出"同情说"，女作家乔治·桑在《印象和回忆》中写道："我所栖息的天地仿佛全是由我自己伸张出来的。"维柯说："心的崇高劳动是赋予感觉和情欲于本无感觉的事物。"最终移情理论在里普斯那里得到确立与发展。西方的移情理论强调主体对客体强制性的"外射"，客体存在失去了依据，这种移情是单方向的，主体的情感在客观对象上得到投射。中国古典美学中文人墨客多借用"移情"来表达丰富的生命情感，如诗句云："池塘生春草""感时花溅泪""人面桃花相映红""犹为离人照落花"等。刘勰在《文心雕龙》中提到"登山则情满于山，观海则情意溢于海"，在传统诗歌文化登高诗中往往移情情节明显，自古高台多悲风，宗白华说过："山川大地是宇宙诗心的影现。"[1]诗人借"亭""楼""台"等空间上的高度，俯视万物，与主客体融为一体。王粲《七哀诗》写自己"南登霸陵岸"，心中想要回首的就是京都长安。潘岳在《何阳县诗》中写道："引领望京室"，此时思念的是京室洛阳。谢朓在

---

① 宗白华：《美学散步》，上海人民出版社，1981，第73页。

《晚登三山还望京邑》中描绘了登山临江的春晚之景。遥望京师，此时诗人望乡思归，心中无限感叹"谁能鬓不变"？鲍照"日夕登城隅"，在《拟古其四》中抒发宫阙久崩，繁华已逝的感慨。杜甫《登高》的"无边落木萧萧下，不尽长江滚滚来"勾勒出萧凉悲秋图，说是悲秋图倒不如说是诗人晚年的潦倒图，杜甫的登高诗作多慷慨，读起来慷慨激越，雄峻奔放。此外《望岳》《登岳阳楼》等都是登览之佳作。

电视节目的情感张力要借用对话交往中的"移情"作用。制作的节目效果才有真挚的情感，在泛娱乐化时代，捕捉观众的"情"与"感"就显得尤为重要，在传承中华优秀传统文化上这种对话交往过程是十分必要的，当然也需要"慢综艺"的电视节目模式。大众传媒与文学经典愈走向融合，诗意的交往愈明显，至少观众在传播视域中对文化情感易形成自觉性、主动性接受，且是鲜明深刻的。电视节目《朗读者》最核心的东西在朗读这个环节，朗读环节朗读者"移情"于文学经典，当文字、声音、情感融合一体时朗读者在光和影的微聚焦下建构一个生命意义世界，观众不仅仅是在听之以声，更是在听之以心，这个世界中有"青春里你们和我们的芳华"，有"嘴里、胃里、心里的味道"。朗读者饱含感情的朗读使得他的声音更具穿透力，所选读文学经典中的人生哲学、生命意义在"图书室"式舞台上得到呈现，这是朗读者与真切文本间的诗意对话。当观众发生"移情"进入朗读者澄亮的世界中时，观众也在进行一场无止境、未完成的诗意对话，而此时《朗读者》的节目效果由此得以开启并生发。

对话中诗意交往过程的最高境界莫过于心与心之间的对话。这场对话与交往是完成的与未完成的双重奏。德国哈贝马斯提出交往理论，他认为艺术即对话和交往，他的观点促进了对话诗学的发展。观众无论是看影视还是看综艺，都会有感兴的一刻，每场节目的背后都有"隐身"的导演在安放心灵情感对话，通过心灵交往取得电视节目的最佳效果，这也是大众所了解的"催泪片儿"。近年来，"慢综艺"中特别侧重节目内容、模式与观众情感的架构，如央视综艺《向幸福出发》，湖南卫视推出的《向往的生活》《妻子的浪漫旅行》等。有学者指出，电视节目给人的高端、大气、上档次的感觉是"节目内容的文化性和知识性影响呈现出来的"①。《朗读者》节目中事先有段采访，采访使得嘉宾围绕节目主题的情感经历得以明晰，这无疑是为朗读环节拉近与观众心的距离的一次诗意安排，按照孟子"知人论世"的观念，观众是在采访环节中对嘉宾的情感经历有所了解，在这一环节中观众对嘉宾的情感经历形成初级的心灵对照。朗读过程中当观众与朗读者"表演"的生命存在完成某次"切中"之时，心灵上的诗意交往由此达成，外化于观众的眼睛、表情、微动作里。"慢综艺"的节奏往往"赐予"观众由感而兴的机会，《诗经》中的"关关雎鸠，在河之洲"，《乐记·乐本》中"感于物而动，故形于声"，李梦阳《梅月先生诗序》中"情者，动乎遇者也"等都是古典文化中对"感兴"的强调与重视，感兴讲究审美主体受审美客体触动而引发出的情感兴发活动，它强调外在物象的一瞬间的触动。《朗读者》节目观众的心灵对话中有审美感兴的基本要素，借此生发出对"爱与希望"的感动。

对话的诗意交往需要特定的"场域"。"场"在法国布迪厄那里是微观的，他在《实践感》中提到："场是位置之间的一个客观关系网。"②对话中的"场"是复合的时空结构。康德认为，时空并不是一个客观存在，它是一个"模型"，空间是事物的外延，时间是事物的绵延。人所感觉、体验到的东西是人运用时空能力，将其对象化；相反，没有被感觉体验到的东西也不具有时空性。文学与电视节目融合，电视节目体现中国传统文化是一种上升趋势，电视节目在形式上的创新也趋向借助光影、图像等于意境中强化观众的审美体验，营造情感共鸣与认同，这一点在"慢综艺"上呈现得尤为明

① 李芙蓉：《电视文化类综艺节目创新研究——以朗读者为例》，硕士学位论文，兰州大学新闻与传播系，2018，第44页。

② 布迪厄：《实践感》，蒋梓骅译，译林出版社，2003，第191页。

显。观众把握电视节目的"模型能力"来自对话的"场",而电视节目对话的"场"就是节目演出的意境。意境是中国古典美学的一个重要范畴,它讲求的是情景中密切交融、形神上有效配合。如明代董其昌在《画禅室随笔》中说:"大都诗以山川为境,山川亦以诗为境。"严羽在《沧浪诗话》中指出"羚羊挂角,无迹可求",王昌龄在《诗格》中提到:"目击其物,便以心击之,深穿其境。"境界是"境"和"象"的结合,在境界里情景达到高度融合。《朗读者》的舞台设计采用"剧场+图书馆"的样式,它的实景搭建呈现了书香"场",带给观众大气的视觉效果,在这样的"场域"中听真实感人的故事,读触动心灵的诗篇是极富审美意义的。

四、电视节目诗意对话的价值取向

电视节目的制作需要结合中国传统文化,从文学经典中汲取文学功底。《朗读者》节目最大的审美力度就体现在它的诗意对话中的情感张力,这正如"文学性"的情感力量,制作节目亦在创造艺术,讲求节目丰富的思想感情和强烈的艺术感染力,最大限度地满足观众的"期待视野",有可能节目制作的某处用心,就会引发观众相同或类似的情感体验,观众的共鸣当然也是电视节目获得收视率的"法宝"。麦克卢汉在《理解媒介》中曾说:"传输信息的电力媒介急剧地改变着我们的印刷文化。"[①]图像的飞速转型使得电子传媒文化不得不进入一个陌生化的环境,然而在图像霸权时代,电视节目在图像设计中应讲求图像语言的诗意化。图像在给观众视觉和听觉感官享受时具有直接性,图像的生动性更为观众营造集声、光、色于一体的真实情境,所以需要发挥图像的优势,赋予图像语言"文学性"是达到电视节目诗意对话不可或缺的手段。电视节目只有通过获得众多观众的共鸣才能真正发挥对话中的审美、认知、交流的作用。

---

① 麦克卢汉:《理解媒介》,何道宽译,商务印书馆,2003,第244页。

电视节目诗意对话是一项审美活动。节目对话中的文字、声音、情感是具有审美属性的，魏晋时期曹丕的《典论·论文》"文以气为主"开启了文学自觉的时代，节目中的对话以诗的形式呈现使得观众通过品味诗意语言中的形象来审美，如同借用诗句"枯藤老树昏鸦""大漠孤烟直，长河落日圆"等形象来领悟把握诗的情感。诗意的对话易引起观众主动思索，向着更深的领悟延发，读朱自清的《荷塘月色》会为明澈、幽静的月色所陶醉，进而随着作者一同领悟到月色中人独处的自由，思想祥和、安静的静谧氛围。诗意对话中有酸甜苦辣的人生况味，有人生哲学，观众带着自身的情感评价对对话的情感性进行审美。康德在《判断力批判》中指出："美是那没有概念而被认作一个必然愉悦的对象的东西。"[①]观众在诗意对话中所获得的审美愉悦并不仅仅追求感官上的满足，更追求审美心境。《朗读者》节目让观众的审美上升为心境认知，这是节目作为一项审美活动的最高境界。

诗意对话活跃在"文化自信"的时代下。电视节目与文学相融合，建构"文学性""诗学"等节目内容是彰显文化自信、传承中华优秀传统文化的重要方式。从精神层面来看，《朗读者》重寻文学经典中的情感力量，探寻中华优秀传统文化之根，找到文化中主流价值观，通过传统的"吟诵、朗读"的方式，为媒介与中国文学经典另辟了一条光明通道，在大众传媒与观众之间架起一座相互照亮的灯塔，相约灯塔之际，一种"润物细无声"的审美教育在《朗读者》光亮的舞台上开展。大众传媒有责任和义务创新节目模式、传承弘扬中华优秀文化、传递主流价值观，在"文化自信"的道路上不断呈现民族精神与民族气节。

（作者：扶含影，中国传媒大学2018级文艺学硕士研究生）

---

① 康德：《判断力批判》，邓晓芒译，人民出版社，2017，第59页。

复活、生新与坚守：
论文化类综艺节目对经典文化的重塑与建构

摘要： 在娱乐化、快餐化、同质化的大众传媒语境下，文化类综艺节目"异军"突起，响应国家政策号召的同时也满足人民日益增长的精神需求，通过文化原创，以情感文字、音乐熏染、国宝守护等形式，全面复活经典文化，结合现代媒介手段互融出新，激发观众"文化兴趣热"，以文化人，以文育人，呼唤时代理性，重塑审美取向，旨在重温经典并传承优秀传统文化，增强国民文化自信，促进文化发展繁荣。现以《中国诗词大会》《国家宝藏》《经典咏流传》《朗读者》《一本好书》等高质量、好口碑的节目探索文化综艺对经典文化的重塑和建构，追寻经典文化在新时代的复活、创新、坚守的文化趋向。

关 键 词： 文化综艺；经典文化；传承创新；时代理性

近年来，响应国家政策号召以及满足人民大众日益提升的审美品味和价值需求，综艺"文化热"的浪潮突然袭来，从央视到地方媒体的文化节目蔚然成风，经历了从"单纯娱乐"向"文化娱乐"的过渡。通过对综艺节目的创新性发展，借用媒体的交互与融合，《中国诗词大会》《朗读者》《经典咏流传》《一本好书》《国家宝藏》等节目都对传统经典文化进行了重塑和建构，在主题、内容和形式上全面创新，赢得了广大民众的一致好评与高度认可，激发了观众的参与热情，唤起了人民的审美关怀，对提升国民素质、陶冶人民性情、传承经典文化、促进世界文化的大发展大繁荣无不具有推波助澜的重要作用。

一、复活：传承文化经典，揭示永恒主题

近些年来，综艺节目泛滥，娱乐八卦成为人们消遣的流行方式，视频影像逐步取代纸质图书阅读，俨然成为大众日常生活的重要组成部分。但泛娱乐化、碎片化的阅读方式发展下去势必会造成大众精神空虚、焦虑不安的情绪状态，人们更难以放慢脚步，沉下心来去读一部文学名著，学习相关的文化经典。然而，这些传统文化、优秀经典本是我们应当学习与坚守的文化阵地，习总书记在十九大报告中坚定地提出我们要坚定文化自信，"要推动中华优秀传统文化创造性转化、创新性发展"[①]。正是在这样的背景之下，《中国诗词大会》《国家宝藏》《经典咏流传》《朗读者》《一本好书》等文化类综艺节目在中央号召的主流价值理念下成为娱乐节目中的一股清流，随即蔚然成风，收视率直线上升，赢得大众的一致认可，也潜移默化地将文化经典深入人心。

（一）高举"传承"鲜明旗帜

所谓文化经典是"通过时间的沉淀，将这些有关情感、信念及制度的文化记忆加以凝缩，并以文字或其他符号形式加以保存，它既可能表现为一则神话、一首诗词，又可能呈现为一件瓷器、一座城池。因而，对于任何个体、民族和国家而言，文化经典始终是其生命的依托、精神的支撑和创新的源泉，都是其得以延续和赓延的筋络与血脉"[②]。诚然，经典文化是中华民族传统文化中的历史宝库，是人类发展过程中珍藏下来的精神财富，更是国

---

① 习近平：《习近平谈治国理政》第二卷，外文出版社，2017，第552页。

② 傅守祥：《文化正义——消费时代的文化生态与审美伦理研究》，上海人民出版社，2013，第132页。

家、民族站稳脚跟的坚实根基。而文化综艺节目正是"投其所好",通过现代媒介与科技手段的包装,导演、制作人的精心设计,实力演员的登台助阵,以艺术的方式将文化经典呈现在观众眼前,令人耳目一新、回味无穷,为传统文化在现代发展路径中搭桥筑梁。

首档文化类节目《中国诗词大会》植根于优秀传统文化,入选了从先秦《诗经》到近代毛泽东诗词等跨越数千年的文化诗赋,以诗词之美重现时代经典,以竞赛形式探寻古诗基因,涌现出了一批批热爱古诗词的才子佳人。他们不仅喜爱五千年的诗词之韵美,更从古诗词的情韵中汲取营养。节目通过别样的环节设置,勾起观众阅读兴趣,在紧张与典雅的氛围中一同感受古诗词之美,进行着穿越数千年的精神之旅。《一本好书》节目独具匠心,精心设置"背景介绍+现场表演+嘉宾解读"形式选取必读的经典书目,通过场景式的演绎,将书本上的文字影像化,再现情节和情感,拉近文学经典名著与大众之间的距离,促进精英阅读向大众阅读的转变。节目播出受人瞩目,提升大众文学素养的同时对传承经典起到了重要作用。前两者皆是文字的情感再现,而《国家宝藏》则再次标新立异,不再局限于对国宝的简单鉴赏和商业价值的分析,而是以"器物"牵线重回历史,以"综艺+纪录片"的方式讲述它的"前世传奇"和"今生故事";通过活灵活现的演绎方式窥探五千年悠久文明,明星助阵感受历史跳动的脉搏,文物不仅仅是博物馆陈列的展览品,更是有着生命传奇的中华精神文明的延续。这档节目在带领观众走近、探寻国宝的同时激发观众守护国宝、传承经典、发扬文明的爱国热情。

不论是诉说情感的文字,诗词陶染下的音乐,还是匠心文明的国宝,都是我们国家传统文化经典在新时代厚积薄发的灿烂光辉,文化类综艺节目也高举着传承的鲜明旗帜,守护着国家璀璨夺目的经典宝藏。

(二)重现主题经典内涵

神话传说、文学戏曲,抑或是器物制度、天文医术、文化经典,总是历久弥新，永葆魅力。它们之所以能够在时间的荡涤中充满生命力，就是因为它们关乎人类自身和国家民族发展的永恒命题。或是遇见、陪伴、选择，或是亲情、青春、生命，又或是历史、制度、信仰，而这些都是伴随我们一生的字眼和话题。文化类综艺节目正契合了这些关键字眼背后的情感取向，同时指向人类发展的终极价值理念。无论是主题的直面呈现还是故事文本的背后深意，都直抵人心深处，从而净化心灵，洗涤灵魂。

《朗读者》中的每一期节目都有着鲜明的主题，青春、告白、选择、故乡这些情感字符，通过"访谈+朗读+微解析"的艺术呈现方式，形成观众与朗读者、观众与作者、作者与朗读者的三重对话空间，从而让大众产生强烈的情感共鸣。第二季最后一期"故乡"，节目邀请著名导演贾樟柯现场朗诵，讲述到童年"火车轰隆"的启蒙故事时，他娓娓诉说着故乡在成长中的重要意义，沉重的故乡也让他在电影中冷静地记录着时代的变迁，怀揣着年少的梦想奔走四方。在这样的主题揭示后，他朗读了《面对人，我们都还幼稚》送给故乡、送给在外奔波的游子，让在座的观众热泪盈眶。直面呈现的主题能够触发我们的真情，而经典背后的故事更能发人深省。《一本好书》这档场景式读书节目，每一季选取12部适合观众阅读的中外经典名著，如《万历十五年》《悲惨世界》《骆驼祥子》《人类简史》《未来简史》《三体》《月亮与六便士》等，内容跨越不同学科范畴，通过舞台、道具、服装的精心搭配，"背景介绍+现场表演+嘉宾解读"的环节设置，揭示深刻而又永恒的主题，教诲人生，增长智慧，让观众能够开阔视野，了解外部世界的同时认识自我的内心世界。在第一季第五期实力演员王洛勇化身痴情浪子，含泪演绎《霍乱时期的爱情》，华盛顿邮报曾夸赞此部作品，"写尽了爱情、死亡、回忆的主题"，王洛勇饰演下的阿里萨时刻触动着观众的心弦，现场小提琴演奏更是让人感受到了主人公情感压抑的最终释放，也让观众深刻体会长达五十多年的爱情里的矛盾纠葛，更能启发大众对生命与青春的思考。《中国诗词大会》第四季的比赛题库也进行了主题分类，分为英雄、爱情、亲情、友情、节令、咏物等十多个主题；在个人追逐赛中也设置了相应的关键主题的选择，例如丰衣足食、爱美之心、英雄豪杰等，都是大众再熟悉不过的字眼。在主题映衬下，线上线下一同品古典诗词，赏中华古韵，获人生哲理。

文化经典凝聚着世世代代人民智慧的结晶，是对人类面临着的永恒主题的探索，揭示着古人的处世智慧、道德情操、精神律令、审美标准，并通过别样的环节设计，带领观众探索领略不同的成长故事，收获终极的真善美。匠心独运，汇聚智慧，传承文明。

二、生新：共融视听媒介，扩展多元空间

在现代消费文化和商业主宰的传媒语境下，"一切公众的话语都日渐以娱乐的方式出现，并成为一种文化的精神。我们的政治、宗教、新闻、体育、教育和商业都心甘情愿地成为娱乐的附庸"[①]。而在这种泛娱乐化的背景下，以何种方式呈现传统文化，以何种方式再现文化经典，成为人们关注的议题。但文化综艺类节目挑起重任，巧妙地以"文化+综艺"为题旨，采用"背景+读本+影像""文本+故事+人物""台前表演+幕后访谈"等独特的方式将人们"束之高阁"的传统文化与现代传播传媒技术及新型的科技方式完美结合，起到了潜移默化的熏陶作用，达到了良好的净化教育效果。

（一）融合媒介多元视听

文化综艺节目融合现代媒介，丰富表演形式，形成时空交错的多维度视听空间。或以实时场景再现，或舞台剧演出，或音乐相伴朗诵片段，再加之舞台、背景、道具以及人物妆面、服装的精心设计，俯仰镜头交叉，让观

---

① 尼尔·波兹曼：《娱乐至死》，章艳译，广西师范大学出版社，2004，第201页。

众瞬间穿越古今中外，得到沉浸式交互体验；一改曾经的刻板抽象的演说风格，以直观生动的演绎形式取而代之；利用VR、4K、H5等进行实景投放，加之微信、微博等网络渠道与观众线上互动，在多样化的感官刺激与冲击下进行文化知识的传播和经典文化的传承，拉近了传统文化与人民大众的距离，将厚重的文化烙印在观众的心中。

《经典咏流传》在第二季联手科技公司研发使用了人工智能互动H5产品"读诗成曲"，线上线下引发热议，"大屏""小屏"互动传播，各大媒体转发互赞；同时加入全息投影、虚拟歌手、外部拍摄现场，也在第一部的基础上发展完善中外诗歌曲库。在这样的高科技互融下，经实力演员的经典诠释，诗词再度登上人民的舞台，走进大众的心里。第一季第二期中王力宏将《三字经》以rap和吉他演奏，中西结合，燃爆全场，形式活泼新颖，加之光影的配合效果，为观众带来一场视听盛宴，传唱背后既有王力宏对传统文化的热爱，也有对孩子的期望，他让中华文化薪火相传，也将经典的独特魅力、思想价值传递给大众。《中国诗词大会》则采用舞美、动画、音乐等科技手段，在3600平方米的演播室搭建水舞台，大屏幕意境悠远，答题台文艺有味，在选手答题与嘉宾解读中营造紧张而又典雅的气氛。节目全程可用电子移动设备进行多屏传播，线下观众可同步答题，通过媒体的互通共融，更多的人参与到节目中来，让诗词更多地陶染着每个观众。《国家宝藏》节目更别具一格，将博物馆中的国宝复活在观众面前，并融入音乐、舞蹈等艺术手法，借"综艺+纪录片"的形态整合文博资源，讲述历史文物的深厚底蕴与时代魅力。同时屏幕中设置"扫一扫，掌心守国宝"的二维码，利用动态场景H5和数字化的现代方式，点一点就观赏国宝，还可了解文物的传奇故事，让历史文化的传播价值达到了最大化，也让厚重的历史文明在新时代有了温度和归宿。《一本好书》节目通过实时场景舞台剧、说书人表演、朗读等方式进行，讲述者作为讲述人讲述故事，作为主人公演绎故事，时而跳出文本与观众互动，带观众融入故事，一同感受跌宕起伏的情节。在这样的视听体验冲击下唤起读者审美情趣，使作者与表演者、表演者与观众、作者与观众形成三维立体感受空间，使经典文本可观可感，既提高大众艺术审美感受力，又进一步激发观众重读经典的欲望和热情，节目最后还会进行演员或作者的采访，让读者获得立体交叉式的情感体验。

（二）扩展阵容多元参与

文化类综艺节目阵容强，元素多，参与群体广泛，受众人群广大。各大节目皆是由当红主持人董卿、撒贝宁等"国民女神""国民男神"主持，邀请流量明星、实力嘉宾、文化专家坐镇现场，辅之采用多样化的文化综艺元素，再选取全国范围内各行各业各年龄的群众参与其中，达到了多元化、完美化的视听效果。

《中国诗词大会》作为首档文化类节目，由受国人青睐的董卿主持，并邀请文化底蕴深厚、学识渊博的康震、郦波、蒙曼、王立群等知名教授以通俗易懂的方式将古诗词中的文化典故、传统知识解读出来，使得普通大众更易于接受、学习。同时在第二季设置"百人团"，其中有"少儿团""青年团""百行团"以及"搭档团"，还有第二现场的"预备团"，他们代表着千千万万的社会大众群体，人民性强，包容性广，参与度高，更能增强普通大众强烈的集体认同感。在第三季节目中还邀请非遗传承人拍摄视频短片，用古画、民乐、雕塑、剪纸等方式亮出题目，诠释了古典文化元素与流行综艺节目的完美相融，达到在轻松愉悦的氛围中唤醒文化记忆，提升文化素养，增强文化自信的目的。《朗读者》则更是由董卿制片、导演、主持，采用新型的"访谈+朗读"的方式，用文字的力量传递访谈嘉宾故事中的情感。节目邀请到的嘉宾不仅有年轻大众喜爱的明星演员，还有笔耕不辍的文人作家，各行各业的泰斗巨匠以及有突出贡献的劳动楷模，不仅引来了大量群众观看，更拉近了节目与大众之间的距离。《国家宝藏》这档节目盛邀一级演员张国立作为讲解员，各大博物馆馆长、考古学者、文博人员坐镇现场，再邀与之气质相合的明星演员作为守护者配合演出。选取的帛画、玉石、竹简、瓷器、釉瓶、编钟等无不代表着中国瑰丽的遗产，彰显着中国气魄。观众还可以参与投票互动选出最喜欢的文物。周边文创产品也横空出世，通过现代的文化科技手段，将更多的普通大众卷入文物了解、传承与守护的浪潮中。《一本好书》邀请实力演员王洛勇、王劲松、喻恩泰等倾情演出，演员通过自身的理解、体会对经典书目进行介绍、演绎、再现、还原场景，并以"文字+故事+人物"呈现一幕幕舞台剧，增强观众吸引力。节目除了表演环节还设置了主持人和嘉宾解读的第二现场，邀请朱大可、史航、蒋方舟、陈晓楠等著名的文化学者、作家、编剧，他们通过不同的视角和维度挖掘书本厚度和深度，将审美风范和价值标准全面解读，不仅引来粉丝围观，也带给观众哲理与深思。

文化类综艺节目在融媒体时代不断生新出奇，以年轻化的姿态重释经典，不论是"硬设施"还是"软要素"，都能激发观众尤其是年轻观众重读经典的兴趣。为此节目赢得了广泛的群众基础，也让经典文化焕发异彩，蓬勃发展。

三、坚守：呼唤人文情蕴，回归时代理性

物质、科技、消费水平在日益提高，我们身处的时代浮躁而又泛娱乐化，加之外来文化的冲击，在这样大的背景下，传统文化的现代性发展成为我们面临的困境和难题。但文化类综艺节目却能够将娱乐和文化完美结合大放异彩，既满足人民大众的娱乐需求，同时以寓教于乐的方式将我们的传统文化演绎、守护并传承，顺应了图像化媒体时代的发展潮流，也传播了社会主义核心价值观念，对促进我国文化的大发展大繁荣具有重要的现实意义。

（一）唤起群众审美关怀

文化类节目将经典文化与娱乐综艺元素结合，文化经典潮流热从中央遍

及地方，影响深远，普及力度甚广；同时多样的表演形式唤起了观众的人文情韵，也传递着向上、向真、向善的价值理念。

《朗读者》节目在轻松访谈和深情朗读的方式下，赢得大众的高度认可，从一二线城市到地方区域逐渐开始设置朗读亭，高校甚至中小学也开始进行不同风格的朗读大赛，掀起了"朗读热"的高潮。不论阶层与地域，诵读经典深入人心，放松的同时唤起人们的人文情怀，荡涤人们的心灵，鼓舞人们不断进取，丰富着读者和观众的精神世界，进而提升国民文化素养。《中国诗词大会》召集不同行业、不同年龄、不同层次的诗歌爱好者相互角逐，专家则以通俗易懂的讲解使观众能够感受到经典诗词中的文化内涵与时代价值。经典诗词不再只是知识分子的营养品，普通百姓有了打开扉页的冲动和欲望，在提升审美感受力的同时唤起自身对于古诗词的重新认识，也成为知识的守护人、经典的传承者。《一本好书》每期节目所精选的书目，皆通过舞台剧这一直观方式唤起观众的人文情感，而后揭示背后的价值取向。第二季第七期实力嘉宾王劲松一人分饰两角表演《悲惨世界》重要片段，冉·阿让在牢狱生活后的窘迫和四处被驱赶的境遇被王劲松演绎得淋漓尽致，观众身临其境地体会主人公所处的"悲惨世界"，引发观众的恻隐之心和对道德天平的重新衡量；再经品书人对原著作者思路的解读和演绎者独特体验的分析，表达出不同时代的思想情感和价值观念，加深观众对文学作品的审美记忆。《经典咏流传》以音乐之形，品诗词之美，承经典之精神。第二季第九期成方圆和小少年杜若祎吉他、古筝相合演唱宋代邵雍的《唱游》，观众从音乐旋律中感受到了成方圆的丰富情感，为之动容；少年杜若祎三岁学古诗，四岁学古筝，即兴考诗对答如流，在场的观众赞不绝口，仅此一幕便能震撼观众，启发大众。

观众在不同的节目中或是体味书中的故事情节、人物情感，或是感受悠久历史、浩瀚知识，但其中的情怀和诗意都能引发情感共鸣，陶冶情操，净化心灵。这类节目在满足大众文化需求的同时增强了人民大众的集体文化认同感、责任使命感，为传承中华传统文化起到了助推作用。

（二）坚守时代文化精神

文化类综艺节目响应时代的召唤，在传承经典时重视与时代精神相契合，唱响新时代的赞歌。笔者认为传承中华优秀传统文化是年轻一代甚至全民的重任，我们本应在文化自信的大路上高举时代旗帜，捧好手中经典文化的接力棒。而文化类综艺节目正是在时代理性的召唤下文化自觉的一种反映，同时也顺应了时代变化的发展，努力挖掘古典文化中的现代意义和情感价值。

《经典咏流传》这档节目就是在音乐的包裹之下对文化的创新之举，蕴含着新时代的精神内核。在第二季第九期中一群厦门中学的学生合唱了宋人的《鱼戏莲叶间》，"江南可采莲，鱼戏荷田田"，原诗本是写一群青年男女互相嬉戏的场景，经过创作者的改编，一群活泼可爱的女孩子用竹简打着节拍唱着歌词，他们在台上像动人的诗，温情柔媚，将观众带进了青春美好的意境中，带领大家欣赏古诗词背后的意蕴。而这些孩子本就是青春一代在现代的传承者、继承人，他们守护经典，传唱经典，拿着手中的接力棒薪火相传。《中国诗词大会》则通过重温古诗词和文化嘉宾的解读，让观众领略诗歌意蕴在时代发展中的新精神、新内核，旨在让每个人都能心中有诗、有家、有国，都能在行动上颂诗、爱家、守国。"王师北定中原日，家祭无忘告乃翁"，专家剖析了陆游七言诗《示儿》背后的家风精神的彰显，爱国情怀的坚守，而在当代这满门忠烈的浩然正气也一直充盈于天地之间。董卿谈到，朱自清先生曾评论陆游的这种精神是后来国家至上的爱国理念的雏形，可见每一句看似简单的诗句背后都承载着理性精神，也对时代价值观念的形成影响深远。《国家宝藏》将上下五千年的文化呈现在年轻的舞台上，用古老文明折射时代灵魂。在第二季第九期中蔡明、潘长江两位国宝守护人守护侯马金代董氏墓戏俑，共同演绎它的前世传奇，他们在戏曲中行教化，维真善，诉说着喜怒哀乐。山西博物院院长提到"中国戏曲艺术故乡"山西的戏曲文化大多围绕"忠孝节义，礼义廉耻"的文化精神，对当代的核心价值观的树立有着重要启迪意义。当今"坤生第一人"王珮瑜作为今生故事讲述人，也从这件国宝身上看到了现代戏曲中生旦净末丑的早期原型，讲述了戏曲发展过程中美学、服装、造型、剧本的演变，他们都在当代用全新的方式诠释着古老文明，也担负着复兴中国戏曲文化的重任。

文化经典是经过历代淘洗之后的先人智慧的结晶，更是我们民族、国家发展的不屈脊梁的根基。费孝通先生晚年曾提到文化自觉论，指出生活在一定文化中的人要有自知之明，"自知之明是为了加强对文化发展的自主能力，取得决定适应新环境时文化选择的自主地位"①。众人在传承文明的同时，应当顺应时代环境的发展而创新，这样才能提升我们民族文化发展的自主能力，在世界文化的潮流中立于不败之地。文化类综艺节目秉承着传承、创新、坚守的精神信仰，为我国的文化发展开辟了一条切实可行的路径。我们更应在时代旗帜下，在人文关怀和历史理性的维度中找到文化经典前进的方向。

四、结　语

文化类综艺节目能够顺势而为，站在国际舞台上，肩负国家文化使命对经典进行重塑和建构，赢得了人民大众的欢呼和掌声，对提高全民阅读的速率，加强经典传诵的力度，促进文化认同感的形成贡献了不可小觑的力量。但在未来，文化类综艺节目如若发展到饱和状态应该怎样突破瓶颈，更好地走下去也是值得我们深思的问题。但无论怎样推陈出新，都

---

① 费孝通：《文化与文化自觉》，群言出版社，2016，第8页。

应顺着潮流，踏着文化自信的坚实脚步，继续昂首阔步地向前走；应与现代科技完美融合，在深度、广度兼具的基础上古今交融，传承创新。提高文化软实力，推动社会主义文化大发展大繁荣是我们实现中国梦的必经之路，而传诵经典，发扬优秀文化传统，守护华夏文明，更是我们的责任和使命。

（作者：樊阿娟，中国传媒大学2019级文艺学硕士研究生）

三 文化类节目的美学价值研究

社会历史批评视角下
文化类综艺节目的价值指向

摘要：社会历史批评是主流文学批评理论之一，自身经过了长期发展、完善和补充的过程，根据社会历史批评体系的完整性和局限性可以对社会历史批评一分为二，文中对传统社会历史批评和新型社会历史批评进行了区别依据的详细说明和学理认定。本文将对社会历史批评理论的发展沿革进行梳理，分析其在新的历史时代条件下应如何进行自我革新。新型社会历史批评视角下影视艺术，尤其是文化类综艺节目如何受其影响，并产生积极的反作用、释放正向价值，将是本文着力研究的落脚点，以期达到理论革新并指导影视艺术实践的目的。

关 键 词：社会历史批评；文化类综艺节目；价值指向

自艺术诞生之日起，文艺批评便如孪生兄弟般与艺术创作相伴而生。作品的意义，一定程度上依靠批评来构筑。文艺批评的运动过程实则是否定之否定，与辩证唯物主义的运动规律相符：创作主体在吸收批评理论后得以站在新质变的基础上开始新的量变，不断完善作品，从而推动该门类艺术创作质的飞跃。

在众多文艺批评方法当中，社会历史批评无疑是其中一条重要但如今逐渐被人遗忘的分支。何谓"社会历史批评"？笔者认为，传统的社会历史批评目的是将文学作品和社会环境联系起来考察，这样，文学作品就克服了孤立发展的弊病，不再是单一的个体，而成为完整批评系统中的一部分了。社会历史环境不仅仅包括经济环境、政治环境，还包括该地区的文化环境、地理环境、社会心理环境、历史因素等。批评家将这些环境因素和作者的生平、前人的发展成果结合起来考察，形成了《社会历史批评视角下文化类综艺节目的价值指向》。

一、社会历史批评视角的转向

（一）传统社会历史批评的发展沿革

传统社会历史批评在早期并没有形成完整的理论体系，但在一千多年前的古代，带有传统社会历史批评色彩的批评方法就已见诸部分中西方哲学家、文论家、艺术家的著作之中。中国社会历史批评的源头可追溯至春秋时期孔子在《论语·阳货》中提出的诗歌应"兴观群怨"。所谓"兴"指的是诗可以起兴以抒发情志，使人在鉴赏中获得美的感受；"观"则是诗歌应能观社会风俗之兴衰，"群"意指诗歌促进社会成员群居相切磋，"怨"则指怨刺上政，诗歌应起到讽喻统治者和补察时政的作用。可以发现，孔子已开始强调诗歌的社会功能，将诗歌与诗人的政治抱负联系在一起。战国时期孟子在《孟子·万章下》中提出"知人论世"，他所提倡的是分析一位作家的作品，应结合作家生平和他所处的社会环境背景。古希腊哲学家柏拉图的批评理论则是建立在"理式说"基础之上的，他在《理想国》中强调了诗歌应为社会服务、歌颂勤劳勇敢的希腊人民，诗人应是城邦的忠实拥护者。尽管柏拉图极力贬低诗人的地位，但他仍以道德和理性的观点将文学与政治联系起来，为传统社会历史批评作出贡献。

19世纪，意大利哲学家维柯在《新科学》中关于荷马与《荷马史诗》的论述使得社会历史批评方法初具雏形。论及荷马和希腊民族之关系时，维柯谈道："诗性智慧是希腊各民族的民俗智慧，希腊各民族原先是些神学诗人，后来是些英雄诗人。这种证明的后果必然是：荷马的智慧绝不是另外一种不同的智慧。"[1]可见，维柯认为绝不能超出古希腊特定的社会历史范畴来评论《荷马史诗》。

法国文艺理论家、史学家丹纳是社会历史批评的系统论述者和集大成者。他认为，"要了解一件艺术品，一个艺术家，一群艺术家，必须正确地设想他们所属的时代的精神和风俗概况"[2]。他具体以哥特式建筑与西欧封建制度的流变、荷兰绘画的勃兴与尼德兰民族的兴衰、法国悲剧作品与法国君主宪政体的变迁为例，分析艺术和时代风俗的关系。他以意大利文艺复兴时期的绘画、尼德兰的绘画等为例，对比日耳曼民族和尼德兰民族因为地理环境、历史因素等种种原因而产生的性格差异，提出了"种族、时代、环境"三因素说。传统社会历史批评至此正式完备，并为此后马克思主义批评理论的出现奠定了基础。

（二）新型社会历史批评的调整充实

传统社会历史批评关注社会历史和文学艺术之间的关系，将艺术放在了一个全新的维度加以考量。但它过分强调客观环境因素对于艺术作品和艺术家的决定性影响，没有触及决定文化发展的根本因素——经济基础。除此之外，传统社会历史批评往往忽视创作主体能动性的发挥以及各种艺术形式的运用，对作品本体的艺术规律和艺术价值研究较为缺乏。因此，对传统社会历史批评理论进行充实和调整势在必行。为了以示区别，笔者将马克思主义文艺批评理论和西方马克思主义批判哲学归纳至"新型社会历史批评"理论体系之下。

新型社会历史批评纠正了此前过分强调社会环境决定性影响的弊病，突出了对文化发展具有决定性作用的经济基础在文艺批评中的重要作用。尽管

---

① 维柯：《新科学（下册）》，商务印书馆，2017，第451页。

② 丹纳：《艺术哲学》，傅雷译，三联书店出版社，1983，第67页。

丹纳等人从社会环境入手讨论到了经济环境对艺术发展的影响，但仅仅停留在了表层，没有深入到生产力和生产关系，没有站在更高的社会矛盾运动立场看待文学艺术与经济基础之间的相互关系。马克思主义文艺批评同样主张文学作品应从现实出发，通过丰富的情节塑造典型人物，深刻地反映社会和时代的风貌。这一文学理论，尤其是典型环境与典型人物理论对我国文艺创作影响深远。

20世纪资本主义经济危机和两次世界大战彻底暴露了西方社会现代性的内在矛盾，西方马克思主义者继承了马克思和恩格斯的批判立场，并从政治和经济批判转向意识形态和文化批判。[①]阿多诺在《启蒙辩证法》中提出了"文化工业"的概念，用以批判资本主义社会下大众文化的商品化和标准化。德国法兰克福学派将文化产品和资本主义社会制度结合起来，认为在资本主义大工业化的流水线生产方式之下，文化也遭受了冲击。传统艺术作品所具有的"灵韵"已被机械复制时代破坏殆尽。西方马克思主义对于文学艺术的批评是在新的历史条件之下对艺术和社会历史的准确把握，它看到了新的社会生产方式和经济制度对文化产品的影响，它对于我们分析文化类综艺节目的制作方式、传播语境和价值指向具有指导意义。

二、社会历史批评视角下文化类综艺的价值指向

习近平总书记曾指出："文化自信是一个国家、一个民族最深层、最基本、最持久的力量。"要坚定文化自信，我们就要走中国特色社会主义文化发展道路，激发全民族文化创造活力。树立文化自信的一个重要方面就在于继承和弘扬中华民族优秀传统文化。目前，我国电视荧屏上各类综艺节目层出不穷，文化类节目如一股清流，不仅采用年轻化的语态向大众普及了传统文化知识，提高了大众审美趣味，还将传统文化注入现实主义内核，与当

---

① 韩振江、齐泽克：《新马克思主义批判哲学》，人民出版社，2014，第2页。

代社会主流价值相契合。在形式上，文化类综艺节目致力于将文学语言转化为视听语言，实现了文化的创新型转化和创造性发展。站在社会历史批评视角看待我国文化类综艺在内容与形式上的创新，它的出现与发展不仅仅是节目创作主体主观上创新研发的产物，还受到包括政治经济、地理环境、文化环境、社会心理和历史发展在内的各种社会历史因素的影响，但其中起决定性作用的还是经济基础。文化类节目作为精神文化产品，是我国生产力与生产关系已较为发达、精神文明较为富足的体现，由此可见，经济基础决定上层建筑。优秀的文化类综艺对社会产生积极能动的反作用，释放正向价值，达到寓教于乐和传承文化的历史功能，这是上层建筑反作用于经济基础的表现。

（一）地理环境与文化类综艺的地域特色

丹纳在《艺术哲学》中对尼德兰地区的地理环境特征有过详细论述，他认为尼德兰地区的主要是冲积土平原，其他的一切动植物特征都从属于它，由它衍生发展而来：水生草—草生牛羊—牛羊生乳饼、生奶油、生鲜肉—乳饼、奶油、鲜肉生人。在这片土地上成长起来的日耳曼民族需要长期与海水倒灌、强劲大风等恶劣的自然环境做斗争。"他们对快感的要求不强，所以能做厌烦的事而不觉得厌烦；他们感觉不大敏锐，所以喜欢内容过于形式，喜欢实际过于外表的装潢。"[1]因此，地理环境很大程度上塑造了日耳曼民族的民族性格，正是这种理性、隐忍和克制，使他们能建立和维持各式各样的社会关系，从而形成相对沉稳的艺术风格，地理环境对文化的影响由此可见一斑。艺术作品一定程度上反映某一地区的地理环境特点，而我国幅员辽阔，在广阔的疆域版图下不同民族在不同地区长期聚居，形成了不同地区各自独有的地域文化，地域文化的差异性和多样化成为中华文化的重要特征，许多文化类综艺节目聚焦于地域文化。

---

① 丹纳：《艺术哲学》，傅雷译，三联书店出版社，1983，第128页。

《野生厨房》是芒果TV2018年推出的美食文化探寻类真人秀，节目由汪涵、姜妍等艺人组成的"野生兄弟团"以自驾的形式前往野外寻找各式各样具有当地特色的野生食物，并就地取材，采用原生态的烹饪方法还原最原汁原味的美食。

在2020年播出的第二季第一期节目中，"野生兄弟团"来到美丽的新疆赛里木湖，这里是新疆海拔最高、面积最大的高山湖泊，因为受到来自遥远的大西洋暖湿气流的影响，素有"大西洋最后一滴泪"的称号。赛里木湖原本没有鱼，20世纪末从俄罗斯引进了高白鲑等冷水鱼养殖，因湖泊的自然环境非常适宜此类冷水鱼的生长繁殖，目前已成为新疆冷水鱼生产基地。节目中，嘉宾们来到赛里木湖上乘船捕鱼，实地捕捞当地美味，同时在与当地向导和渔民的交流中感受年轻而独特的赛里木水下美食文化。

《野生厨房》节目聚焦的是中华文化中博大精深又充满着浓郁地域特色的美食文化，每个地区的地理环境决定了本地的种植条件和食材特点。嘉宾们在第二季第一期节目中尝过湖中的高白鲑之后，来到新疆的鄂托克塞尔河谷，层层交织的胡杨金叶用饱含生命力的金黄把河谷点亮，来自大西洋的水汽和充足的日照条件为草场的生长提供了自然基础，而肥沃的草场又为以牛羊为主的畜牧业发展提供了原料。在文化底蕴丰厚且厨艺高超的主持人汪涵的带领下，"野生兄弟团"在探寻中发现美味，在美味中挖掘其背后的文化故事。

与《野生厨房》聚焦美食文化不同，江苏卫视2018年推出的全专家团文化探索节目《小镇故事》全方位地为观众展示出一个大美中国。节目采用了全新的"文化普及+旅行探访"模式，节目嘉宾走进12座各具特色的中国小镇，游览山水、解读历史、寻觅人文、体验文化，把原本停留于书本内的"中国最美小镇"通过影像语言全方位地展现在观众面前。

第十一期节目探访的是具有两千一百年历史的素有"中国天府第一名镇"称号的黄龙溪镇。节目开篇便介绍了古镇因水而兴、逐水而居的地理环境特点，优越的自然环境也为黄龙溪镇的繁荣提供了天然基础：因地处富饶的水乡而成为古代兵家必争之地，水路成为商贾人家发家致富的天然之路，肥沃的土地和充足的水源为当地提供了源源不断的粮食，平原的地势也易于古镇的建造。黄龙溪镇的文化正是在这样的地理环境中诞生的，从随处可见的古街、古树、古庙、古民居中可以窥见当地的川剧艺术、建筑艺术、园林艺术和宗教文化等的发展缘起。节目通过对小镇整体风貌和在这片土地繁衍生息的百姓的介绍，让观众了解到地理环境对于地域文化形成所起的重要作用。

节目由颇具学者气息的歌手李健担任"小镇推介人"，五位来自各领域的高知学者和一位学生代表组成"智囊团"。七名嘉宾在节目中时而聚集在一起对当地文化进行讨论和体验，时而各自出发探寻自己最感兴趣的当地景观，期间还不时穿插对于该文化景观的画外解说，使节目散发着对文化尊敬而严谨的人文主义气息。嘉宾之间的趣味互动、因对当地文化不甚了解而产生的文化误读、后期包装花字等为节目增添了些许轻松娱乐的气氛，在文化与娱乐中达到了较好的平衡。节目没有刻意安排格格不入的游戏环节和比赛竞争机制，简单的文化之旅更能彰显节目的文化底蕴。

（二）历史沿革与文化类综艺的内涵底蕴

纵观全球，未有哪一国之文化历史能如我华夏文明般生生不息、绵延不绝，上下五千年的历史流淌在每一个炎黄子孙的血液之中。从鸦片战争起，我国一代又一代文学斗士拿起手中的纸笔，用文化之力量发扬中华民族自强不息的民族精神，解放思想、破除愚昧、武装头脑、抵御外敌。然而，今天越来越多的年轻人在全球化的浪潮中逐渐忘记了本民族的历史和文化传统，一批文化类节目自觉承担起了传承中华传统文化的历史重任。这类文化类综艺节目以博大的胸襟和恢宏的气势重燃中华儿女对于本民族文化、历史的认同感和归属感，大大增强了国人的文化自信。

　　《国家宝藏》是央视与国家级重点博物馆合作，在文博领域深度挖掘开发制作的文博探索类节目。节目邀请张国立担任"001号讲解员"，每一期节目揭秘一所博物馆的馆藏，在对文物进行基本信息的讲解之后，"国宝守护人"通过情景再现的方式对国宝的前世传奇进行现场演绎，此后与文物相关的工作人员或传承者会登台讲述文物的今生故事，以此全方位地介绍国宝的前世与今生，赋予原本毫无生气的文物以新的生命。

　　节目以文化的内核、综艺的形态、纪录的手段打造出了一档全新的国宝介绍类栏目，每一件文物背后都流淌着一段令人心潮澎湃、感慨万千的历史。由此可见，历史的沿革与变迁，我国华夏文明的深厚底蕴是激发这档节目创意灵感的基础和源泉。

　　《国家宝藏》是传统文化创新传承手段的又一次成功，在国宝一步步从冰冷的博物馆展示柜走下神坛来到观众面前的过程中，观众与文物之间的距离也一步步缩小。国宝守护人在此过程中充当中介的角色，多由年轻人所喜爱的明星艺人担任，架起了沟通国宝与观众之间的桥梁。如《国家宝藏》第二季第一期中，王菲作为国宝守护人守护的是故宫博物院馆藏的样式雷建筑烫样，也就是样式雷家族所设计的古建筑立体模型。在情景演绎的段落中，王菲饰演一名《大公报》记者，带领观众走进20世纪三四十年代，我国建筑学家以高昂的热情独立抒写中国建筑学篇章的热血故事。样式雷家族是清代两百多年间主持皇家建筑设计的雷氏家族的誉称，代表了中国古建筑的丰厚文化内涵、艺术水准和建筑技术，其精益求精的工匠精神更值得当代人学习。然而家族耗尽心血设计的圆明园在英法联军的炮火之下付之一炬。节目通过讲述样式雷家族对我国古建筑的杰出贡献，歌颂了我国近代建筑学家独立探索建筑学的顽强精神，表达出强烈的民族自尊心和荣誉感，鼓励当今建筑工作者锐意进取，极具现实意义。

　　《穿越吧》（前三季原名《咱们穿越吧》）是哔哩哔哩出品的大型历史体验真人秀。前三季节目于四川卫视播出，节目基础是韩国的《时间探险队》，引进后做了大量本土化改造。节目播出之后其新颖的节目模式和寓教于乐的创新形式得到了观众的广泛好评，第四季节目播出平台从传统电视台转移到年轻人聚集的"B站"，节目的嘉宾选择和环节设置呈现更加年轻化的趋势，彰显了节目创制者深耕年轻受众，传播中华文化的创制意图。

嘉宾团将在节目中穿越到我国古代某时期的特定场景中，并且和其中的NPC（非玩家角色）展开剧情、交流互动。如第一期中，嘉宾们化身来自日本各行各业的遣唐使来到大唐朝贡，并作为留学生留在大唐学习。在朝贡的过程中节目不仅介绍了日本当时的风土人情，并且也把朝贡期间你来我往的交易方式展现出来，表现了当时大唐国力强盛的社会面貌。同样是情景再现的演绎方式，和《国家宝藏》相比，"穿越"元素的贯穿和嘉宾无厘头式的搞笑风格为节目增添了更多笑料，正如许多网友在弹幕中发表的一样，"一边笑出眼泪，一边学到知识"。

此外，北京卫视充分利用古都的丰厚文化底蕴和丰富历史遗迹，打造了一批人文探索类真人秀节目，如《上新了·故宫》《遇见天坛》等，我国源远流长的历史文化成为这些文化类节目源源不断的养料。这类节目不仅可成为后人按图索骥了解先人的重要历史资料，更滋养和充实了当代观众的精神世界，帮助当代年轻人克服"民族虚无主义"和"历史虚无主义"的弊病。

（三）社会心理与文化类综艺的创作定势

文化是相对于经济、政治而言的人类全部精神活动及其产品，因此对于文化类节目的研究除了分析前文中所提到的地理环境和历史条件之外，我们依然要回到社会成员本身。当今社会人们普遍习惯于使用电子产品进行线上沟通、交流，接触纸笔的机会越来越少，这直接导致提笔忘字的现象越发普遍。敏感地察觉到这一社会现象的节目制作者引入比赛竞争机制，打造了《中国汉字听写大会》《神奇的汉字》《汉字英雄》等文化类节目，节目中不仅有对日常生活常用字的测试，也有对生僻字的考察。这些节目不仅鼓励观众参与答题，补足人们的知识盲区，还有利于国人重新审视经过几千年发展变迁的汉字文化，让人们意识到每个汉字都是音、形、义的统一体，发掘汉字这一中华民族瑰宝的美学价值。不仅是汉字，书法、戏曲等其他中华优秀传统文化也越来越成为文化类节目创制者普遍认同和选取的题材，将社会成员心理因素和文化类节目的制作方式有机融合也成为创制者的创作心理定式。

文化类节目能在当今百花齐放的文艺市场中占有一席之地有赖于社会成员心理的转变，一系列文化类节目的走红说明我国观众不只是一味追求低级的感官刺激，对于高品质、有内涵的节目的需求也在不断提升。文化类节目对社会成员产生积极的反作用，从而能使更多观众主动选择收看，由此在节目创制者、节目作品和观众之间形成了一个释放正向价值的闭环，在循环向前的推进过程中不断抛弃低俗和媚俗的节目，还社会一个干净、爽朗的文化环境。

《朗读者》是央视推出的大型文化书信阅读类栏目，节目每期邀请五至六位嘉宾阅读和本期节目主题词相关的一篇散文、一首诗歌或者一封家信，并和主持人一起畅谈对文本的理解以及自己从中获得的收获。节目所选的文学作品中有的饱含原作者对于生命的思考，有的蕴含着浓郁的家国情怀，而有的记录了家人之爱、情人之爱、友人之爱，呈现出生命之美、文学之美和情感之美。节目的舞美以环形图书馆为主体，流露出深厚的文学底蕴，而观众席则是剧院式排列，增添了朗读过程中的仪式感。

第一季第一期节目主题词为"遇见"，联想集团董事长柳传志阅读了一封自己在儿子婚礼上的致辞《写给儿子的信》，信中他回忆了和儿子、儿媳妇"遇见"以及抚养儿子长大的过程，表达了对儿媳妇的赞赏之情和对他们未来婚姻的祝福，同时他也嘱咐儿子"只要你是一个正直的人，不管你做什么行业，你都是我的好孩子"。这一封信不仅能唤起同龄父辈之间的情感共鸣，同时也让后辈体会到父母对于子女真挚而无私的爱。相较于《国家宝藏》在社会历史之下的宏大叙事格局，《朗读者》《信中国》等书信诵读节目从更加细致入微的角度出发，传递出社会所需要的情感抚慰，反映出社会所普遍尊崇的价值观，引发社会成员的集体情感共鸣。

三、结　语

新的时代条件下，如何将看似枯燥无味的传统文化通过年轻的语态和崭新的途径传播，被更多的观众所接受，是文化类节目一直在探索和思考的问题。许多文化类节目因为节目形态和传播手段的创新而得到了广大年轻观众的喜爱：如《朗读者》在几大城市中心设置了线下朗读亭，鼓励民众来到朗读亭内阅读自己想要与大家分享的文本内容，许多年轻人排上六七个小时只为能在亭内阅读五分钟；《汉字英雄》设立"十三宫"，增强了节目的竞技性和趣味性，因悬念迭出而牢牢吸引了年轻观众；《经典咏流传》通过将古代传统文学诗词重新编曲填词，并邀请流行歌手重新演绎，以赋予传统文学新的生命活力。

文化类节目是当今电视荧屏与社会历史关系最为密切的节目样态，它的节目内核与传统文化有着千丝万缕的联系，可以说它一经出现就肩负起了传播中华优秀传统文化和赋予传统文化新的时代内涵这一历史使命。在传统文化日渐式微的今天，通过年轻化语态进行制作和传播的文化类节目责任重大，只有不断守正创新，紧跟时代步伐，才能创作出经得起人民检验，经得起历史批评的文艺作品。

（作者：解文韬，中国传媒大学2018级广播电视艺术学硕士研究生）

文化类综艺节目的审美之思

摘要： 传媒艺术的蓬勃发展引发了审美实践的变化，因此学界呼吁建构适应传媒属性的当代美学。然而作为传媒艺术族群的一员，电视艺术的媒介特性致使其同时受到传统艺术和传媒艺术审美属性的双重影响，成为二者的"中间体"，这一点在文化类综艺节目中体现得尤为突出。本文通过对文化类综艺节目的文本分析，引发当代美学构建过程中对电视艺术媒介属性的关注，以期综艺节目创作和美学研究相互作用，达到实践的创新与学理的突破。

关 键 词： 传媒艺术；文化类综艺节目；审美经验

文化类综艺节目最早被观众熟知是在2001年，彼时中央电视台推出了《百家讲坛》，该节目通过讲座的方式传递文化观念、讲述文化故事，因嘉宾风趣幽默、平易近人而广受喜爱。随后的十几年中虽然有《中国诗词大会》等优秀节目做支撑，但文化类综艺节目还是只能在娱乐的浪潮里掀起微弱的浪花。2017年被称为文化类综艺节目的"元年"，自《朗读者》横空出世后，文化类综艺节目进入了繁荣的生长期，一批制作精良、理念先进、模式原创、导向积极的文化类综艺节目进入观众视野，同时也引发了学者的讨论和研究。

作为传媒艺术的形态之一，文化类综艺节目却体现出种种传统审美经验的"复归"，这也导致其在美学层面上成为传统艺术与传媒艺术的"中间体"。通过对该类型的文本比较和美学分析，可以从一定程度上窥见当代美学发展的路径和方向，为这一理论体系提供基石。由此，本文的两个基本问题就此出现：其一是传媒艺术引发了审美实践的何种变化，其二是文化类综艺节目特殊在何处，又因何特殊。

一、传统艺术与传媒艺术：审美经验之变

"如果对人类的艺术进行大致的分类，可以分为传统艺术和传媒艺术。"[1]传统艺术是指具有悠久历史的音乐、绘画、舞蹈、雕塑、文学、戏剧等艺术形式，传媒艺术则指代摄影艺术、电影艺术、广播电视艺术、数字媒体艺术等新兴艺术形式的集合。虽然传媒艺术是自19世纪30年代摄影诞生才开始蓬勃发展的，但因其大众参与的特殊属性，迅速抢占了人类日常生活的高地，为当下的审美活动提供了最主要的对象和审美经验。然而作为当代艺术的整合体，传媒艺术所具有的时代特性让其审美属性呈现出与传统艺术迥然不同的样貌，甚至这种不同可以说是针锋相对的。在传媒艺术的影响下，媒介发展、文化心态和社会生活都有了新的变迁，美学研究和审美思潮都发生了深刻的异变。

传统美学中讲求"审美无利害""审美静观"和"审美距离"的审美经验。这三个理念由来已久。"审美无利害"观念的代表人物是康德，他认为利害感与欲望相关，远离这二者才能做出纯粹的"鉴赏判断"。"审美静观"态度的代表人物是英国美学家鲍山葵，他认为："在审美经验中，人的心灵态度是静观的。它的情感是'有组织的''塑造的''体现了的'或者'具体化的'。"[2]这实际上是说用静观的态度着眼于体悟与感知，针对

---

① 刘俊：《传媒艺术刍论——基于对传媒艺术特征的分析》，博士学位论文，中国传媒大学，2014，第10页。

② 鲍山葵：《美学三讲》，周煦良译，上海译文出版社，1983，第3页。

"表象"而非"实体"，自然就没有了利害感，这也是与"审美无利害"类似的观念。"审美距离"来自英国心理学家爱德华·布洛的"心理距离说"，该理念指出审美经验产生于主体与客体之间的"适当距离"。对此朱光潜先生用海雾的例子进行了生动的描述：岸上看海雾，看到海雾之美；而在雾中的游船里，雾气是致命的物质，可能让自己迷失方向。究其本质，为什么站在岸上看海雾能体会到其美丽？因为此时看海雾不受自身利益的牵绊，从这一点来说，"审美距离"也与"审美无利害"有着相似的内核。殊途同归，也有其他学者进行过类似的论述。如现象学的代表胡塞尔曾经提出过"加括号"的说法：他希望把自己身上的阶级属性、社会属性、文化属性乃至人性都"括起来"，让自己回归到完全、彻底的自我。南朝宋画家宗炳提出了"澄怀味象"，澄怀即是淡泊空明的心境。细细想来，这也与"审美无利害"相似，只不过对象不同。不难理解，传统美学的审美经验讲究抛去外部繁杂无用的思绪（包括欲望、功利等），以纯粹的姿态看待艺术作品，这也是审美与否的分野。

然而随着传媒艺术的发展，其逐渐衍生出与传统美学不同的审美属性。借助技术的进步，传媒艺术可以在数据层面将真实世界几近完美地还原，比如在看一副摄影作品时，它无疑比传统艺术中的绘画作品要更加接近原物的样貌。但传媒艺术又通过艺术手段改造着受众的认知，这一点在电视剧上展露无遗——电视剧大多展现我们的生活，但是经过艺术的加工和改造后，这种生活必然是与真实的生活有所区别的。随着电视剧体量与收看渠道的增多，观众所认识的真实世界就逐渐向传媒艺术所塑造的世界靠拢。故此，传媒艺术与"真实"之间的关系，决定了其美学特征。"极致的真实是一种极端之美，是传媒艺术和传统艺术在美学特征上的一个极为核心的区别。"[①]

传统艺术和传媒艺术的不同，让传统审美经验的理论出现了"水土不

---

① 刘俊：《极致的真实——传媒艺术的核心性美学特征与文化困境》，《深圳大学学报》（人文社会科学版）2017年第5期。

服"的状况。从当前的传媒艺术实践看，作为审美主体的欣赏者时刻面临着剧烈的视觉真实感，电视中可触摸的人物、逼真的色彩和同步的声音似乎扑面而来。正如本雅明在《机械复制时代的艺术作品》中所述，机械复制技术让艺术品走下神坛，走入了千家万户。今时之景况，无疑比本雅明所经历的情况又呈现出几何式的扩展。海德格尔说："现代的进程是对作为图像的世界的征服过程。"①当审美主体面对的审美对象是一个以秒为单位快速变化同时又极致真实的图像，如何做到"静观"？而这样的情况，对电子技术而言要做到是轻而易举的。本雅明亦用"惊颤效果"（Schockwirkung）的概念对此进行诠释，毋庸置疑，处在惊颤效果中的观众无从抛去欲望，找回无利害的审美态度。

综上所述，在传媒艺术的时代中，美学观念的确产生了变异，而审美经验是其中的要害。

二、内容与形式：游走在传统美学和当代美学之间

文化类综艺节目属于传媒艺术的形态之一，自然与母形态共享性质。所以当其作为审美对象而存在时，审美主体（观众）的审美经验也发生了变化。但根据笔者的观察，在文化类综艺节目身上又出现了种种传统艺术的审美经验。

"文化"成词最早可见于刘向编著的《说苑·指武》："凡武之兴，为不服也，文化不改，然后加诛。"②把文化和武力对举，强调了文化的教化作用。随着一代代学者的深入研究，文化的概念更加广博，侧重的角度也更加多样。

在对文化类综艺节目进行梳理时，还是应该回到"文化"本身。首先在

题材上，文化类综艺节目用电视化的手段把文字、文学、历史等文化的应有之义集合在一起。其次在内涵上，文化类综艺节目以传承人类的精神瑰宝、发扬人类的优良传统、提高全民的文化水平为目的。在这样的圈定下，我们可以将《朗读者》《经典咏流传》《国家宝藏》《一封家书》《中国诗词大会》《上新了·故宫》等题材多样、形式多样、内涵丰富的优秀作品纳入探讨范围，追问其美学转向的因由。

针对文化类综艺节目的研究，应该回归文本。从内容和形式的角度进行剖析，有助于厘清这种艺术形态的特性，并为美学研究提供支撑材料。

（一）内容方面

文化包含了人类的各个方面。因此，在广阔的范围中遴选出有意义的主题和内容，是文化类综艺节目必须思考的问题。纵观近几年优秀的文化类综艺节目，其展现的内容大概可以总结为这样几类：语言、文字、文学、艺术、历史、文化遗产和个人经历。这些小的类别又可以组合成两种具有特色的节目形态。

第一种是把艺术样式作为节目的主要呈现内容，将文化寄宿在其中的文化类综艺节目。从创作实践上看，文学艺术在其中占据了极大比重。以《朗读者》为例，节目通过访谈（个人经历）和朗读（文学）的有机结合，传达中华民族的核心价值观，分享独特的个人经历，唤回文化记忆中的"集体无意识"。可以发现，节目组选取的朗诵文本中有一部分文风是偏向于清新隽永的，并没有像寻常朗诵作品一样，设计多样的起承转合与抑扬顿挫。这样的作品如果由台词功底不佳的非专业人士进行表演，会导致观众在单独欣赏朗读部分时，共情能力较弱。而加入真情实感的采访段落后，朗读的意义开始变得不同。观众在朗读中回味着刚才讲述的故事，体味着其中蕴含的情感，回忆起自己过往的经历，对朗诵文本的接纳变得更为容易。同时《朗读者》每一期都有一个主题，例如"故乡""十年""痛"等等，创作者希望通过对主题的精心设计和对人物经历的深度挖掘，找到人性中的独特性和共通性，借此增强内容对观众的吸引力。

当然，其他艺术样式也与文化类综艺节目有较高的适配性，如戏剧、音乐、舞蹈等。2018年口碑丰收的《经典咏流传》就把音乐作为文化表达的载体，创新性地开了先河。流行音乐天然具有大众性，将古典文化中的诗词融入音乐，更容易引发观众的共鸣。2019年《故事里的中国》通过戏剧表演，将故事与文化熔为一炉，欣赏者在故事中穿越时光，打破现实与艺术的壁垒，继而体悟到中华民族所经历的伤痛与复兴。

第二种是把历史知识等非艺术样式作为节目的主要内容，如以史明理、借史喻今的文化类综艺节目。历史是中华民族的瑰宝，民俗习惯、历史典故、英雄过往都有着极高的文化价值。该种类的文化类综艺节目形式也比较多变，有竞技答题类如《最爱是中华》，亦有真人秀类如《咱们穿越吧》，这一类的文化类综艺节目也受到了大众的喜爱。

"综艺节目要有意思，更要有意义，即符合中国国情和审美、富有中国特色、具有民族精神、引领而非迎合受众。"[①]从文化类综艺节目的内容和主题上可以看出其传播主流价值观的追求和力求提高国民精神素养的深刻内涵。

自传媒艺术蓬勃发展之后，视觉文化造成的"惊颤效果"成为人类审美需求的必备品，同时传媒艺术与大众文化和消费文化的紧密联系让其娱乐功能超越了教育功能。比如在综艺节目中，往往会通过规则压迫使主人公出糗，以达成欢乐的气氛和搞笑的效果。再比如通过包装手段来对主人公的行为、话语进行二次创作——最著名的就是鬼畜。剪辑师通过裁切画面、重复播放、搭配搞笑BGM（背景音乐）等手段强调人物的口误、口癖、表情，来博取观众一笑。而在文化类综艺节目中，鬼畜是难得一见的，往往在真人秀的部分才能偶尔得以一窥，甚至连其他综艺节目中随处可见的"花字"（在

---

①　游洁：《电视综艺，有意思更要有意义》，《人民日报》，2018年11月1日。

画面中添加的造型各异的文字）都难以得见。反而是带有教育意味的话语和内容在节目中反复出现，《朗读者》中的人生真意，《一封家书》中的亲情温暖，《经典咏流传》中"听"得到的诗歌创新表达，都富有哲思与温情。不难发现，文化类综艺节目的价值追求实际上在向传统美学靠拢。换言之，其娱乐功能往往是教育功能的附属品。

在文化类综艺节目中，情与真是永恒的话题。观众会为《朗读者》中切中要害的人生经历一咏三叹，同样会在《中国诗词大会》中为古典诗词踟蹰思量，对于节目中的个人经历和人生哲理，观众也需要经过体会和消化，才能感到其中的意蕴。笔者曾经参与过《朗读者》第一季的录制，当时的嘉宾曹文轩教授在讲述自己与父亲的故事时，仅用了浅浅的一句："那是我第一次离开家，父亲来送我。"却用了大量的语句陈述父亲的"心口不一"，乃至对孩子的不满，但正因如此，"送我"才更能显示出父亲的爱。如果换一位讲述者，则可能会重点陈述自己与父亲难舍难离的各种细节。艺术家（讲述者）的风格和形式千秋各异，这也是传统艺术需要"静观"的原因。而文化类综艺节目深厚的底蕴和浓烈的情感同样需要观众细细品味，才能得见真章。因此相比于传媒艺术的其他形式，文化类综艺节目更靠近"无利害"的审美标尺。

（二）形式方面

一直以来，文化类综艺节目的视野辐射着多元的艺术样式和非艺术样式，并努力弥合它们之间的差距，践行着"综"的概念。中央广播电视总台出品的《经典咏流传》节目，将古代诗、现代诗和流行音乐结合在一起，用"以诗和歌"达到了寓教于乐的效果。流行音乐中大众文化的元素和现代诗精英文化的部分在节目中结合，音乐的和弦、曲式、声调都可以表达情感，这在一定程度上消解了现代诗的晦涩，让观众更容易理解，也展现了国家的文化自信。

同时，"综"的概念不但让形式上的考量成为区分节目类型的标准，更成为节目的创意所在。《中国诗词大会》中答题PK的形式并不罕见，同类型的节目在我国的电视市场上有很多，如江苏卫视的《一站到底》就是其中的经典，只不过出题范围并不限于诗词。相比之下，《中国诗词大会》综合了嘉宾、游戏、竞技、演出等多种形式，不要求删繁就简，反而通过更多的设计去展现诗词文化。如节目中的"飞花令"，其作为古人饮酒时用来助兴的游戏，需要深厚的诗词储备量。多种形式的叠加带来了丰富的感官体验，也从心理上加强了观众对节目结果的期待。与之类似，在文化类综艺节目《诗书中华》中，节目组引用了《兰亭集序》提到的"曲水流觞"形式，利用LED屏幕模拟曲水，当画面上的羽觞停下时，对应位置的家庭就登台答题。历史故事与现代科技的结合让节目规则有了更新颖的呈现形式，在为节目核心服务的同时，起到了较好的传播效果，让观众眼前一亮。

相比于其他类型的综艺节目，文化类综艺节目更加注重仪式的建构，其所依托的象征性符号系统也与节目形式息息相关。在《朗读者》中，"朗读"就是一个仪式。这个仪式的构建涉及图像符号、音乐符号、色彩符号、行为符号等等。[①]图像符号是不断出现的虚拟形象，最显而易见的就是随朗读者朗读时自动翻页的书；音乐符号是节目中不断出现的音乐，让观众入耳即能识别出这是《朗读者》的主题曲；色彩符号是节目最常用的色彩，《朗读者》中观众席是红色的座椅、观众席的顶上是红色的帷幔、主舞台的书架上以红色的书为主，红色自然是色彩符号中非常典型的一个色彩；行为符号相对较少，观点大多聚焦于朗读亭的设立这一行为。在这些符号综合化之后，与这些符号息息相关的"朗读"就成为仪式。仪式化传播可以唤起观者的集体记忆，引发共情心理，达到绝佳的传播效果。

审美主体能否在艺术作品面前抛去感官欲念，是传统美学中审美与非

---

① 张晶、谷疏博：《文化记忆、崇高仪式与游戏表意：论原创文化类节目的美育功能》，《现代传播》2018年第9期。

审美的分野，也是"审美无利害"的重要理念。张晶教授在《传媒艺术的审美属性》中指出，"大众传媒里的图像在与语言及音响的配合下联翩映现，欣赏者无须对之吟味和感悟，也不给你这样的余地。"[①]由此可知，视觉文化的变形是抹杀"审美无利害"的重大元凶。结合上文，文化类综艺节目在形式上的创新把观众推向了当下的审美体验。仪式化传播所依托的符号大多来自于视觉和听觉，加强了视觉文化的比重；而形式上的"综"汇聚成"混流"，不断冲击着观众的注意力。"图像、声音、碎片化信息在用户面前呼啸而过，用户停下来思考、整合都成了奢侈的事情。"[②]更何况在这个过程中，大量资本的、商业的元素融入艺术生产的各个环节，审美无从谈起。

经过探讨文化类综艺节目内容和形式与审美的关系，可以得出结论：在内容方面，文化类综艺节目的特色使其在一定程度上回归了传统美学的追求，而在形式方面，新兴技术的发轫和原创精神的追求使文化类综艺节目深受传媒艺术审美属性的影响。也就是说，文化类综艺节目游走在传统艺术和传媒艺术的边界。当然，这里的"游走"是指美学层面，而非艺术类型层面。

三、有机统一与互相借鉴：发展道路之思

（一）以"故事化"表达构建文化类综艺节目的审美文化价值

审美文化集中体现当代审美特征的范畴，它也是一种起着引领作用的价值形态。细化到文化类综艺节目中，构建审美文化价值更是该类型节目的应有之义。而构建的关键，在于"个体"和"故事化"。

---

① 张晶：《传媒艺术的审美属性》，《现代传播》2009年第1期。

② 王可越：《一种创造性的破坏美学：传媒艺术"混流"论》，《现代传播》2019年第4期。

传媒艺术的蓬勃发展引发了个体的激活，非明星的、生活化的人物的生活开始频繁地出现在电视荧幕中，对个体的审美逐渐成为电视审美的一个趋势。从这一点上来看，因为电视中的个体往往与观众日常生活中接触到的个体区别不大，故而生活经验也开始强势地介入审美经验。需要强调的是，这里的"个体"有着与现代汉语中该词语释义不同的意味，它更突出个体中非英雄的、非明星的那些部分。

笔者以为，虽然"日常生活审美化"在当代美学中成为一个热门话题、关注个体的趋势也愈演愈烈。但生活经验与审美经验还是应该加以区分，避免审美泛化的现象出现。这一观点体现在文化类综艺节目中，即展现个体时，应该注重挖掘饱满的情怀、独特的故事和不屈的品格，而非聚焦于窥私之欲、好勇斗狠抑或是伦理悲情。

对个体高洁灵魂的发掘和呈现是文化类综艺节目的目标，达成这一目的的途径就是"故事化"的表达。"故事曾经是人类了解历史、熟悉自然、感悟自身的通俗方式，它构成了普遍存在于人类社会的文化原型，在人类血脉中播下了讲'故事'、爱'故事'、迷'故事'的基因。"[①]由此可见，人物的表达需要以故事为依托。在文化类综艺节目中，表达故事的方式有两种：一种是节目形态本身以故事为依托，如《朗读者》《国家宝藏》等；另一种则是节目形态本身以竞技或是艺术展示为主，需要通过外部途径构建故事，如《中国诗词大会》《诗歌之王》等。

在第一种情况下，创作者只需要加以引导，并通过后期手段将其中具有审美价值的部分展现出来。比如《朗读者》第二季的首位嘉宾薛其坤，其两次考研失败到最后成为中科院院士的过往传达了百折不挠的奋斗精神、在日本读博过程中艰苦的科研经历展现了"坚持不懈方得初心"的顽强品格。

在第二种情况下，则需要在规则设计和后期追溯中完成故事的塑造。在规

---

① 高鑫、贾秀清：《21世纪电视文化生存》，中国国际广播出版社，2006，第6页。

则设计方面，要考虑到外部压力对选手的激活，如黑格尔所说："戏剧就是表现分裂、冲突、和解的一个流动过程""动作也罢、性格也罢，要成功地表现出来，必须经历一条无法避免的途径：纠纷和冲突"①。对文化类综艺节目而言，纠纷和冲突并不是展现的重点，甚至应该尽力去规避，而把重心放在人物自身的纠结与成长上。

在构建故事的过程中，同样要注重汲取文学的养料。中国古典小说中的许多故事已经成为中华民族的"原型意象"（荣格语），"我们已不再是个人而是全体，整个人类的声音在我们心中回响"②。经典的故事深深镌刻在民族的血脉中，并依靠记忆和传承继续流传。这些故事的模式、人物、情节、主题都是文化类综艺节目可以借鉴的对象。

一言以蔽之，文化类综艺节目需要建构审美文化价值。"审美文化应该在文化内部起一个引导作用，它不是外来的作用力，更非行政命令，而是通过美的力量来召唤，吸引人们对于文化的审美追求。"③在关注个体的文化景观下，文化类综艺节目的审美文化就是个体饱满的情怀、独特的故事和不屈的品格，创作者应该用故事化的手段将这些内容加以呈现。

（二）考量电视作为媒介所具有的特殊性

文化类综艺节目为何出现了趋向于传统美学的回归？笔者以为需要考量到文化类综艺节目与传统艺术之间的紧密联系。当我们把目光聚焦在传统艺术和传媒艺术的美学区别时，电视是作为艺术参与讨论的。而当我们把文化类综艺节目当作审美对象时，电视不但具有艺术特点，还具有媒介属性，前文所分析的经典文本，实际上都是通过电视这一媒介对传统艺术进行的全新解读。而我

① 黑格尔：《美学（第三卷）》，朱光潜译，商务印书馆，1997，第256页。
② 荣格：《神话——原型批评文集》，朱国屏、叶舒宪译，陕西师范大学出版社，1987，第101页。
③ 张晶：《电视艺术的审美文化尺度》，《现代传播》2010年第3期。

们对文化类综艺节目的讨论，是在围绕"电视艺术+传统艺术"这一全新结合体进行探讨，这样看来，文化类综艺节目出现针对传统艺术的传统美学经验也就不足为奇了。

通过对审美对象的甄别，我们可以解答另一个问题：为什么偏偏是文化类综艺节目，而非其他类型的综艺节目？这自然与文化类综艺节目的创作特色有关，在前文的文本分析中也有所涉猎。文化的表达与传承与传统艺术有着紧密的联系，传统艺术也是文化的优秀载体，这二者的结合是创作者自然而然的选择。而其他综艺节目类型诸如体育类、访谈类、观察类等等，与传统艺术的关系并不大，其审美属性自然是明显统领于传媒艺术这个大范畴的。

如果说文化类综艺节目的美学问题止步于此，我们大可以将该类型中电视艺术的部分和传统艺术的部分区别看待，因为它只是电视艺术中的一个个例。然而纵览目前已经出现并且依然保持着活力的综艺节目类型，我们可以发现传统艺术已经在综艺节目的各个类型中扎下了深根。音乐类、舞蹈类综艺节目不必言说，其核心就是从传统艺术出发的；选秀类综艺节目往往涉及了多种传统艺术的融合；在电视真人秀节目中，也有大量传统艺术的参与。可以说，未来的综艺节目发展依然会与传统艺术深深勾连，对这类节目的美学研究，无法避开其传统美学和现代美学有机共存的特点。

电视作为媒介所具有的特殊性提示创作者，不能只聚焦于传媒艺术或是传统艺术，比如仅注重传媒艺术与大众文化的联系，而把传统艺术通俗化、媚俗化处理，丧失了传统艺术的"光晕"（本雅明语）。仅举一例，在今日的网络综艺节目中，有许多创作者邀请德高望重的老艺术家演唱一些流行歌曲，引发观众的期待心理。站在传统艺术的角度，这样的设计必须遵循一个原则：老艺术家演唱流行歌曲，也应该注重作品的质量，不能生硬地为了噱头而创作。而是要真正从作品的角度出发，对流行歌曲的编曲、配器、歌词进行改编，以适应演唱者的个人风格和唱腔优势，为留下值得铭记的经典作品而进行创作。

总而言之，一方面，学者要了解传媒艺术的审美属性，构建新的审美活动理论；另一方面，创作者也应该秉承责任意识，不能放任艺术泛化，流于视觉奇观，而应该从传统文化入手，从文学经典入手，创作出精品内容。

四、结　语

分析文化类综艺节目游走在古典艺术和传媒艺术中间的特性，表面上这是一个针对个例的探讨，而实际上它可以引发更广泛范畴内的思索。在传媒艺术中，文化类综艺节目仿佛是一个有点特殊的孩子：视觉文化带来的"惊颤效果"在它身上展现出来的威力似乎没有那么强大，传统美学于它也有适应的可能。基于这一点，对更广阔范围内的综艺节目乃至电视艺术的当代美学探讨是非常有意义的。针对当代美学特征的研究和对文化类综艺节目的创作手法总结都是当下的热门话题，希望二者能够形成有效的反馈机制，互相补足，为理论和实践带来更加丰硕的果实。

（作者：徐思远，中国传媒大学2019级戏剧影视学院广播电视艺术学硕士研究生）

基于涵化理论对文化类综艺节目
审美使命的探讨

摘要：近年来，以《中国诗词大会》为代表的文化类综艺节目层出不穷，将饱含文化气息的人文情怀倾注在趣味十足的视听体验中，为广大观众提供了在娱乐生活中感知经典美与多元美的机会。立足于涵化理论的视角，不难发现，传播载体的多样性大大加速了节目的传播，极富创新性的节目选题与阐释方式赋予了节目独特的质感，加之观众参与度的不断提升与话语权的扩张，都在无声催促着文化类综艺节目自觉担负起更深刻的审美使命。

关 键 词：涵化理论；打破壁垒；美感构建；审美使命

文娱节目为大众提供了放松身心的自由天地，其受欢迎程度更是一种对社会主流文化与审美意识的直接映照。如今，伴随社会生活的前进式演化，大众对精神生活的高品质要求有愈演愈烈之势，除了保证"笑果"，保持趣味，观众更希望综艺节目能够在幽默诙谐的基调中融入更多有益的思考，发掘富有人文情怀与文化内涵的节目主题。

在此背景下，一众文化类综艺节目迅速蹿红，文化经典经过精心包装与社交媒体的运作，以崭新的面貌出现在大众视野，并掀起了一波又一波"知识财富论"的热烈讨论。

毫无疑问，文化类综艺节目在完成"娱乐"命题的同时，业已成为大众寻求精神陶冶的重要途径。作为成功的现象类视听产品，厘清"爆款"背后的传播逻辑，寻找并总结标杆节目所开创的美感传递模式显得尤为重要。借助涵化理论的相关知识，文化类综艺节目在传播形式与传播内容上的创新、对美感构建与传递的重视不言自喻。同时，在赞扬声中被无限放大的优点被拉回到客观审视的刻度线上后，主流文化反作用力下节目自身的局限性也一览无余，由此带来的对其审美使命的思考可以为从业者提供更周全的制作思路，也能够提醒观众警惕过度"娱乐化"带来的审美错位。

一、新旧并行——传播方式的多元化

涵化理论起源于20世纪六七十年代美国传播学者格伯纳等人组织的一系列围绕电视暴力开展的研究分析，旨在探讨暴力片与社会犯罪之间的关系及暴力内容如何影响人民认知社会现实，其核心观点是电视传播内容对大众思维认知的浸润式影响，指出了大众传播对人们"世界观"的塑造作用。

今时今日，即便社会阶层的分流与相互之间的流通在朝着相反的方向涌动，社会群体的共生性指数却不断攀升，这意味着大众传媒正享受着前所未有的高覆盖率和强影响力福利，其对社会大众的现实生活与精神生活更是有着不可替代的作用。利用多元的传播载体以达到最优的传播效果，是当下各行各业产品制造者约定俗成的传播思路。微博、短视频、微信等新媒体的崛起大大提升了媒体传播的快捷性，是中青年观众的聚集地，传统媒体如电视、报纸、广播等，虽然受众范围有限，但依旧有着历久弥坚的内在生命力，是传播发散环节中不容小觑的重要阵地。因此，能够选择"新旧并行"的传播方式，恰恰是文化类综艺节目能够突出重围的重要原因之一。

以中央电视台自制的大型文化原创节目《中国诗词大会》为例，其不仅使用了在黄金时段通过电视播出的方式，也考虑了年轻群体的使用习惯，牢牢抓住了网络播放平台的投放机会，并开设节目官方微信、微博，主动制作方便传播与浏览的短视频，通过选取节目的精彩片段达到吸引观众，引起正向讨论的目的，甚至以扫码观看的基本思路为蓝本，为节目量身定做了小程序，引导观众进入节目的播放页面，实现了点击率与播放量的节节攀升。《中国诗词大会》第一季的微博总阅读量达到4501.8万，央视网互动总人次超3840万，刷新录播节目互动纪录，举办的"中国诗词大会网络诗词创作大赛"共征集到5000首原创诗词作品。[①] "索福瑞媒介研究发布的数据显示，第四季的首播收视率达到了1.316%，市场份额4.666%，最后一期的收视率更是飙升至1.627%，市场份额已经升至5.630%。"[②] 喜人的市场数据反映出了节目组对新媒体时代融媒特性的精准捕捉和多种传播方式的巧妙结合。

又如2018年湖南卫视推出的音乐类综艺节目《声入人心》，同样开拓并使用了多元化的传播路径，除了在电视荧屏与网络平台进行投放外，也悉心运作了微博、微信官方账号，更采取"以点带面"的方式，通过在时下热门的媒体平台，如豆瓣、哔哩哔哩网站等进行话题引导与趣味视频投放，为节目搭建热度，引流裂变。而在节目播出前后，更是进行了一系列颇具远见的商业联动运作，如节目全体成员以"声入人心男团"参演湖南卫视跨年演唱会，参与湖南卫视自制脱口秀节目《天天向上》的录制，甚至多次参与自带影响力的海外活动等。这既保证了节目本身的话题度可以跳出播放时间的限制，也在潜移默化中影响着观众对节目的口碑评价，巩固了"高品格"与"艺术美"的节目标签，形成了独具一格的品牌效应。社交媒体上的好评不断与亮眼的节目评分便可以视为对这种多元传播载体方式的肯定。

文化类综艺节目的竞争对象不仅有同类节目，更包含了市场上形形色色的各类综艺节目，节目立意上的相对优势并不代表传播效果上的一骑绝尘，观众的兴趣所在是筛选信息的核心环节，如何占据观众视野内的前排位置，则是进入筛选的首要环节。从节目本身的运作出发，明白新媒体的蓬勃发展

① 张丽英：《〈中国诗词大会〉：激活中华文明的生命力》，《中国广播电视学刊》2016年第9期。

② 李洁：《融媒时代传统文化电视节目的创新传播》，《当代电视》2019年第376期。

与传统媒体之间并非是受众资源的争夺，而是现实背景推动形成的自然分层，并有效整合利用两种模式，实现最大程度的曝光率，有效且高质量地向观众传递节目信息才是明智之举。

二、旧话新说——打破经典与专业的壁垒

各类媒体平台是节目传播的渠道，开源并善于利用资源是成功传播的基础，而从涵化效果出发，以观众的接收有效性为标准，节目内容与节目形式才真正决定了文化类综艺节目能否掷地有声。

不可否认，在物质生活得到有力保障的今天，寻求更高的精神追求逐渐成为大多数观众在挑选视听产品时的首要标准，而快节奏的生活与碎片化的阅读习惯往往无法支撑大体量的时间成本与精力投入，思维习惯的差异更是增加了此类"短投入高回报"要求的难度，让综艺节目本身对庄重与轻快的比例调配变得模糊。相比文字产品，综艺节目的视听画面有着更强的互动感和画面感，在吸引观众视线方面有着天然优势，但受困于节目时长与制作程序的限制，节目内容很难兼顾素质上的"厚重"与风格上的"明快"，因此多数情况下只将达到感官愉悦作为基本线。文化类综艺节目对这种风格困境和"基本线"发起了挑战，在同样的时间单位内，以"深入浅出"的输出方式，打破了大众与小众的壁垒，拉近了经典与现代的距离，以高互动频率的强反馈模式，主动扫清门槛，带领观众或走进文学天地或探究知之甚少的专业领域。

例如以"赏中华诗词、寻文化基因、品生活之美"为主题的《中国诗词大会》，主打对中国诗词文化的品读，通过对节目流程与解读方式的革新，弱化了品鉴过程对专业知识的储备要求和认知效果上的定论化标准。以选手竞技、专家解析、主持人总结把控的方式将经典文学的魅力演绎于一来一往的对话中，为观众提供了可供借鉴的读诗、赏诗、品诗路径，使其能够在极

具感染力的氛围中与屏幕中人共同感受诗词的意境，一起学习诗词背后的故事。与此同时，通过开设诗词创作大赛，开放多平台的留言渠道，实现了与观众的积极互动，极大地提升了观众作为受众一方的参与度和积极性，将"全民总动员"的目标拆解在分享和评论里。

同样聚焦于文化经典的，还有在中央电视台综合频道播出的音乐诵读节目《经典咏流传》，"诗词唱经典，中国正流行"的节目宗旨展现了节目的文化定位——以脍炙人口的乐曲为观众解读诗词文化，古典诗词的韵律美与流行歌曲的旋律感相互融合，实现了传统艺术与现代艺术的完美融合。对于观众来说，观赏表演舞台本身就是一种享受，在身心放松的时刻，感知力也随之变得灵敏，而"经典传唱人"这个群体，既有知名度高的明星，也有面庞新鲜的素人，更是赋予了节目贴近生活的亲和力。

除了对经典文化的再阐述，湖南卫视的"美声"竞演节目《声入人心》与"配音"竞技节目《声临其境》则带领观众走进了专业领域。通过专业人士之间的同场比拼，直接呈现出专业知识内化后的效果，告诉观众一些不甚复杂但足够理解节目深度的理论知识和使用技巧，主动赋予了观众全新的参与身份——评委。前者通过记录选手改编音乐剧经典曲目与演唱作品的过程，在全知视角下，用最小单位为观众剖析音乐剧的从无到有；后者则通过选取或经典或流行的影视片段，让演员们轮番上阵，展示配音功底，观众既能够看到演员们的配音过程，参与评价成品效果，也能听到行业佼佼者的专业点评与及时科普。

文化类综艺节目的落脚点在于对观众进行积极的"文化输出"，而这一命题得以完成的基础是呈现节目内容前对节目主题的预先消化。相比令人眼花缭乱的宣传噱头与徒增时长的填充桥段，通过优化节目配置与节目形式，消除认知的高门槛，深入浅出地向观众展示美与解读美，在感官愉悦之外让观众能够有所得，有所思考，才是需要推广树立的节目标准。

三、审美新范式——逆主流文化而行的美感建构

文化类综艺节目能够受到广大观众的热烈追捧，不仅是因为节目本身制作精良、内容扎实、质量过硬，更因为它们的出现恰到好处地满足了观众日益高涨的对综艺节目增加文化内涵的要求，这也在一定程度上反映了大众审美意识的自觉性与主动性，以"丧""萌""恶搞""毒舌"等为代表的文化并非是人人都甘之如饴的精神良药，受众依然存在希望回归经典，学习新知的审美需求。在对审美新意象的呼声中，因顺应大多数而不断出产的综艺节目本质仍是陈旧的审美对象，文化类综艺节目的诞生才是为观众提供了新的审美范式。

文化类综艺节目的指向在于"乐中有思"，在产出结论的环节，尤其不同于严肃的文学批评或美学鉴赏，对个体化的感性认知具有更高的包容度，也有更强的容纳力。与此同时，节目本身场景化的设置可以缓和不同个体在审美过程中观点之间的冲突与碰撞，最终实现以节目为契机，以平台为传声筒的良性交流，因而也给予了节目本身对如何搭建"美感"这一问题更多的思考角度。

《朗读者》是由中央电视台推出的首档文化情感类节目，由主持人董卿坐镇，以"朗读打动人心"为口号，通过"访谈+朗读+轻解析"的方式，由嘉宾和主持人共同完成对佳作的荧幕解读。参与节目的嘉宾多数是观众熟悉的明星，解读的文本多是名著经典或当代佳作。然而节目的主旨是通过发现文字背后的价值，对谈人生，对谈生活，节目组建的文学顾问团担负起了选取读本与把控解读方向的任务，因而观众和主持人一同畅听的，是身为读者的嘉宾对作品的个性化点评，对自身成长经历与生活经验的真挚分享，对文字拼凑的世界与自己正在经历的生活的比对分析，对纸上人物与真实人世的感悟。这种通过情感表达引发群体共鸣的方式，引导着观众关注生活，回望自身，引发了大众群体对自我经历的认真思考和自我情感的悉心关照，将

文学命题中一脉相承的向善向美的情感导向，通过多方对话的节目形式加以提取，以细腻温暖的基调呵护着每一位观众内心深处对美的向往，对善的追寻，建构了自我吸纳与自我解读的空间，并在此空间内注入了真诚、淳厚、温馨的美感分子。

一方面，美的多样性意味着大众群体有维护个体审美趣味的权利，因此文化产品本就该是多元的，主流文化本质上是多数人的意向所指，其中既有可取之处，也不可避免地糅杂了片面性与单一性；另一方面，正是因为个体之间的差异，才会有存在于主流文化之外的，鲜少被关注到的审美趣味和审美对象，文化类综艺节目可以成为"多元"中的一员，也应该有关照少数意愿、建构新式美感的节目使命，丰富大众的精神生活，引导大众养成于自身成长有益的审美思维和审美意趣。

四、桎梏难破——阐释力与影响力的有限性

大众媒体自身的发展是衡量涵化效果时的可变因素，相比电视等传统媒体，新媒体实现了与观众更高的互动性，给予了观众更多的主动权，受众可选择的信息越来越多，媒体的权威性也就不断地在被拆解和分散，观众一方主动性的增长与话语权的扩张，意味着大众媒体势必要经历从发散影响到被影响的角色转换，二者之间不再是单一的"发射—接收"模式，而是互相反馈、交互影响的对话关系。

大众审美的提升不仅需要主体自身的内在驱动力，也需要社会文化环境的不断净化和升级，建立在个人趣味上的审美取向与相对应的审美素质息息相关，文化类综艺节目的出现既是现实需要，也是大众媒体在传播内容上的主动进步。然而，也正是由于种种现实因素的影响，文化类综艺节目对大众审美的矫正力与文学经典的阐释力都非常有限，在定义其审美使命时，既要避免脱离实际，天方夜谭，更要拒绝徘徊在底线边缘的退让式倡导。

一方面，文化类综艺节目有既定的时间长度，加上节目制作方式的差异性和电视节目的规则框架，面对底蕴深厚的文化主题或专业性较强的领域版块，即便可以动用所有的优质资源，不断升级节目的质感与输出模式，终究不可避免地会停留在对主题对象的浅表化解读。例如，《中国诗词大会》的选手与评委凭借自身的辛勤躬耕，能够在诗词中觅得感性以外的理论知识，而观众对诗词美的兴味往往只停留在节目所营造的氛围内，脱离了节目的引导后，不仅收获有限，更有可能完全丧失对整个文化的探索欲望，换言之，节目无法为受众提供一种持续性的驱动力。文化类综艺节目能够提供的是契机和开始，但开启新世界的大门后，如何提供一个探索路径却成了无人认领的新问题。

另一方面，文化类综艺节目需要考虑商业市场的运作法则。收视率、点击率、话题度既是指标，也是目标，节目立意上可以对"少数"给予大比重的关照，但实际操作过程中不得不主动迎合"大众"的选择，传播方式的多元化可以提高节目的覆盖率，但想要得到更多的关注和持续的支持则需要斟酌内容制作的精确性，观众的注意力也会随着内容的差异性投放而转移。明星可以提升节目的亲切感，也有可能截断观众对节目主题的关注；竞技赛的紧张感与特质鲜明的选手提供了看点，也会掩盖节目播出时的重点；社交平台上，节目本身并不是搜索频次最高的词条，取而代之的，是主题之外有关颜值、嘉宾轶事、场外趣谈的积极讨论。

综上所述，文化类综艺节目的局限性在一定程度上限制了其对社会大众的正向引导力，冲破现存的僵局，不仅需要节目本身多方面的改进，也需要整个文化环境的不断升级，但作为大众文娱生活的重要组成部分，文化类综艺节目势必要更多地承担起展示美并引人向美的神圣使命。

（作者：朱梦鸽，中国传媒大学2018级文艺学硕士研究生）

接受美学视角下
浅析文学经典类综艺节目《一本好书》

　　摘要：《一本好书》是一台打造了场景式读书的文学经典类综艺节目，通过还原小说场景、解读小说内涵实现对经典的重现，深受大众喜爱。文章从接受美学出发，从演员、品书人、观众三方面解剖《一本好书》中"隐含的读者"，阐释了由节目舞美效果形成的自身召唤和叙事节奏营造的文学作品的召唤构成的双重"召唤结构"，由节目营造的期待视野和类型视野分析出《一本好书》的创新之处，以期在综艺节目对文学经典重建又消解的矛盾中，寻找文学经典在媒介时代中的新路径。

　　关 键 词：《一本好书》；召唤结构；新路径

　　近年来，文学经典类综艺节目层出不穷，《经典咏流传》《朗读者》等节目相继带来了人们观看这一类型综艺节目的热潮，并深受大众喜爱，衍生出在媒介时代新的文学阅读方式，在诵读、"以歌和诗"等固化表演模式的审美疲劳下，2018年由实力文化和腾讯视频推出的《一本好书》，又一次创新了文学经典类综艺节目的呈现方式以及带给观众的冲击力。《一本好书》是由关正文导演的场景式读书节目，以"文学作品+剧场表演"的新模式每期介绍一本文学经典小说，豆瓣评分高达9.2，使观众在沉浸式体验中获得读书经验，以创新性拉回了观众对文学经典类综艺节目的注意力。与综艺节目相同，接受美学把读者即节目的受众视为重要对象，认为"读者才是文本意义的开启者与文学生命力常在的关键因素"[①]，以此为契合点，能够窥视《一本好书》大受欢迎的内在原因。

一、《一本好书》中"隐含的读者"

伊瑟尔在20世纪60年代末提出了"隐含的读者"这一重要概念，指在作者创作文学作品时根据文本设定的理想化读者，实际上点明了文学作品有无限被解读的可能。《一本好书》作为综艺节目是对文学作品的二次加工，由于节目的特殊设定及媒介自身特征表现出与传统文本阅读相区别的读者群体，以透明化、具象化的方式将各类读者呈现在荧幕前，分别为演员、观众和品书人。

（一）演　员

《一本好书》以演员为主体对经典文学作品进行片段式还原，要想做到表演真实并富有情感，演员需要在浅层阅读的基础上深入挖掘作品中主人公的内心世界，他们既是阅读者也是阐释者，力图做到与原著相吻合，因此在表演之前演员自身必须对文学作品进行反复阅读，并对作品及饰演的人物做出自己的理解。《一本好书》中请到的演员大部分都是实力派戏骨，如王劲松、潘虹、喻恩泰等，在第一部第一期节目《月亮与六便士》中，毛姆的扮演者赵立新会时不时跳脱场景演绎，以一个旁观者的视角向观众表达自己对剧中人物及剧情的感受，例如在得知斯特里离开家庭去了巴黎后，作为讲述人赵立新说道"谁都有一颗八卦的心，我也实在想去她们家里看看"，他既是演绎者也是读者。

---

① 朱海燕：《由文本中心论到读者中心论——接受美学理论核心观点探析》，《芒种》2018年第14期。

（二）观　众

观众可以细分为现场观众和节目观众，他们既是该节目的接受者也是文学作品的接受者，每一期节目对于阅读了原著的观众来说都是一次回顾和对话剧的欣赏，对于没有接触过作品的观众来说是对作品的全新体验。节目观众与现场观众是有区别的，现场观众有时还可以参与到话剧对作品的演绎中，成为作品结构中真正的建构者，而节目观众却可借助节目中的摄像技术等全面、近距离地观察演员的动作、表情等细微变化。而话剧与影视剧给观众带来的观感也截然不同，同样作为文学作品改编的产物，话剧的现场感和冲击力更强。

（三）品书人

《一本好书》在现场演绎的过程中会穿插三次品书人对每期文学经典的讨论，一般会邀请作家、学者作为品书人，如吴伯凡、史航、蒋方舟等。品书人会跟随剧情的演绎对作品和演员的改编做专业性解读。品书人在三类读者中文学素养相对较高，对作品有更深刻的见解，例如许子东在解读《头号书迷》时指出，"所有美好的东西，崇高的东西，庄严的东西过了头之后就会变成暴力，变成极端，变成对人性的毁灭"，品书人对作品深刻的解读同时能给现场观众以及节目观众带来新的认识和感悟。

《一本好书》呈现出的三类隐含的读者从不同层面对文学作品以及节目本身做出多样的阐释，节目在各大媒体的官方账号也为各类读者之间搭建了交流的平台。但作为综艺节目，《一本好书》在尽可能展现文学作品的基础上还必须吸引观众，因此其对作品的选择也是对"隐含的读者"的追寻，目前推出的两季节目种类丰富，有畅销小说《尘埃落定》《暗算》，有科幻小说《三体》，有《人类简史》等理论类著作，还有《骆驼祥子》《汤姆·索亚历险记》这类适合各年龄阶段的读物。在当下，视听媒介快速发展，各类综艺落入俗套，读书成为奢侈的事情，大众对节目的要求也就越来越高，不论是节目的受众还是文学作品的读者都想看到制作精良、内涵深刻的作品，可见《一本好书》正是从观众的角度出发，满足了大众的收视需求，成为文学经典类综艺节目中不可忽视的一支。

二、双重"召唤结构"

伊瑟尔在英伽登"不定点"等现象学观点的基础上提出"空白"，他认为文学作品在创作中存在许多"未定性和意义空白"，而文本就是一个"召唤结构"，其中文本的流动和文本结构的完成需要发挥读者的能动性，读者需要在作者的基础上进一步完善文本结构，并在阅读过程中填补与修正文本，使文本意义完整，文本的召唤结构可以把读者引向正确的思维路径。"空白、空缺和否定"是召唤结构的三个重要概念，"空缺"对读者的要求更高一级。《一本好书》独特的舞美设计和叙事节奏构成了节目所营造的召唤结构，该节目的"空白"可分为两类：一类是节目本身，另一类是节目推出的文学经典作品。前者的"空白"通过节目的舞美设计增强观众参与感来完成，后者是由节目自身的叙事节奏以及其中每个成员来填补"空白"。双重的"召唤结构"为观众带来考验的同时也增加了节目的新鲜感和刺激感。

（一）节目自身的"召唤"——舞美设计

《一本好书》打造了360度环形舞美设计，主要由大银幕+道具构成，二者营造出虚实相生、似真似幻的场景，屏幕依据环形舞台搭建并将观众围在中央，表演场地根据情节的变化而转换，观众的座位也随之改变，道具与服装基本根据文学作品复原，尽可能把观众带入作品的真实情景中。同一舞台上对不同时空的同时展现是现代舞台设计的优势，独特的舞台设计其实也是对现场观众的考验，《一本好书》中的场景切换需要观众时刻集中注意力，将环行舞台上的场景凭借自己的理解能力组织成完整连贯的故事。以第一季中的《无人生还》为例，演员的入场、客厅、卧室分布在不同的四块区域，罗杰带法官和将军入住时的谈话与罗杰太太和其余人谈话发生在同一时间不同区域，使现场观众应接不暇，这就要求观众发挥自身的场景组织和想象能力完成故事情节的拼接。

同时，由于综艺节目的性质，文学作品中作者与读者的关系，在《一本好书》构筑的场域中变为作者、演绎者、观众之间的关系，表演者与观众之间形成了交流、对话、沟通的主体间性关系，读者/观众不再是被动的接受者。开放式的场景演绎增加了观众与作品、与演员之间的互动，甚至成为话剧演出中的一部分。在第二季的《红字》中，开场时女主人公普瑞兰遭到了众人扔烂菜叶的攻击，在绞刑架前被围观，在把她关押到牢房时这些围观者都回到了观众席上，观众们参与了对普瑞兰不幸现状这一情节的建构，成为推动话剧继续发展动因中的一分子。

（二）文学作品的"召唤"——叙事节奏

《一本好书》有其自身的叙事节奏，开篇首先是一大段介绍本期文学经典作品、作者、作品内涵的旁白，之后开始正式的表演，其间会穿插三段品书人的解读过程，最后是蜻蜓主播对主演的访谈。一系列叙事节奏包含的是各类读者对作品"空白"的不同填补方式。

1.构建悬念

在《一本好书》开始的文学作品介绍中，常以设置悬念、再揭开悬念的方式，把观众引入节目氛围当中。《无人生还》开场的作品介绍中说道："现在，真实剧场版狼人杀就要开场，你需要盯住现场所有的细节，开启你的侦探生涯。"这给现场观众和屏幕前的观看者都营造了一种悬念，使人不得不专注于接下来的表演。在不知凶手是谁但岛上只剩四个人的情况下，观众神经紧绷等待最后的结果，然而主演之一维拉却说"我这次是真的看见了自己的末日，我只能跟你们告别了，请你们盯住他们三个，紧紧地盯住他们，如果你们实在不能发现谁是凶手，那就去看书，赶紧去查阅阿加莎·克里斯蒂的《无人生还》，去找到凶手"，突如其来的转折又一次为观众设置了悬念，而这个悬念却需要观众自身主动翻阅书籍查找答案。

　　2.解读作品

　　《一本好书》中对作品的解读主要由演员和品书人完成，演员对作品的演绎靠动作、情感传达，在节目的最后蜻蜓主播对主演的采访环节是语言意义上对作品和饰演人物的阐释。品书人作为相对专业的解读者往往对作品有更深刻的认识并且会用通俗易懂的例子帮观众理解作品。节目组有时还会请到作家本人参与作品的解读，如《尘埃落定》请了作者阿来诠释作品，他认为在这部小说中有他的两个分身，一个是弟弟，一个是书记员，为观众和广大读者理解长篇小说《尘埃落定》提供了新的视角。

　　伊瑟尔认为"读者的角色只有引起读者的结构活动，才能算作彻底完成"[①]。《一本好书》利用媒介优势打造了华美并且半开放式的舞台效果，与精心设计的叙事节奏相结合，让观众充分参与到节目的制作中，从深层次来说，《一本好书》的目的是为了让更多的人了解经典、品读经典、爱上经典，逼真的舞台效果只是达到这个目的的工具，无论是填补节目本身的"空白"还是文学作品的"空白"，它真正做到了让观众成为读者，让读者发挥对文本的建构作用。

三、《一本好书》中的期待视野

　　姚斯提出的期待视野是指"读者早已形成的那些社会经验和艺术审美经验会影响其阅读经验，而这些阅读经验则以先在结构或思维定式的方式出现

---

　　① 伊瑟尔：《阅读活动——审美响应理论》，周宁译，中国社会科学出版社，1991，第45页。

在读者对一部作品进行阅读时"①。观众在观看节目之前会由于自身的社会经历、文学修养、所处环境等因素对节目产生心理预期，无论是现场观众还是节目观众，其观看的过程都是一次次节目营造的视野与受众自身视野的碰撞与交融，为了吸引观众，节目制作方还需在满足观众期待视野的基础上制造一定的"审美距离"，从而不断更新观众的期待视野，为节目注入活力。《一本好书》选取的文学经典作品将中西融汇，在保有时间跨度的同时又积聚了历史的厚度，可谓面面俱到，在内容和视觉上成功满足了观众的类型视野和期待视野，在此基础上产生了审美距离即问题视野。

　　姚斯首次在《类型理论与中世纪文学》一文中提出"类型视野"这一概念，类型视野即"期待视野中的类型问题"，起着调节期待视野的作用，读者的期待视野是在之前掌握的知识或作品的基础上形成的，一旦出现新类型的知识或作品，之前的期待视野就会被改变甚至瓦解，从而改变固有的期待视野。《一本好书》以其种类丰富、横跨中西的特征，选取了多种类型的文学作品作为解读对象，是对观众期待视野的拓展和进一步的提升，正如谢晓茵所说："类型视野理想的理论状态……是以类型为交流的基础，让读者与作者交流，让文本与世界交流。"②此外，《一本好书》之所以能满足不同观众的期待视野，一方面在于对阅读过小说的观众来说，该节目以剧场表演的形式重新演绎了小说内容，是一次视觉的满足；另一方面对于没有读过小说的观众来说，《一本好书》在满足期待视野的同时，又创造了一定的"审美距离"，此前的期待视野变为问题视野。伽达默尔认为经验具有否定性，受众的潜在经验会促使他对作品不断提出问题，使观众在观看节目后为了满足内心落差，主动翻阅相关书籍，在对过去记忆的延伸和对未来视野的期待中，观众在观看节目时不断修正对未来视野的期待，是节目得以收获稳定观

　　①　侯琳琳：《国内影视受众的期待视野分析》，《北方文学》2017年第9期。

　　②　谢晓茵：《论接受美学中的类型视野》，硕士学位论文，福建师范大学文艺学，2012，第16页。

众对象的关键。这正是《一本好书》的魅力所在，通过剧情式的介绍，帮助观众筛选出自己喜爱的经典小说，增强了在观看节目后翻阅书籍的热情，带动读书的潮流。

《一本好书》作为文学经典类综艺节目，在节目效果和节目内容方面都深受观众喜爱，同时通过上述分析可以看出，节目在制作过程中每个环节都在为接受者打通渠道。以多种解读文学经典的方式构成节目主体，《一本好书》让经典活起来并赋予了它们新的生命力，但以话剧演绎呈现文学经典的方式使之在重建的同时也在消解，就如许子东在品读《头号书迷》时对该话剧的评价，"你们要是看过原著就会发现，这个真是温柔版了"，可见文学经典在综艺节目中已不是原本的样子。谷疏博提到，"从一般角度来看，'解构'把品味经典的活动变成了消费活动，提供了歪曲、误读经典的温床，因而扼杀了经典的文本原意和文化内涵，使其沦为生产低级趣味、获取庸俗快感的原材料。但是，从更为宏观的角度看，'解构'正在磨平文学经典的普遍阅读标准，使其在公共意义上的阐释界限逐渐走向了模糊"①。《一本好书》中虽然掺有消费和资本等因素，但仍不失为一种对文学经典如何在媒介时代走出一条道路的有力探索，并且在某种意义上也确实重塑了大众对文学经典的认识。

（作者：吴佳丽，中国传媒大学人文学院2018级文艺学研究生）

---

① 谷疏博：《公共阐释：论文化类综艺节目对文学经典的再建》，《现代传播》2019年第4期。

《中国戏曲大会》的美学价值分析

摘要： 中国传统戏曲涵盖了多种艺术形式，具有独特的美学特征和审美情趣。中央电视台大型原创文化类节目《中国戏曲大会》采用竞技形式，在满足人们对知识性、趣味性的要求之余，达到了较高的艺术水准，在普及传统戏曲文化的历史和内涵中，引导人们了解美、欣赏美、体验美，从而增强了人们的文化自觉和文化自信，自觉承担起传承和弘扬传统文化的责任。本文从形式美、技术美和艺术美三个维度探讨《中国戏曲大会》所蕴含的美学价值。

关 键 词： 中国戏曲；《中国戏曲大会》；美学

20世纪初至20世纪中期是中国戏曲的黄金时代，戏曲是彼时的大众流行文化，20世纪80年代以来，港台通俗歌曲、影视剧以及内地相声、小品、歌舞等形式新颖、内容丰富的大众文化快速兴起，戏曲因其节奏缓慢、表演程式化、剧目创新少、舞台风格单调而日渐式微，失去了广泛的群众基础，"降格"为小众艺术进而成为亟待保护和传承的"国粹"。

在智能手机尚未普及的年代，电视是主要的传播平台和渠道，各地电视台都设立了戏曲栏目，但大多是对戏曲表演的简单转播。20世纪80年代的电视戏曲栏目有中央电视台的《名段欣赏》和《九州戏苑》；1987年，中央电视台主办了"全国中青年京剧演员大奖赛"，影响广泛；90年代之后，中央电视台的《梨园群英》、河南电视台的《梨园春》等质量较高；进入21世纪，中央电视台开设了戏曲频道（2001年），各地电视戏曲节目的形态也逐渐丰富，但仍然存在严肃性有余、趣味性不足的问题，除了部分老年观众，很难吸引年轻人的关注，中国传统戏曲文化的普及和传播变得举步维艰。

早在19世纪，丹纳提出的"艺术终结论"就告诫我们要警惕文化危机，弘扬和传承中华优秀传统文化应该成为电视文艺工作者的重要责任和使命。近几年，一大批优秀的传统文化类节目应运而生，《中国汉字听写大会》（2013）、《中国成语大会》（2014）、《中国诗词大会》（2016）、《国家宝藏》（2017）、《中国戏曲大会》（2017）等都获得了良好的口碑，产生了广泛的社会影响。作为首档全民参与的竞技类电视戏曲节目，《中国戏曲大会》（以下简称《戏曲大会》）实现了目标观众年龄段的"下沉"，吸引了不少90后、00后观众，颠覆了人们对传统戏曲是老一辈专属爱好的普遍认知。该节目采用戏曲表演、现场竞技、专家讲解等形式，向观众普及戏曲知识，引导观众发现并欣赏戏曲艺术之美，显而易见，主创团队已经深刻认识到随时代而变化的观众新需求，果断摒弃了单一、刻板的戏曲知识输出和戏曲艺术展示，转而进行传统戏曲的生活流、民间化、趣味化展现，环节设置紧凑、节奏张弛有度，与观众建立审美共通感，实现了艺术与现代生活的并轨。

若从朱光潜先生的美学观点入手，《戏曲大会》的主题、内容、环节均彰显了中和圆融与厚重大气之美，使节目本身具有"美的可能性"，再由"物"与"我"的统一、"情趣"与"意象"的契合，发挥创造，将"意象的情趣化（由物及我）"与"情趣的意象化（由我及物）"相结合，实现了"美"与"美感"的统一、艺术与人生的交融。戏曲艺术本身蕴含的美学因素，加上节目再创造过程中增值的美学因素，赋予了《戏曲大会》极高的美学价值，笔者将从形式美、技术美和艺术美三个维度进行探讨。

一、形式美

"审美本质上是人类活动的自由形式，因此形式对于审美具有特殊的意义。"①形式美从艺术作品本体出发，以"感性质料"与"组合规律"为主，是独立的审美对象。《戏曲大会》在尊重形式美的独立审美特性的基础上，关注"情趣"与"意象"的契合，进行了"美"的创造。

（一）感性质料的古典美

形式美由色彩、线条、形状和声音等感性质料组成，创作者们对感性质料的创造性利用，形成了《戏曲大会》独具特色的色彩美、线条美和声音美，共同营造出中国古典美学意蕴。

《戏曲大会》的舞台设计以中国红为主要基调，极具视觉冲击力，既有情感属性，也易渲染氛围。LOGO的色彩由红、黄、蓝三原色以及三原色混合而成的黑色组成，红色的丝绸或水袖、黄色的折扇和祥云纹、蓝色的海水纹，一笔晕染的水墨和书法，这些细节浓缩了典型的中国古典美。

"形状和线条"作为营造舞台空间感的主要感性质料，能激发观众的审美想象，具有极强的运动感、生动性及情感表现性。祥云纹和海水纹在《戏曲大会》的舞台上随处可见：答题桌、主持桌和嘉宾桌都装饰着云纹，线条优美、轻盈，宛如"吴带当风"；舞台中央两朵巨大的祥云用其飘逸、流畅的线条将舞台进行了自然分区；百人团的桌前则以海水纹装饰，或涟漪微漾，或波涛汹涌，动态之美呼之欲出。而"中国戏曲大会"几个毛笔字，则笔画刚劲中含清雅，严谨中有生动，雅俗共赏。

---

① 《美学原理》编写组：《美学原理（第二版）》，高等教育出版社，2018，第87页。

（二）感性质料组合产生的和谐美

将感性质料按照"美"的规律组合，形成了对称与均衡、和谐与对比、质感与肌理、节奏与韵律、多样与统一等形式美法则。[①]创作者在创造"美"的过程中，既要遵循法则，也要从内容出发，灵活运用，抵达"美的形式"与"美的内容"的高度统一。下面简要分析形式美法则在《戏曲大会》中的运用。

1.对称与均衡

《戏曲大会》的舞台正前方是答题区，与答题区相对的是百人团，百人团呈几排弧形分布，舞台中央两朵祥云的两个云端分别是嘉宾团和嘉宾答题区域，总体看来，舞台布局对称、均衡，视觉上给人以稳定、协调、庄重的美感。为了避免过度对称而产生单调、呆板之感，舞台正前方的背景图案用了一副写意水墨画，两朵巨大祥云也不尽相同，这种不对称因素的加入，打破了舞台布局的单调、呆板，增加了构图的生动性。

2.和谐与对比

节目LOGO中，"中国戏曲大会"几个字的笔画多是直线，略显坚硬、刻板，于是让一束柔软的丝绸滑过，书法功力深厚、力透纸背，丝绸薄如蝉翼、蜻蜓点水；书法是沉稳含蓄的墨，丝绸是鲜艳热烈的红，一刚一柔，一静一动，一暗一明，极具视觉冲击力。"动"与"静"，"刚"与"柔"，"明"与"暗"是彼此之间的"补色"，相互协调、趋向中和，产生平衡之美，又在"互补"中趋向差异，相得益彰，给人以鲜明的调和感，体现了哲学范畴的"矛盾的同一性"。

3.质感与肌理

舞台现场随处可见云纹、水纹、折扇、水墨画、富贵牡丹等典型的中国

---

① 《美学原理》编写组：《美学原理（第二版）》，高等教育出版社，2018，第99页。

传统文化符号：选手的每一道题前面都有一把小折扇，专家点评时前面是一朵祥云；选手选择的题号是将汉字的"壹""贰""叁""肆""伍"写在五面古代战旗上；擂主争霸赛的两面旗子分别写着"守"和"攻"，仿佛听得见杀声震天，看得见刀光剑影，烘托出争霸赛的紧张刺激；选手独白时的背景是戏剧舞台厚重的大幕；图片题的内容做成一幅幅古旧泛黄的画，尽显岁月的沧桑；还有专家学者讲述的剧种历史和剧种典故……丝绸、折扇、书法、牡丹、水墨画，呈现的是戏曲中文人墨客细腻的质感和肌理，战旗是武将粗粝的质感和肌理。这些细节的雕琢非常契合中国戏曲的艺术特征，完美打造出中国传统戏曲厚重的历史质感，观众仿佛置身其中，容易激发自身的审美感悟。

4.节奏与韵律

《戏曲大会》刻意营造一波三折的节目效果，答题之前，答题者会缓缓讲述自己与戏曲的故事，戏里悲欢，戏外人生，观众由此产生了"移情"，与答题者形成了情感共鸣，这些感人至深的故事在后续的答题过程中产生了延宕之美。

难易相间的题目设置有一种节奏美。节目组将人们熟悉但又不知其所以然的戏曲知识作为题目，比如"反串"究竟是指性别还是工种？"青衣"的命名由来为何？"唱念做打"分别如何理解？"盖派功法"的基本要领是什么？"封箱戏"的具体阐释是什么……从基础戏曲知识开始，激发年轻观众对戏曲的兴趣；到了"难题"环节，揭晓答案那一刻的屏息静气、嘉宾点评时的茅塞顿开，将节目推向了一个个的"小高潮"；在揭晓百人团答题正确率之前，出现了一个三秒左右的动画戏曲片段，镜头的急速切换配以激扬的音乐，选手面前的"牡丹"呈现一道火光，将紧张气氛烘托到极致，镜头视点从百人团到主持人公布结果，大约有七秒的悬念时间，节奏紧凑，气势恢宏，给观众带来强烈的视听冲击和急速的心理变化；抢答时的争分夺秒以及赛点的到来，把观众的心率推到最高。

专家解读、戏曲的场景化展示和文物展示，伴随着答题环节交叉呈现。王立群、蒙曼、赵景勃等众多学者现场解读，妙语连珠，将内在的节奏感外化；表演嘉宾根据题目现场演绎，达到节目的一个个"小高潮"；文物展示环节是节目的"意外之喜"，作为节目的小分水岭，之前的内容充满刺激感和美感，到了戏曲瑰宝"亮相"环节，又使观众产生传承戏曲的责任感和使命感，进而呈现为一种崇高之感。

5.多样和统一

梁启超认为"当趣味枯竭时，美感活动便跟着停止"①。戏曲，本身就是融合了多种艺术门类、多个艺术形态的综合艺术，《戏曲大会》在形式上把传统艺术与现代时尚有机融合，尽可能满足观众求新、求趣、求变的心理，构成了协调统一的"新戏曲节目"，抵达了形式美的最高法则——和谐。

二、技术美

20世纪以来，国际美学界建构了科技导向的美学理论——技术美学，实现了艺术、人文、科技的交融。霍克海默在探讨艺术与技术的关系时认为，当把科学技术作为衡量艺术价值的尺度时，艺术就会不自觉地被纳入标准化的工业生产体系，成为失去创造力和个性化的产物。本雅明却看到新技术具有积极的一面，虽然"机械复制"造成了艺术"灵韵"的消失，却拉近了艺术与大众的距离，使艺术文化走入平民阶层。

"边缘"的戏曲艺术一旦与新媒体技术产生联系，将凝结出动感的艺术形象，使观众产生别具一格的视听体验，还能唤醒观众对戏曲艺术的审美感悟，对"国粹"产生文化自豪感。笔者将从动态美与静态美的协调法则、功能与审美的协调法则、现代感与年代感的协调法则、技术美的发展相对性法

---

① 金雅：《梁启超美学思想研究》，商务印书馆，2005，第309页。

则四个方面分析《戏曲大会》中的技术美。

（一）动态美与静态美的协调

我们这里所说的"动态"和"静态"是相对而言的。戏曲艺术本身是动态美与静态美的协调统一，它结合了动态的舞蹈、音乐和静态的文学、绘画等艺术，因此，以戏曲为内容依托的《戏曲大会》，除了具备《诗词大会》《成语大会》《汉字听写大会》的"静态"特征外，还有着它们所不具备的一个特色——"动态表演"，以及由此产生的动态美。

首先，片头出现的"不到园林，怎知春色如许"的具象画面，将戏曲表演直接呈现于电视荧屏之上，运用大小景别等艺术化的拍摄手法，展现出戏曲的魅力；唱腔之韵味十足，使观众迅速进入戏曲意境；念白之一语双关，婉转告诉观众应步入梨园一探究竟。其次，《戏曲大会》保留了传统戏曲节目的表演环节，并将其作为出题方式之一，五组题目中各有一道题可以"启动"现场表演，仅第一季第一期节目中，表演就多达六七段之多，观众从中获得了充分的美的视听享受，尤其是视觉的享受。

同样作为文化类竞技节目，《戏曲大会》也有与《诗词大会》《成语大会》等相同或类似的出题答题方式、选手的冥思过程、嘉宾的娓娓道来、观众的认真倾听等相对的"静态"表现，戏曲本身的"动态表演"与这些"静态"表现充分自洽，营造出了一个动静结合的表意空间，达到动态美与静态美恰当的平衡点，这些都是其他文化类竞技节目和传统电视戏曲节目所不具备的。

（二）功能与审美的协调

技术美具有功能性，可促进人的心理与环境的协调。《戏曲大会》诠释了舞台环境与观众心理的关系，实现了"景"与"情"的交融，使观众更容易获得精神享受。180度扇面舞台为"景"，答题区、点评区、表演区和

"百人团"的分区错落有致，加上折扇、云纹、水纹、牡丹等中国戏曲元素的点缀，以及戏曲背景音乐的烘托，形塑了立体、交错的诗意空间，从写实之美走向了写意之美。这样艺术化的空间设置使观众可以全景式地沉浸于戏曲"园林"中，欣赏戏曲园林的"春色"之美，从单纯的旁观者转变为戏曲情境的审美参与者。

创作团队为副舞台赋予了表演功能，"表演题"超越了以文字、声音和静态图像来阐释题目的局限性，戏曲演员以程式化表演重现情景，消弭了与现场观众的严格界限，既让观众对戏曲情节做出浸入式思考，又让观众产生若即若离的感受，体现了"有无相成"的审美精神。副舞台弥补了主舞台的缺憾，这种"虚实相生"的舞台效果打破了大众对曲高和寡的戏曲艺术的固有看法。副舞台的可视化表演提高了戏曲的被接受度，观众得以近距离观摩戏曲演员细微的表情变化和动作要领，增加与戏曲的互动，更真切地触摸到戏曲艺术的精髓，实现"意象的情趣化"和"情趣的意象化"，促进了"心物统一"。

（三）现代感与年代感的协调

《戏曲大会》在播出前、中、后期都凸显了鲜明的时代感，主要体现在新兴媒介技术对传统戏曲的作用力上。笔者将从生产理念、表达形式和传播方式来诠释技术的现代感与年代感之融合。

在生产理念上，戏曲工作者们已经认识到戏曲艺术与新鲜事物结合的紧迫性，于是与电视艺术联手，借助新媒体技术为戏曲爱好者及潜在用户"画像"，从而生产出最符合观众审美需求的节目。电视艺术与戏曲艺术虽分属不同的艺术门类，但都是一种较为"综合"的艺术，二者应照应彼此的节奏，一方面电视可以弥补传统戏曲的单一场景和大众参与度的不足，一方面戏曲也能为电视增添内涵意蕴。因此，《戏曲大会》融合了具有新时代特征的"新"文化思潮，立体化、可感知，与传统电视戏曲节目判然不同。

在表达形式上，传统戏曲作为曲高和寡的艺术，亟待加强"跨界合作"，以免落入形式单一和传播窄化的窠臼。近年来，戏曲开始对电视作品如《甄嬛传》《玲珑女》等进行改编，文化类节目同样可以对戏曲做出编排和突破。当然，一切要在尊重戏曲艺术本体的基础上，生产出一套最贴近时代环境、最符合艺术规律的新发展定律。

在传播方式上，戏曲类节目受众窄化，收视率持续低迷。《戏曲大会》为了打造一档全民参与的节目，满足了戏曲迷们的沟通需求，利用微信推送、微博转发等社交宣传活动，提高话题讨论度，通过戏曲迷们不自觉地评论、转发、分享等文字生产行为，将节目相关信息互通有无，既能满足圈层的认同感，还能实现多极传播，使《戏曲大会》真正实现"春风化人"的美育功能。

（四）技术美发展的相对性

新媒体技术的变革引发了电视节目的破局和重组，越来越多的电视节目开始吸收其他媒介的特性，以融媒体的样貌出现，这也意味着技术美本身不存在所谓的"发展的终极性"。《戏曲大会》第一季时，融媒体技术没有参与到节目内容和节目整体结构中去，场外观众仅通过节目官方微信"摇一摇"参与答题，没有与"场内"形成互动，参与体验感不够明显。第二季运用互联网技术打造新版块，设置了观察互动区，专家可在网络直播间参与答题，成为现场比赛选手和线上观众沟通交流的枢纽，三方完成紧密的联结。但是，只有戏曲艺术的突出元素才会被广泛关注和传播，因此技术升级也具有双面性，一方面将比赛现场的紧张氛围进行了平衡和中和，方便观众更有效地接收浅层的戏曲知识，一方面仅通过戏曲符号来认识戏曲，会在一定程度上使戏曲本身的艺术性被消解，丧失了艺术的完整性。正如朱光潜先生提到的"艺术活动的社会历史的实践特性，如果用物质代替精神，美的整体性就被破坏了"①。或许，这是戏曲艺术走入"寻常百姓家"不得不经历的阵痛期，随着人们审美水平的提高，艺术完整性的丧失只是暂时的。

三、艺术美

金雅、聂振斌提及"中国古典美学思想自先秦始，则以儒家为主导，特别注重美善的关联，把社会伦理与自然伦理作为美的前置条件"②。朱光潜先生认为"凡是创造和欣赏都是艺术活动"，以此突出了以"技"为主的艺术是"小艺术"，而以"心"为主的艺术是"大艺术"。③《戏曲大会》的技术美让观众耳目一新，但真正对观众产生深刻影响的是节目所承载的审美教化功能，即尼采所说的"从形象中解脱"的境界，实现"出世与入世、有为与无为、感性与理性、个体与众生、物质与精神、创造与欣赏、有限与无限之相恰"④。可以说，将社会伦理寓于节目本体是创作者在审美活动中的终极目的，即创作者的终极审美理想。笔者从创作者审美理想的意义赋能和现实表达中分析节目的艺术化表征。

（一）审美理想的意义蕴藉

创作者若想最大化地实现审美理想，就要为审美理想"赋能"，将社会意义及价值赋予其中。简单说，有生命力的作品需要具备发人深省的深刻主题，才能完成主流意识形态对传统文化类节目的要求。也只有这样，才能被

---

① 宛小平、张泽鸿：《朱光潜美学思想研究》，商务印书馆，2012，第15页。

② 金雅、聂振斌：《论中国现代美学的人生论传统》，《安徽大学学报（哲学社会科学版）》2013年第5期。

③ 金雅、聂振斌：《论中国现代美学的人生论传统》，《安徽大学学报（哲学社会科学版）》2013年第5期。

④ 金雅、聂振斌：《论中国现代美学的人生论传统》，《安徽大学学报（哲学社会科学版）》2013年第5期。

大众广泛接受和认可。

正如"讲好中国故事，展示传统文化，普及戏曲知识，传承华夏文明"的节目宗旨，每一句都体现了创作者的审美理想，他们贯注了自身对戏曲的热爱，从而产生了极强的凝聚力去完成对节目的意义赋能。他们致力于戏曲的"年轻化"和"平常化"，从所有参与报名的戏曲爱好者中选择了较为年轻的答题者，有清华大学毕业的年轻戏迷、闺门旦演员，也有九岁的裘派花脸、从泰国远道而来的青年爱好者。答题者的"年轻化"使创作者更有把握对戏曲进行多种形式的创新，也更容易融入时代精神，满足年轻观众的审美期待。创作者更要将戏曲"平常化"，《戏曲大会》开播时，节目在多个城市开设了"戏曲体验室"，人们画脸谱、学身段，近距离接触折扇、马鞭、长短袍服等服饰道具，以及烛台、灯笼等生活道具，体验戏曲演员的艰辛，树立对戏曲演员的尊敬之情。这样的做法使普通人潜移默化地感受到戏曲之美，打破了戏曲与生活的界限，真正发现生活中的美感。这也是节目的初衷，即让更多普通人了解被忽略的戏曲艺术，形成人生与艺术的融合，抵达"人生的艺术化"。

创作者选取了有思想价值的题目，其中一道题提到了"义务戏"，"义务戏"是指在民族危亡关头，戏曲艺人选择义演，彰显了甘于奉献、勇于担当的情怀；还有一道题现场展示了越剧院收集的珍贵材料，几十年前，尹桂芳、徐天红等人发誓要建立自己的剧场和剧目，联合义演了《山河恋》，引起巨大轰动，体现了艺术家对戏曲艺术的奉献。创作者以题目的内容和题目的延伸对戏曲精神进行了诠释，使观众获得了心灵启迪。

创作者深入挖掘了答题者背后的故事，一位答题者将选段唱给患有抑郁症的母亲听，日复一日，母亲竟痊愈了；一位残疾的答题者在黯淡的岁月里喜欢上了戏曲，他说："多想'玉珊瑚'在我身上一照，我马上就能康复。"戏曲蕴含的精神力量甚至能够"拯救"某些人的人生，这充分说明了艺术是化解精神苦楚的绝佳方式，也坚定了人们的文化自信。可见，电视节目应该为大众提供一方精神上的净土，只有让人们重新感受到优秀传统文化的魅力，才能获得良好的市场反应和社会效应。

（二）审美理想的现实表达——传承和创新

戏曲，相对汉字、诗词和成语来说，难度相当大，不仅要掌握"唱、念、做、打"，还要讲究"手、眼、身、步、法"，因此能真正借助戏曲抒发情感的人实在匮乏，这也是戏曲被大众"束之高阁"的原因之一。所以，为了更好地传承和创新，将戏曲艺术"落地"就成了节目创作者的第一要务。

一道关于"像音像"的题目就体现了创作者的传承之思。"像音像"指的是传承者们将戏曲名家的录音配上生动的画面存储在数据库中，作为学习和共享的资料，是一笔非常宝贵的文化财富，能够与新时代受众产生联动。创作者还设计了文物展示环节，每一件戏曲藏品背后都诉说着后人对戏曲艺术的珍藏之心，以此提醒观众，戏曲的"落地"不仅仅是戏曲工作者的任务，更是我们每一个人的责任。

在第一季第三期中，张关正老师表述："戏曲需要更多的知音，特别是要让年轻人理解舞台上的戏曲动作，一个是程式，一个是生活，戏曲来源于生活并进行了艺术的升华。"对于戏曲的市场化和新式倾向，结合题目"连台本戏"，他指出："连台本戏是戏曲编剧与表演的一种特殊形态，表演者连续数日接演一部整本大戏，每天的演出相对独立，类似于电视连续剧。连台本戏顺应了市场和观众的口味，但是操作过于商业化，在艺术上粗制滥造。连台本戏是好东西，但是要下功夫。"

根据"墙头马上"相关题目，李艳艳老师指出："这其实是戏曲的跨媒介IP改编，京剧艺术有一种共通的特性，不要将看戏当作是大惊小怪的事。"张关正老师在"川剧《扯符吊打》"相关题目中，评点川剧的"变脸"艺术："'变脸'一直被误认为是炫技，沦为了一般性的表演，跟杂耍卖艺别无二致，其实'变脸'用于表现人物的情感变化，应该被人们所知，否则代表戏曲艺术的绝技就没有价值了。"可喜的是，抖音平台上发布的相关话题#我变脸比翻书还快#共有65.5亿次播放，关于"变脸"的抖音魔法道具共993.4万人使用（相关数据截至2019年11月18日），戏曲艺术与新兴传播平台结合，尽管不可避免地会造成碎片化、符号化传播，却产生了令人欣喜的传播效果。

在播放广东粤剧动画片选段时，主持人的问题是"为主人公刁蛮公主配音的是以下哪位演员？"这位演员是中国当代粤剧表演艺术家红线女，点评人解释红线女时将戏曲与年轻人喜欢的动漫结合，红线女实际上已经79岁高龄，声音却还像少女，说明艺术生命很长。点评人认为："正是因为有了一代又一代艺术家们的探索和创新，才推动了中国戏曲不断向前发展，戏曲这门古老的艺术才能传承至今，仍然焕发着强劲的生命力。"

戏曲曾是勾栏瓦肆中的"大众艺术"，却在当下成为小众化的高雅艺术，这提醒我们戏曲该"落地"了，戏曲艺术应当被大众"喜闻乐见"。因此，创作者应该在不变的规范中，找到"年代"与"时代"的平衡，致力于戏曲艺术的传承和创新。

首先，创作者避免庸俗化和过度窄化，选取了难易相间的戏曲知识，先用简单题激发观众的兴趣，再进行深入的挖掘和延展。创作者设置了对错题、辨识题、选择题、图片题、视听题和连线题等，种类丰富，凝练出戏曲的精华，一方面使观众看到珍贵的戏曲资料和极具吸引力的戏曲元素，赋予观众做题之乐趣；一方面通过民俗知识将传统戏曲与平民娱乐相联系，潜移默化告诉观众戏曲艺术并非晦涩难懂，只是需要为它"祛魅"。

其次，创作者在一期节目中安排了多个程式化表演，使观众更加了解戏曲艺术的内核。戏曲具有程式美和写意美，如果要全面展示其神韵，就不能只停留在"唱"的阶段，更不能只有主持人、嘉宾、选手的"说"，必须体现戏曲艺术本体之美，即展示规定性程式。因此，节目组邀请了高闯、王红丽、王洪玲等著名表演艺术家分享自己的经验，以身示范，引导观众认识戏曲动作，寻找生活原型（如李艳艳老师将"子午相"和自拍联系到一起），使戏曲艺术变得亲切可感。

最后，创作者选择了轻松化的呈现方式，取代以往戏曲节目的单一表演和刻板说教。为了让年轻观众接受并参与到保护艺术瑰宝的过程中，创作者选择了以85后年轻人为主的百人团，在轻松氛围中促进传统戏曲艺术的传播。当然，前提是要尊重和坚守戏曲艺术的根本内核，避免功利和浮躁之心，不唯收视率、点击率，才能凝练出戏曲美学的真正价值。

《中国戏曲大会》将中国故事、中国精神和中国气派凝集到传统戏曲中，从精英走向大众，与当代精神勾连，体现出"大情怀"和"正能量"的中国气韵。作为原创电视文化节目，创作者们必须要挖掘戏曲艺术独特的美学价值，注重节目自身的美学价值追求，顺应时代的发展变化，以开阔的视野和专业的眼光看待戏曲艺术的创新和发展，为戏曲艺术的繁荣作贡献。

（作者：王小萌，中国传媒大学2019级广播电视艺术学硕士研究生）

论综艺节目《上新了·故宫》中
传统文化的美育传承

摘要： 在这个泛娱乐化到娱乐至死的时代，优秀的综艺节目无疑成为社会美育的最佳土壤。《上新了·故宫》作为一档文化类综艺节目，借助了媒介传播的方式，从中国传承数千年来的传统文化中汲取审美养料，使得传统文化与审美教育相融合，让更多的观众从中感受韵律美与意境美，其作为美育传承的经典之作，不仅丰富了审美教育的素材，而且为审美教育开拓了一条创新之路。

关键词： 文化类综艺；《上新了·故宫》；审美教育

文化类综艺节目并不是近几年才出现的综艺热潮，自1958年北京电视台开播，实际上就出现了综艺节目，但是文化类综艺节目的历史发展脉络确实是曲折的，随着电视市场对于综艺节目的质量要求越来越高，以及近年来网络媒体的强力冲击，文化类综艺节目面临越来越多的挑战。2018年北京电视台联合故宫博物院以及华传文化一同出品了一档文化类综艺节目——《上新了·故宫》，这是截至2018年，全国首档以故宫博物院为主题制作的大型文化季播节目。在《偶像练习生》《创造101》《奔跑吧兄弟》等一系列选秀、娱乐类综艺节目盛行的时代，《上新了·故宫》这类文化节目悄然出现在大众视野中，并迅速被大多数人接受，其中的传统文化根基与现代审美相融合后所传达出来的美育观念，充实了人们的精神生活，也让这个行业焕发出新的生机与活力，美育传承作为这类节目的一个明显特征，是我们研究文化类综艺节目的大势所趋。

一、美育的阐释与历史流变

美育，又称为审美教育或美感教育，旨在培养人们认识美、爱好美和创造美的能力，并且使人们具有美的理想、美的情操、美的品格和美的素养。美育一般有狭义和广义之分，狭义的美育指"美感教育""审美教育"或者"审美观和美学素养教育"等。关于广义的美育，有人认为："真正的美育是将美学原则渗透于各科教学后形成的教育。"对于美育的性质，学者们主要有以下几种看法：美育是情感教育；美育是趣味教育；美育是感性教育；美育是艺术教育；美育是美学理论和美学知识的教育；美育是德育的一部分。[①] 叶朗先生把他的美学观念概括为"美在意象"，他认为美育是"美在意象"在实践中的作用和升华，美育对于提升人的精神境界和完整的人性这些方面来说是一个必要的条件。

无论是中国还是西方，对于美育的发现与研究都可以追溯到很久之前，并且美育观在不同的时代也受到了不同学者的重视。在美育这一名词未出现之前就有很多诸如此类的观点，在西方甚至可以追溯到古希腊时期，柏拉图从培养理想公民的角度提出了艺术起源于模仿，而且也会潜移默化地影响着欣赏者的模仿，亚里士多德从悲剧的角度出发，认为悲剧的净化作用就是一种审美教育，他还提出了寓教于乐的观点，到了中世纪，整个社会充斥着宗教和神学的气息，人们开始重视通过审美教育来净化感情、理解教育，从而为宗教和神学服务。直到18世纪末，德国著名的美学家席勒在他的著作《审美教育书简》中正式提出了美育这一概念，这也标志着美育正式作为一个概念出现，也越来越多地被后来的学者进行研究和分析。而在中国的春秋战国时期，美育思想的源流可以追溯到孔子，孔子从开始所提倡的"仁爱"一直

---

① 叶朗：《美学原理》，北京大学出版社，2014，第402页。

到后来的"乐教",都是反映他美与思想的观念,其中寓教于乐的思想更是从一定程度上反映了中国的美育从传统意义上来说是一种伦理的美育观。不过这种伦理性的美育观到了20世纪有了一定程度的突破,在20世纪初,王国维、蔡元培等一批优秀的中国学者从西方引进了较为系统的美育理论,同时结合中国的实际情况,并依托中国优秀的理论基础,对西方美育观进行了重新改造。其中蔡元培在深入了解了西方美育的基础上,结合中国传统的美育观,提出了"以美育代宗教"的观点,这是20世纪第一个提出的较为系统的美育理论观点,并在当时的中国产生了深远的影响。

不过近些年全球的文化水平、科技水平都有很大的发展,美育不仅仅像古代一样在学者的传经讲学中散播出现,传媒技术也成为传播、传承美育的重要手段之一,例如电影、电视的出现,以及网络媒体自制综艺节目的出现,无不在丰富着现代媒体传播的内容。其中电影电视艺术的出现被称为年轻的艺术形式,由此而衍生出来的电视及网络综艺节目的出现,以其新的表现形式与内容扩大了现代艺术的概念,综艺类节目作为艺术的一种阶段性发展形式,其内涵的审美概念与带给受众的审美价值观念不可忽视,而《上新了·故宫》作为文化类综艺节目研究的范本,其自身蕴含的丰厚的文艺与美育价值才是我们所要研究的重点。

二、文化类综艺节目《上新了·故宫》的审美构成

文化类综艺节目是在传统文化的根基之上进行创作的,加之现代传媒技术的发展,其在制作手法、视觉效果、内容呈现等方面都与传统的电视节目有较大的差异,《上新了·故宫》就是一个典型的例子,对于这类综艺节目在审美构建上的独特性,可以结合该节目从以下几个方面进行分析。

首先,独特的制作形式无疑是其最大的亮点。前面也提到过近几年来的文化类综艺节目层出不穷,其质量在观众的监督之下也有了较好的保证,

诸如《朗读者》《国家宝藏》等节目，都很好地与中国传统文化接轨，但是其针对的文化种类毕竟形式较为单一，《上新了·故宫》与之不同之处正在于此，该节目自2018年播出以来，收视率不断增长，在被越来越多的观众接受的同时，也获得了一致的好评，这当然与该节目新颖的制作形式有密切关系。这是首档聚焦北京故宫博物院的综艺节目，打破了传统的录制形式，走出了拍摄棚和演播室，来到文化发生地——故宫这个真实的殿堂内。由主持人邓伦和周一围带领观众进入一个又一个秘密殿堂，感受未开放的故宫区域的真实场景。每一期的节目都会有一个主题，譬如第一期是探寻乾隆的秘密花园，带观众进入乾隆为自己打造的花园中，仿佛能够更深入地了解乾隆的内心。第六期的主题是末代皇帝——溥仪，邀请的嘉宾是电影《末代皇帝》中文绣的扮演者邬君梅，他们一同带领观众探寻末代皇帝溥仪的皇宫生活，生动展现了清代没落、无力反抗的境况。而且节目有一个非常明确的目的，即经过每一次探寻之后都要设计一个文创产品，设计出的这些文创产品如何丰富人们的日常生活，也是通过媒介传播的方式先达到广为人知的目的，所以依靠现代传媒这种传播的形式实现美育的传承，是一种前所未有的突破。

但是精湛的现代制作手法并不是最高目标，技艺也是内含丰富的。道家强调融技入道，强调"道也，近乎技矣"。庖丁解牛是一个人们耳熟能详的故事，也是对于道技关系的一个非常恰当的阐释，如果我们将单纯的用现代媒介技术来制作文化类的综艺节目与庖丁精湛的解牛技法相对应，而将这个节目背后的审美教育与人们对于庖丁解牛技法背后的美感相对应，我们可以发现认知是需要实践的，实践本身就是一种技艺，而一种完美的技艺是需要全身参与的，波兰尼有力地证明：真正的知识不可能是抽象的，它一定与人的存在有关，这就是所谓的"个人性的知识"。[1]因此，文化类综艺节目所要真正实现的目标是使技艺融入超主客体的实践活动之中，并在实践活动中相互交融从而使人格得到提升。

---

[1] 迈克尔·波兰尼：《意义》，彭淮栋译，联经出版公司，1985，第23页。

其次，该节目强化了视觉设计这一审美形式的作用。如果说视觉文化开启了一个视觉图像时代，那么现代的电视传媒技术必然是其发展的一个有力工具。正如周宪在《当代中国的视觉文化研究》一书中所提到的："大众文化是一种媒介文化，而媒介文化的重心则是媒介的视觉化，视觉性的跨媒介与全媒介成为晚近大众文化发展的重要趋势，视觉性的高度媒介化或媒介的高度视觉化，它不但是内容的视觉化，也是媒介技术的视觉化。就文化发展的趋势而言，消费社会与视觉技术两个趋势结合的最佳场所就是大众文化传媒。"①《上新了·故宫》的视听语言极其丰富，主持人与嘉宾去到什么地方，镜头便会及时跟上，而且尽量还原故宫本来的面貌，并没有太多花哨的特效，但由于这是一档首次聚焦故宫进行拍摄的文化类综艺节目，故宫内部环境设施第一次以影视传播的方式最大限度地面对观众，同时故宫博物院对于文物保护也是有要求的，在节目录制过程中，凡是处于故宫建筑空间里，节目组的人是不能随意触碰任何东西的。在节目中，周一围作为乾隆皇帝的扮演者，他所有坐在龙椅上的戏份都是经由工作人员设置场景、制作道具来实现的，而真正的龙椅和场景并不会提供拍摄使用。另外，节目中的视觉设计还有一个独到之处，即实景加动画的剪辑效果，不难发现，在节目播放的过程中，我们会经常看到这样一幅画面，节目组将不能极度还原的实景做成动画的效果，这极度契合中国美学所一直强调的虚实相生观，自古以来，虚实相生的美学思想作为一种艺术创作和艺术评论的基本表现手法，贯穿于文学、绘画、雕塑、舞蹈、音乐、书法、建筑等各种艺术门类中。虚实相生表现手法的运用能使作品产生一种奇特的艺术效果，这种艺术效果具有一种艺术的简洁美、空灵美、朦胧美、想象美以及意境美，使作品能焕发出奇异的艺术效果。②观众在欣赏一个综艺节目时，若是能够产生这样一种美的享受，自是这个节目达到了理想的美育效果。

① 　周宪：《当代中国的视觉文化研究》，译林出版社，2017，第20页。

② 　贾小飞：《中国美学思想中的虚实相生说》，《鸭绿江月刊》2016年第11期。

最后，在节目的内容上，其审美价值更是底蕴无穷。节目以影视的方式表现出来，但其本质在于通过流行的表象认识文化传承的意义。《上新了·故宫》展示了很多中国传统文化艺术的精髓，建筑艺术、园林艺术、绘画、戏曲、器物、服饰……这些都一一囊括在内，让观众在欣赏节目的同时还接触到了不同艺术门类的知识内容。在《上新了·故宫》的第二期，主持人带我们走进了故宫中最大的戏园——畅音阁，畅音阁中有一种叫作"上天入地"的机关，是清朝建筑智慧的结晶，由于戏园的建筑是三层的阁楼，所以进行戏曲表演的人需要贯通三层阁楼，因此就出现了木质滑轮，类似于现代人拍戏用的威亚。同时，为了扩大唱戏者的声音，他们还专门修建了一个旱井，旱井的聚合作用使得声音更为集中和响亮，当然还不乏水池喷水、楼梯移步等奇妙的设计，节目走入宫廷戏曲的幕后，一出出华丽演出背后是看不见的心血，让观众真正理解到人民才是文化的创造者。[①]畅音阁是乾隆年间搭的戏楼，从建筑艺术的角度来看，这确实是中国传统古建筑的代表之作，规模宏大的畅音阁有三重檐的结构，上层檐悬挂"畅音阁"牌匾，畅音阁内的木质结构、"上天入地"的特效以及戏台子的搭建充分展现了中国传统建筑艺术的魅力。但是在这个基础之上，我们可以发现皇帝的审美与审美场所是与普通民众不一样的，他们会追求一些在当时称之为高雅的曲调，而且一般不会出现在老百姓经常出现的场所中，因此就催生了皇家戏班子以及故宫戏楼的出现。节目中出现的文艺知识，不仅仅丰富了这个节目本身的内容，更重要的是，它提升了整个节目的文艺内涵与审美意义，这是从内容上对于节目的丰富和创新。

同时《上新了·故宫》不但是一档文化类节目，它也是一档真人秀节目，明星的参与使得情节内容在充满悬念的基础上，又多了更多创新的地方，用一种青春的方式来讲述在故宫上演的历史故事，从而摆脱了纪录片枯

---

① 《走进故宫畅音阁，探秘清宫戏曲视听梦境》，《搜狐娱乐》，2019年6月21日。

燥刻板的讲述方式。其中在《上新了·故宫》中，邓伦和周一围作为两位固定的节目主持人，并不只是起到带领观众探究故宫的作用，其中周一围还亲自扮演乾隆，身处原环境中去体会当时乾隆皇帝的心情，他才能够将更多的感受带给观众。除此之外，节目每一期都会邀请演员参与其中，她们都曾经塑造过历史上的人物角色，比如蔡少芬、袁姗姗、孙俪、吴奇隆等，最后一期还请到了电影《末代皇帝》中文绣的扮演者邬君梅，这些演员通过角色扮演的方式，与故宫一同还原清朝的历史，拉近了观众与历史的距离。文化类节目的任务绝不仅仅是完成知识的传递，更为迫切的是要融入更多当代审美和精神需要，让传统文化能够"活"在当下，甚至未来的维度。①节目中还有一个非常有人气的"小明星"——故宫猫鲁班，它是一只常年生活在故宫中的猫，因此节目中也常常穿插着鲁班灵动可爱的视角，再加上故宫工作人员、文创产品开发研究员的参与，丰富了节目的内容，更拉近了观众与故宫以及中国传统文化的距离。

三、《上新了·故宫》中美育传承的独到之处

上面提到美育体现在各个方面，无论是传统的伦理说教，还是现代传媒技术，但总结来说也不难发现，一档综艺节目中所体现的美育观念离不开两个方面的特质：一方面是与我们中国几千年的传统文化脱不了干系，它孕育其中，而且要借助传统文化的力量发散开来；另一方面体现在它的传播方式上，即以现代传播媒体技术为载体，影视传达更能够融入人们快节奏的生活，并且迅速吸引人们的眼球。可以说，一档文化气息浓厚的综艺节目，就是一堂生动的审美教育课。而《上新了·故宫》无疑就做到了这一点，在这个各类综艺节目盛行的时代脱颖而出，迅速地抓住了人们的眼球。下面就这

---

① 何天平、张榆泽：《〈上新了·故宫〉：重构"空间"与"时间"的意义生产》，《当代电视》2019年第1期。

两个特质来分析《上新了·故宫》这档文化类综艺节目中美育传承的独到之处。

（一）传统文化的依托

纵观这几年间播出的文化类综艺节目，对中国传统文化的解读无非就是集中在一个类型或是一种形式上面，《中华诗词大会》借助中国的诗歌这一独特的文化载体，《国家宝藏》在带我们探寻中国几千年来出现过的文物宝藏的同时，也向人们传输了中国丰富的传统历史文化，《朗读者》则是以文字朗读的形式出现在观众的视野中，融文字于情境之中，从而营造出一种特殊的情感氛围，与受众之间架起沟通的桥梁，实现审美教育的目标。《上新了·故宫》这档综艺节目是首次以故宫为依托的文化类节目，以影视的形式加上能够被现代人们接受的方式呈现出来。节目可以直接接触到文化的发源地，在故宫这个存在了六百多年的建筑群里面，曾经有二十四位皇帝在这里继位，虽然现在故宫作为博物院供越来越多的人参观，但是有很多的宫殿场所没有对外开放，甚至有很多人并没有真正到过故宫，但是《上新了·故宫》却大胆地选择了故宫未开放的场所进行探索，将观众带入一个全新的空间中，了解更多以前未接触到的知识。

《上新了·故宫》融合了多种丰富的传统文化的形式，建筑、戏曲、传统服饰、雕花技艺等，全部包含其中，采用极其新颖的形式表达出来，让人们更易接受。节目中有两位固定的主持人，会带领每一期到访的嘉宾一起去探索，每期节目的主旨就是以揭秘的形式展开，嘉宾或者主持人都会向故宫的工作人员询问一些不懂的问题，双方的一问一答，不仅解决了观众的部分疑惑，而且在实景探寻中也避免了生硬的说辞。该节目还有一个必要的环节与目的，就是要通过探寻故宫的一个场所，根据那个场所看到的东西获得灵感，来设计一套文创产品，这更需要文创设计者以及主持人了解更多的东西，有一定的知识储备之后才能够产生灵感。第二期的文创产品是由中央美术学院的学生来设计的，央美的学生本身比较擅长美术设计，但若是没有灵感设计的源泉，没有对中国传统文化的深入了解与掌握，恐怕也很难设计出让人感觉眼前一亮的文创产品，因此这不仅仅是对技艺的考验，更多的是对文艺素养、审美鉴赏的考验。从这些方面来说，这样一种互动与实践的形式，更是因为依靠了传统文化，所以才让美育传承的范围更为广阔。

徐复观先生在《中国艺术精神》中曾提到过："中国的传统文化有道德与艺术两大支柱。中国美学观念中，围绕天人合一的理念形成了中华民族特有的思维方式和生命哲学。"[1]传统文化是孕育中国现代艺术的土壤，可能随着时代的发展在渐渐地减少伦理束缚所占的比重，但若是哪种文化艺术脱离了传统文化这一坚实的根基，必定会失去其深层的价值追寻。中国传统文化正是为人们鉴赏美、创造美奠定了基础，而且也在潜移默化地引导着人们规范自身，文化类综艺节目的产生与传播，实现了传统与现代的两方面结合，也无疑是一种天人合一的大美。

（二）媒介传播的方式

在新媒介没有出现的古代，无论是审美教育还是普通的教育都要依靠老师的传授以及先人的著作，在此基础上这样一代代地流传下去，就有了传统的美育传承的方式，但是到了现代，文化类电视综艺节目的制作者们采用了一种全新的语言——声画语言，使其在对传统文化中的艺术形象进行展示的同时，也让人们感受到传统与现代相融合所带来的全新的审美意趣。

从艺术传播的方面来说，文化类综艺节目是一种新的艺术传播类型，它利用现代网络媒体，通过电视或者网络平台向人们输出艺术价值观念，这种媒介传播的方式，让文化类综艺节目的美育功能更加具有丰富性和综合性。文化类综艺节目的这种丰富与综合性体现在，它不仅与文化相关联，同时又与绘画、建筑、戏曲、音乐、舞蹈相融合，这种艺术与艺术之间相互融合的形

---

① 徐复观：《中国艺术精神》，商务印书馆，2012，第119页。

式所创造的审美价值是超越一种艺术所带给我们的价值的。而且这种各类艺术之间进行融合的状况是中国自古以来就有的，中国传统的诗意画便是很好的一个范例，古代圣贤之人喜爱作诗画画，因此逐渐发展演变的诗意画以书面传播的方式留存了下来，并为现代的人们提供了审美鉴赏的范本，而现在的文化类综艺节目正是借助媒介传播的方式才让观众有了审美鉴赏的机会，在这其中网络传播媒介正是作为文化综艺节目的独特介质来发挥作用的。

《上新了·故宫》以媒介传播的独特之处，区别于以往的审美教育，其中它自身所具备的媒介性与传播性也正是大众传媒艺术所赋予的，这些特质带来了全新的审美内容，从而也为审美教育开辟了一条更为广泛化的道路。首先，电视媒介传播覆盖范围广阔，自从2018年11月9在北京卫视和爱奇艺播出以来，该节目实现了网台联动，收视率飞速增长。在这个高度信息化的社会，人们获知新的信息以及娱乐的方式主要集中在网络平台，这无疑是文化类综艺节目的一个机遇。其次，电视媒介传播的一个特点还体现在它的视听兼容、声画并茂，传统的广播只能通过声音告知人们新闻信息，而现在的电视节目、综艺节目等都是声画同步，在《上新了·故宫》中，由主持人带我们一起走进故宫，探寻真正的历史文化发源地，再加上精彩的讲解，让观众仿佛置身其中，由此带来的审美享受更是不能穷尽的。最后一点便是互动性比较强，这主要得益于现代网络技术的发展，该节目每期的最后都会有一个文创产品展示的环节，这些根据故宫的元素设计出来的文创产品最终会进入普通大众的生活，并且与之融为一体，人们完全可以通过网络平台来获知消息，这种电视媒介、网络媒介相交织的状况，也正是艺术为人民服务的最好体现。

四、对于文化类综艺节目的反思

电视综艺节目创作的质量参差不齐是当代影视领域面临的一个极大的挑战，若是想将综艺节目提高到一定的审美高度，那么它与美育相融合必然会成为一种趋势。换句话说，一个优秀的、能够被大多数人欣赏的综艺节目，其中必然会或多或少地体现审美教育。文化类综艺节目中的文化就像是一种特殊的符号，正如克莱夫·贝尔所说："艺术的本质在于它是一种有意味的形式。"而在我们看来，文化类综艺节目也正是因为有了传统文化的力量，从而唤起了观众的审美情感，使得审美教育与之相融合。一个时代有一个时代之审美风尚，当处在现代这个时代的我们在通过媒介大量的获得信息的时候，同时也是在接受着媒介带来的审美教育，因此坚持美育的观念，才是文化类综艺节目的长久生存之道。

（作者：臧金燕，中国传媒大学2018级艺术史论专业硕士研究生）

美学视域下文化类节目的价值表达
——以《中国民歌大会》（第二季）为例

摘要：近年来，中央电视台连续推出多档文化类节目，其中《中国民歌大会》（第二季）自播出以来，便以新颖的节目模式、震撼的视听效果、深厚的文化内涵吸引了各界关注并产生了良好的社会影响力，为文化类节目的制作起到引导作用。本文以《中国民歌大会》（第二季）为例，从作品的构成论和实用论出发，探讨作品与作者、欣赏者的关系。从而探讨文化类节目价值表达的新思路。

关键词：《中国民歌大会》（第二季）；文艺美学；文化类节目；价值表达

近年来，随着国家大力弘扬中华优秀传统文化，广大的电视文艺工作者以高涨的热情投入到节目创作中，精心打造出以《中国诗词大会》《朗读者》为代表的一批优质文化类节目，这类节目在引领价值导向、传播优秀文化等方面起到了有力的推动作用，得到了学界和业界的高度肯定；现象级节目的接续发力也带动了一波文化类节目制播风潮，大量以诗词、诵读为内容的文化类节目集中出现。在这样的背景下，怎样进行文化类节目的差异化发展，更好地传播节目价值成为电视工作者需要思考的新问题。

2017年国庆期间，中央电视台推出《中国民歌大会》（第二季）（下称《中国民歌大会》）。作为一档由国家级媒体原创的大型音乐文化类节目，《中国民歌大会》以制造中国民歌景观为创作目标，用民歌陪伴观众度过了国庆和中秋佳节。节目播出后取得了很好的反响，平均收视率达到1.42%，多期节目登上同时段收视榜首。节目在展现优秀传统文化的同时，传播了中华民族的精神内涵，为文化类节目的价值表达和内容创新提供了新思路。

一、践行"创造性想象"，打造视听盛宴

朱光潜曾指出："艺术必须有'创造的想象'……创造的定义是：根据已有的意象做材料，把它们加以裁剪综合，成一种新形式。"[①]对于电视文艺来说，这强调了艺术家在艺术创作的过程中要综合运用编排手法、舞台技术在视听层面生动诠释意象的内涵，以此引发受众美的体验。在《中国民歌大会》中，节目组就很好地践行了"创造的想象"。

（一）用电视化手法营造视觉奇观

本季《中国民歌大会》的视听效果十分震撼，给观众留下了深刻的印象。本着"打造中国民歌景观"的宗旨，节目组将民歌所蕴含的文化特色、风土人情作为创作基点，通过多种手法进行视觉呈现，取得了很好的效果。比如陕北民歌《天下黄河九十九道弯》的展现，为了体现歌曲中船夫的形象，节目组通过LED和虚拟技术在舞台上营造出"黄河"这一意象。歌手站在一面巨大的鼓上，伴着鼓的上下起伏观众仿佛看到一位艄公在波涛翻滚的黄河中逐浪远航，强烈的视觉冲击凸显了这首陕北民歌的豪迈之情，在视觉奇观中生动隐喻了中华民族百折不挠的拼搏精神。类似的还有云南民歌《小河淌水》中幽静柔婉的月夜、内蒙古民歌《牧歌》中辽阔壮美的草原盛景……

值得一提的是，本季节目的舞美设计也颇具特色，节目组从中国传统建筑中提取灵感，将榫卯作为基本元素，在舞台上方搭建起可上下运动的舞美

---

① 朱光潜：《文艺心理学》，复旦大学出版社，2005，第179页。

结构，体现了"东方味道、中国气派"的创作理念。而舞台下方则使用了可运动的机械屏，这样的设计方式为节目创作提供了广阔的空间，配合装置屏幕上的视觉形象，把江南的湾、西域的山、东北的集、红军的路生动呈现在了舞台上。

（二）音乐编排体现中西方融合

音乐方面，节目在歌曲的编曲上也突出了"创造的想象"这一特点：节目组在保留民歌原有风格的基础上将西洋管弦乐与我国传统民乐结合，这看似是将两种风格迥异的音乐进行了杂糅，但在实践中不难发现，这样的编曲方式极大地增强了音乐的表现力，凸显了中西方器乐的独特音色。例如在歌曲《诺恩吉雅》中，马头琴与管弦乐队就形成了很好的搭配，管弦乐队悠扬的旋律营造出一片辽阔的草原，而极具民族特色的马头琴用苍凉、宛转的曲调"诉说"出父母送女儿出嫁时的复杂心境，很好地展现了歌曲悲凉的气氛。类似的还有山西民歌《桃花红杏花白》中的唢呐、新疆民歌《木卡姆》中的卡龙琴……都在编配中突出了传统民乐的特点，表达了歌曲的含义。

苏珊·朗格在《艺术问题》中指出，艺术是人类情感的符号形式的创造。[1]节目组正是通过这些具有典型特点的符号将节目的形式与内容相统一，从而将各民族（地域）的文化特色呈现并放大，增强了节目的可看性。同时，这种创作手法使节目呈现出多元文化百花齐放的景象，在展示各地民歌独特风情的同时，体现了我国丰富多彩的民族文化，呈现出我国民歌创作与发展的繁荣景象。

---

① 苏珊·朗格：《艺术问题》，腾守尧译，中国社会科学出版社，1983，第134页。

二、从物境、情境到意境，挖掘文化内涵

一档文化类节目只注重视听体验是不够的，如果说上述《中国民歌大会》对视听盛宴的营造是为了让文化"入眼入耳"，那么下述节目中对文化内涵的挖掘则是为了让文化"入脑入心"。王昌龄曾在《诗格》中提到诗的三种境界：物境、情境、意境，其发展过程就是从"得其形"到"得其情"，再到"得其真"。王国维也在《人间词话》的开篇提出："词以境界为最上。有境界则自成高格，自有名句。"可以说，电视文艺创作也遵循着这样的规律，对文化的深入挖掘，就是要建立作品与观众的联系，用文艺作品引发观众的共鸣，从而向观众传递文化背后的深厚意味。

（一）加入知识问答环节，用民歌引出文化

我国民歌文化涵盖面十分广泛，其承载着地理、气候、语言、宗教、民俗等多方面文化，一些特殊的创作背景还赋予了民歌鲜明的时代特点和历史意义。节目组抓住了这一特点，在民歌演唱后加入了知识问答环节，让观众在欣赏民歌作品的同时，接触到相关的民歌知识，从而进一步了解其背后的文化内涵。比如第七期节目中的四川民歌《康定情歌》，这首歌曲歌颂了康巴地区藏族同胞们热烈美好的爱情，舞台上热情奔放的舞蹈呈现了歌曲欢腾的气氛，在编排中还利用台上台下的对唱形式，引发了观众的强烈共鸣，但节目并未驻足于赏心悦目的歌舞表演上，而是在随后的答题环节考察了康定地区的人文常识，引出"康定的汉子、丹巴的女子"这一文化背景，用歌曲引出当地文化，这样的环节设置实现了对观众的引导，体现了创作者的格局与胸怀。

（二）专家解读，文化深度不缺席

此外，节目对文化内涵的挖掘还体现在专家的点评上，专家们的语言

风格自然、平实，讲解也都是由浅入深，尤其是在对题目本身进行解析后还会拓展出与之相关的历史、人文知识或对文化背景、价值意义进行深层次的阐述，起到了深化主题的作用。比如在山东民歌版块，题目考查了孟良崮战役的发生地点，点评专家从沂蒙根据地谈到淮海战役，最后的落点在建军九十周年，呼吁大家要不忘历史，向革命老区的百姓致敬。这段点评从题目出发，层层推进，王立群教授用充满深情的话语和抽丝剥茧的方式将知识点背后的爱国情怀表达出来，引发了大家对美好生活来之不易的思考。

叶朗提到：从审美活动的角度看，所谓"意境"，就是超越具体的、有限的物象、事件、场景，进入无限的时间和空间，即所谓"胸罗宇宙、思接千古"，从而对整个人生、历史、宇宙获得一种哲理性的感受和领悟。[1]在《中国民歌大会》中，节目通过"歌曲+答题+点评"的环节组合，用逐层深入的方式挖掘民歌中所蕴含的文化内涵，让观众在观看过程中收获悦耳、悦目、悦心的审美体验。在环环紧扣的节目进程中，专家们的点评成为点睛之笔，他们通过对乡土观念、革命英雄主义、人与自然的关系等的讲述给观众带来了有关人生、家国的思考，让观众体悟到歌美、情美、意美的境界。

三、以点带面，铺展民歌画卷

我国是一个多民族国家，不同地区的地理环境和气候差异显著，在漫长的历史发展过程中形成了不同民族丰富多彩的文化和生活习惯。著名社会学家费孝通先生曾说：这种使我们这个民族几千年来能维持延续下来的力量就是包含在传统文化里的这股相融合的凝聚力。[2]《中国民歌大会》肩负社会责任，以保护、传承和发扬民族文化为己任，通过展现各民族风格迥异的民

---

① 叶朗：《美学原理》，北京大学出版社，2009，第37页。

② 费孝通：《论文化与文化自觉》，群言出版社，2005，第129页。

歌特色，传达出蕴含在我国传统文化中的强大凝聚力，为大众铺展了一副壮丽的民歌画卷。

节目每期有四位参赛选手，每位选手代表一个地区（民族）。节目组将一位歌手所在的段落打造成一个连贯、完整的版块，在该版块中全方位呈现出该地区（民族）的民歌文化特色。具有代表性的是第四期节目中的蒙古族版块，节目组抓住了民族文化这一核心，在版块内充分展现了蒙古族的特色唱法、民族器乐以及地理、民俗等知识，表现出蒙古族丰富多彩的文化艺术，版块中的动情点是"选手与姐姐多年后再度合作演唱家乡民歌"，用民歌体现姐妹深情。此外，节目还邀请了著名艺术家齐宝力高参与演出，深化了民族文化传承这一主题。整个版块具有很好的连贯性，也具有很高的艺术价值和思想内涵。在创作中形成版块是《中国民歌大会》的重要编排手法，节目组通过这样的方式，用一位歌手带出一个地区（民族）的民歌文化，节目的整体层次更加清晰，每个版块也都各具鲜明特色，从而使整期节目呈现出异彩纷呈的景象。

费孝通先生曾提出"各美其美，美人之美，美美与共，天下大同"。创作者正是秉承着这种包容、开放的创作精神，将各民族优秀文化融合到一台节目中，为观众呈现了"美美与共，天下大同"的文化体验，在提升节目视听效果的同时，也反映了我国多民族文化百花齐放的景象。

值得思考的是，在对民歌文化进行全方位展现的同时，《中国民歌大会》也是一次对民歌历史的梳理和记录。在节目组的努力下，许多稀少或大众不常见的歌曲、器乐、表演形式出现在了节目中。比如藏族的热巴舞、纳西族的坡芽歌书、壮族的嘹歌、土家族的薅草锣鼓都在民歌大会的舞台上得到了充分的展现。因此节目本身也具有较强的史料价值，对民歌的保护、传承与发展起到了积极的推动作用。正如节目总制片人陈临春所说："十年二十年后回头来再看'民歌大会'，大家依然会觉得这是个优秀的作品，它经得起时代的考验。"①

四、以情动人，引领社会风尚

叶朗提出："美和美感具有社会性，一个人的审美趣味和审美格调（品味）都是社会文化环境的产物……审美风尚（时尚）是一个社会在一定时期中流行的审美趣味，它体现一个时期社会上多数人的生活追求和生活方式，并且形成整个社会的一种精神氛围。"②

这其中就强调了社会对个人审美的影响，作为大众传媒，电视媒体具有较强的文化引领和社会宣教功能，对引导健康、积极的审美风尚起到重要的作用。《中国民歌大会》节目组立足这一根基，肩负传播中华优秀传统文化这一重任，努力用节目引领社会风尚。

在实际创作中，节目立足于"人"这一核心要素，通过人的故事、人的行为传递情感，以情动人，从点到面，营造社会精神氛围。

（一）发挥艺术家的感召力

一些德高望重的艺术家是《中国民歌大会》的表现对象。比如在国庆节当天的节目中，节目组请到88岁的郭兰英老师来到节目现场，郭老师说自己还在唱民歌，也还在教学生，并且将会尽己所能把中国民歌传承下去。此外，节目组还邀请了李谷一、胡松华、蒋大为等知名艺术家在节目中畅谈自己学习民歌的故事，民歌伴随着这些艺术家们的成长，他们对民歌的热忱、他们坚韧的精神也将形成强大的感召力，激励更多当代人参与到对民族文化

---

① 陈临春：《中国民歌大会》经得起时代考验http://ent.news.cn/2017-09/26/c_1121716699.html。

② 叶朗：《美在意象——美学基本原理提要》，《北京大学学报（哲学社会科学版）》2009年第3期。

的传承中来。

（二）民歌相伴的自信人生

很多参赛选手或百人团成员都对民歌有着深厚的情感，他们与民歌相伴的人生也成了节目的一大亮点。比如在海外工作的病毒学家范青，他从事科研之余将民歌作为爱好，建立了自己的音乐公众号，至今已在网络上演唱了400多首歌曲，还通过民歌在国外找到了一群志同道合的朋友；包金花凭着对民歌的热爱在38岁考取了中央民族大学的研究生，在音乐领域继续深造；毕会仙在山上放羊时练出了独具特色的"羊式唱腔"；来自新疆的桥丽拜用热情烤"鼓"为大家演唱；王亚苏、刁敏在共同追逐艺术的道路上也结为了人生伴侣……

选手们在"民歌大会"的舞台上分享人生故事，讲述民歌对自己的影响。他们与民歌结缘的原因不同，大多数人也并非职业从事艺术行业，但相同的是对民歌的热爱让他们的人生更自信、更精彩！观众在感受他们人生故事的同时，也会产生对自身生活的观照。选手们身上展现出的勤奋进取、乐观旷达的人生态度，是民歌对他们人生的影响，也是潜藏在中华传统文化中宝贵的精神力量，节目录制结束后，他们中的大多数人将返回家乡，继续自己的生活。而他们的故事将通过央视的平台被放大，把这份力量带给每一位观众。

五、在媒介仪式中共享文化之趣

电视文艺具有鲜明的仪式属性，伴随着电视媒体的制播手法日趋多样，节目体量日益扩大，收视群体逐渐稳固，电视文艺节目也俨然成为一种媒介仪式。丹尼尔·戴扬和伊莱休·卡茨曾在《媒介事件：历史的现场直播》提到媒介仪式可包含三种脚本："竞赛""征服"和"加冕"。三种脚本既可以单独作为媒介仪式的内容，也可以通过组合形成一个完整的系列。①《中国民歌大会》节目组立足于民歌文化这一核心要点，抓住了媒介仪式的特点，在节目中巧妙地设置环节，并通过合理的叙事，使观众在观看中不仅收获了文化之智，还体会到了文化之趣。

《中国民歌大会》每期设置"四轮争先赛+一轮擂主赛"共五个版块，每个版块都包含选手的歌曲演唱和文化知识竞答，比赛结束后分数最高者成为擂主，如上所诉，节目将"竞赛""征服"和"加冕"这三类脚本进行融合，在节目进程中形成了"英雄"诞生的连贯叙事。

"竞赛"是每轮比赛中的重要看点，在争先赛中，节目推出了以一敌百的赛制，一位选手需要与100位百人团选手进行较量，比赛人数的悬殊也使竞赛本身颇具看点，比如在第一期节目中，当选手完成"左权开花调"的一道地理题目后，击败了百人团86位选手，得到了大家的肯定。人数与实力的反差则更加凸显了选手本身的"英雄"属性。此外，在争先赛中胜出的选手将作为攻擂者与上一期擂主进行比赛，在这一环节中，节目组就塑造出了"英雄"之间的竞赛，答题的形式也变为抢答，增强了竞赛的激烈程度，为最后的加冕进行铺垫。可以说"竞赛"是《中国民歌大会》的结构框架，这样的框架不仅将前面章节所提到的文化高度、思想深度、情感温度融入其中，也营造出层层递进的竞赛热度，让"英雄"诞生的过程变得跌宕起伏，将节目的情绪不断推向高潮。

"征服"常表现为人物具备常人难以企及的能力、品质或观念等。在节目的制作中，节目组通过多种形式挖掘选手的个人能力、传奇故事。比如在第二期节目中，嘉宾李松在点评中提到了我国少数民族传统节日的对歌活动——花儿会，主持人便邀请场上选手与台下多位选手进行对歌。在对歌过程中，四位选手发挥出色，充分展现各地民歌特色，用"你方唱罢我方唱"

---

① 丹尼尔·戴扬、伊莱休·卡茨：《媒介事件：历史的现场直播》，北京广播学院出版社，2000，第34页。

的形式呈现了一场生动精彩的"花儿会"，而选手快速的反应能力和广博的歌曲储备也给大家留下了深刻的印象。此外，一些选手的传奇特质也成为"征服"中的元素，比如来自云南的高洪章，他热情大方地展示了极具地方特色的款待方式——"跳菜"，令人大开眼界。还有身处海外，依然坚持让孩子学习传统京剧的王东……

在节目开播之初，节目组就为选手们设定了最终的目标——争夺《中国民歌大会》总擂主，这一针对擂主的争夺是贯穿节目始终、推动节目进程的重要线索，也让观众对于最终的"加冕"环节产生期待。在节目进程中，节目通过"竞赛"和"征服"的环节设置，让选手克服重重困境，从而不断强化其身上所具有的"英雄"特质，最终"英雄"在大众的欢呼、专家的肯定、主持人昂扬的语调中完成电视化仪式的"加冕"。

媒介仪式是节目重要的属性之一。其核心在于对英雄能力的全方位展现，实际上，媒介仪式的核心就在于通过不同环节的设置，让"英雄"的能力特质不断外化。经过仪式的渲染，观众们看到的是一位"英雄"克服重重阻碍的过程，在整个进程中，观众将逐渐产生共情，为"英雄"的处境欣慰或担忧，并主动参与到过程之中，对结局产生期待。《中国民歌大会》正是通过这样的方式，让观众不仅体会到了文化之美，还感悟到了文化之趣。

六、反思与突破

（一）差异化发展

在当下，文化类节目的数量已经初具规模，而与此相伴的同质化趋势也开始显现。创作者将重点聚焦在文化类节目上的意识值得肯定，但在创作思路上可以进一步拓展：其实我国的优秀文化还有很多可以挖掘的角度，比如饮食、园林、建筑、舞蹈、武术、民间手工艺等，其中多数地区的文化还具有很强的地域特点，比如以江南园林和北京园林为代表的南派、北派园林，以地理特点划分的八大菜系等，这些也给地方卫视文化类节目的制作提供了很好的题材。以《中国民歌大会》《耳畔中国》为代表的民歌节目、以《国家宝藏》《上新了·故宫》为代表的文博收藏节目就具有很好的示范作用。在未来的创作中，创作者可以选择其中一个领域，从不同侧面反映我国丰富多彩的文化魅力，展现百花齐放、百家争鸣的文化格局。

（二）用专业深度引导大众文化

目前市场上的文化类节目大多以普及知识为主，这与节目自身的定位和受众的接受程度有着很大关系。在未来，随着节目制作水平和大众接受程度的不断提高，文化类节目可以循序渐进地向专业深度发力。在一段周期内，对一个领域内的文化进行深入挖掘。比如本季《中国民歌大会》在上一季节目的基础上增加了对民歌知识、文化的传播，就是逐步深入的体现。

在向着深度探索的过程中，创作者要处理好节目"娱乐"和"文化"的平衡，让受众在轻松、有趣的氛围中接受文化的熏陶。此外，值得注意的是，创作者不仅要不断提高自身素质和涵养，还要时刻把握节目专业程度与受众的关系，防止过于专业而造成的孤芳自赏、曲高和寡。用务实的创作态度和敏锐的感知力引领大众文化迈向新的层级。

（三）用文化作品引领文化现象

文化类节目的核心目的在于普及文化知识，传播文化内涵，实现价值引领，时下很多节目在这一点上下了很大功夫，也取得了很好的效果。但电视节目本身具有周期性，节目的影响力也将随着节目的完结而逐渐减弱。让大众长期保持对文化的热度，其关键在于提高影响的持续性：用优秀的文化作品引领文化现象，从而在社会上引发广泛的参与和讨论。

在未来，创作者们还可以跳出节目制作的思维，让文化的热度不仅停留在节目播出的一段时间，而是让其继续伴随大众的生活。比如，能否将文化类节目与目前较为流行的直播、短视频结合，让节目的影响力和活力在平台上焕发新的生机；或是将目前初具规模的"大会"系列节目进行整合，以节目为基础打造文化产业。这些或许都是在未来的实践中可以尝试的。比如《中国民歌大会》的"我用民歌唱家乡"打通了荧屏内外的界限，引导观众在观看节目之余也一展歌喉，唱出对家乡的热爱；《朗读者》在城市中设立朗读亭，打通线上线下的距离，让观众在都市生活中重拾朗读的恬静与美好；《国家宝藏》在故宫博物院举行特展，让观众有机会近距离接触节目中介绍的国宝，带观众从节目走向专业领域。这些活动都是很好的尝试与突破。正如中央电视台综合频道副总监许文广所说，电视节目需要从"以播出为核心"转向"以传播为中心"。①

七、结　语

《中国民歌大会》在价值表达与节目创新上取得了较大成功，具有较高的美学价值，为文化类节目的发展提供了新思路。随着文化类节目的热度不断提高，未来将有更大的机遇与挑战摆在创作者面前。作为从业者，要仔细分析、总结前一阶段的经验与教训，以充沛的热情和踏实的态度投入到新的创作之中，勇攀新时代文艺高峰！

（作者：种震宇，中国传媒大学戏剧影视学院2017级广播电视艺术学硕士研究生）

---

① 许文广：《新媒体时代，电视节目如何打造现象级传播》，《电视研究》2018年第5期。

四　文化类节目创新路径研究

原创文化类综艺节目的中国经验
——以《上新了·故宫》为例

摘要：中国电视综艺在经历了一系列引进浪潮之后，面对本土原创力的缺失、节目同质化现象严重等困境，选择回归文化经典，以一批优质文化类综艺节目重塑中国综艺新面貌。这些原创文化类综艺节目通过电视的视听语言，激活文化记忆，重构传播形态，并在价值指向层面开启文化自觉。其中，优秀的电视综艺节目为我国电视综艺的可持续性发展和走向世界的阶段性目标提供了宝贵的中国经验。本文旨在举例分析《上新了·故宫》，探讨一条具有中国原创特色的综艺节目发展之路。

关　键　词：传统文化；综艺节目；文化传承

在北京卫视2016年出品的《传承者》第一季的带领下，以传统文化为精神核心的文博综艺、文化综艺纷至沓来。不同于《朗读者》那种将当代情感的新鲜血液注入古典书信形式的"旧瓶装新酒"一般的文化类综艺，《中国诗词大会》《经典咏流传》《传承者》《一本好书》等节目纷纷开始热播——民族文化抛却了过往传统意义上的"外衣"，借崭新的形式继续滋养经典的文化灵魂，以生动活泼的方式涌现在大众视野中。就《上新了·故宫》这一综艺节目来讲，已经为我们提供了原创文化类综艺的范式。

一、传统文化在综艺中的创新性表达

《娱乐至死》一书中有这样的描述：以娱乐方式出现的文化精神感染着人们生活中的一切活动，让人们成了一个"娱乐至死"的物种。然而正是这种"娱乐至死"的节目内容在一段时间内风靡各卫视的电视综艺。伴随着社会经济、文化的不断发展，人们的生活水日益提高，对电视节目的需求已经不满足于娱乐搞笑，而是迫切需要一种内涵价值的输入和洗礼，这为传统文化在综艺节目中的融合和创新性表达提供了前提。

（一）电视节目制作形式的改革创新

综艺节目是以游戏、娱乐为根本目的节目形式，文化节目是以传播文化为目的的知识载体，而文化类综艺节目，在这两者的基础上继承和发展，是依托于中国传统文化的内涵，加以娱乐性的表达方式推陈出新，以新时代电视节目呈现传统文化。

首先，《上新了·故宫》在每一期节目中都有新颖而神秘主题，一般由故宫博物院的院长单霁翔先生给定话题或探秘区域，在故宫两位"文创新品开发员"的带领下不断在故宫的各个角落中找寻与话题相关的印记或文物，选择合适的创作元素，最后交给设计专业的学生们和设计师进行合理的搭配。寻找的过程中会有各领域的专家、老师进行指导和讲解，逐层递进地解决问题、揭开秘密，最终一期节目中的所有文物和文化知识的补充都能够贴切地集中到节目初始给定的线索中，集中聚焦到每期主题上。比如第一季第二期的主题为"百年前紫禁城里上演的宫廷演出"，给定的一条关键线索是"这是一处能上天入地的地方"，在节目中嘉宾们通过寻找能飞上天、能遁入地的畅音阁戏台将故宫中的角楼、《冰嬉图》、《万寿盛典图》、《活计档》、待修复的乾隆时期缂丝男蟒、畅音阁、阅是楼、《乾隆八旬万寿图卷》按照合理的顺序串联在一起，从戏台、戏服到乾隆对戏曲的热爱无一不指向"紫禁城里的演出——戏曲"这一主题。有了主题和线索，观众就有和节目中嘉宾一样的好奇心去探索答案："故宫里的'零零后'"主题指的是1900年后出生的溥仪、婉容和文绣；"紫禁城里的超级学霸"说的是康熙皇帝……这种在线索指引下从分到总的节目框架在固化的总分总结构上进行创新，既是自下而上通过细碎的知识点了解传统文化，又在线索的带领下层层递进由浅入深，片刻不离主题。

其次，这种追寻主题的探索式介绍方式使得观众在获取知识时是跟随着节目中的文创新品开发员以及每期嘉宾，站在相对主动的第一视角上有一个从不知到知的了解过程，不再有一个已知的叙述者进行全篇讲述，也不再是刻板地被填鸭式灌入文化内容。人们置身其中，观看节目时能紧跟中心主题不致感到无趣，看完节目之后还想走进故宫一探究竟，去亲历节目片段和现实场景的异同。这样的模式创新极易引发观众强烈的代入感，形成对中华文化和国宝文物的深刻印象。

再次，《上新了·故宫》每期节目都有给定的主题和线索，其原因不仅在于形成节目的多个文化重点，也是为了限定当期文创产品的设计元素。节目的最终目的并不是为了根据线索寻找到历史答案，而是要完成文创品的选稿、改进和制作，最终投入生产和销售，实现故宫的传统文化品牌化。如此一来，节目带来的后续话题和传播力、影响力不会在播出结束时戛然而止，而是能够打开传统文化传承的新局面：人们对文创品的消费把日常生活融合进文化类综艺节目，节目效应也延长至万千消费者的生活角落。文创品继而成为传统文化的生活符号，象征着晦涩的文化意义能够被普遍接受和理解。

（二）传统文化传承方式的推陈出新

自1925年故宫以博物馆的身份向大众开放以来，这座以明清两代皇宫（紫禁城）和宫廷旧藏文物为基础的古典建筑群从未停止过对故宫文化继承方式的探索。通过建立故宫学院、定期举办故宫讲坛、不定期更换临时展览以及一系列国际水准纪录片的拍摄，故宫文化表达的方式一直在跟随时代的脚步进行转换，《上新了·故宫》是将传承传统文化凝结进大众化综艺节目的崭新尝试。

《上新了·故宫》在节目内涵上进行了建筑文化、风水文化、文物文化、历史文化等多种样式的文化融合，不再对单一文化枯燥地叙述，它结合了各有千秋的文化内容和游戏、答疑等节目模式，与嘉宾之间兴味盎然的交流互动共同建立起多元共存、妙趣横生的传统文化传播方式。

在节目嘉宾的阵容选择上，《上新了·故宫》并没有遵循传统惯例中以专家学者为主的文化输入。《百家讲坛》这样单调化的传承模式已被多人模式所取代，对单一专家的视觉陌生、听觉陌生和文化内容陌生已经被大幅度削减；相较于《国家宝藏》，主持人的个人经历和感受在这里并未被放大、突出。为了将人们的注意力集中在文化重心上，"上新"选用人气流量与演技实力综合于一身，同时热爱古典文化的演员作为贯穿整季的文创新品开发员。邓伦和周一围都有刚刚结束的热门综艺和大火的新剧，带着一身书卷气和对传统文化的崇拜，同时占据"主持人"和"常驻嘉宾"的位置，串联起丰富的文化知识和众多领域的专家学者。每期节目还有一位临时新品开发员的参与，多数临时嘉宾都饰演过古装剧中的帝后妃子，能与当期主题中的人物身份相匹配——《甄嬛传》中的饰演皇后的蔡少芬和饰演乾隆的陈建斌、《宫锁心玉》中饰演钮祜禄·怜儿的袁姗姗等，这些开发员和嘉宾把观众对他们个人的关注顺势转接到传统文化上，使明星光环和传统文化的魅力有了更合理的编排，既有流量热点也不乏文化重点。

此外，故宫中的猫也是文化传承方式中的新角色。第一季第三期中就以猫的视角介绍了武英殿的历史背景以及现状，虽是辅助主题的一个画外音，但是并未使用僵化的书面语和平铺直叙的播音腔，赋予故宫猫故宫当代小主人的角色地位，如同对待游客一般对待观众，普及节目中的相关知识。稚嫩的音色配以猫咪可爱的形象，叫人如何能不对它所讲的内容感兴趣呢？

众所周知故宫有很多禁地，除了有些文物因材质的关系不能长时间暴露在空气和日光中，还有很多区域未完成修复和整理。《上新了·故宫》用镜头补充了很多参观盲区，打破了"故宫就是从午门到神武门，除了宫就是殿"的刻板印象。节目揭开符望阁、倦勤斋的神秘面纱，细数文渊阁的防火措施和半间房的奥秘，探索浴德堂的功能用途，甚至进入钟粹宫建筑顶部寻找明代留下的画样痕迹，他们游逛、探索故宫各个角落以便搜集与主题相关的文创元素，贴近故宫的一草一木、一楼一阁，呈现给观众极少被关注到的文物、历史细节和故宫区域，实现了很多人梦寐以求的"参观完整故宫"的愿望。文化在镜头下将难得一见的文物陈列展示，将未开放区域呈现在公众眼前。摄像机对文物色彩能够进行恰当修正，还能放大一定的倍数以便细致刻画文物细节，配上故宫工作人员的适时讲解，明清皇帝们的人物性格也都变得生动起来，甚至比亲眼观看、亲身体验能更全面、更深刻地理解传统文化。

二、原创文化类综艺的古今对话

随着文化类综艺节目层出不穷地上映，我国综艺节目"外国版权本土化"的阶段即将过去，原创版本正逐渐抛却国外版权综艺形式的影子，赋予节目中华文化的意义以及更适应中国的本土化形式。文化经典"通过时间的沉淀，将这些有关情感、信念及制度的文化记忆加以凝缩，并以文字或其他符号形式加以保存……对于任何个体、民族和国家而言，文化经典始终是其生命的依托、精神的支撑和创新的源泉，都是其得以延续和赓延的筋络与血脉"[1]。提取传统文化之精髓，融汇文化经典与流行模式，联通古典与现代，才能完成传统经典与当下文化的古今对话，探秘博大精深的中华文化。

---

① 傅守祥：《文化正义——消费时代的文化生态与审美伦理》，上海人民出版社，2013，第132页。

（一）历史人物的当代在场

中国天人合一的君主制度早已被历史尘封，人们对帝王将相的揣摩只能依靠有限的史料和无限的合理猜测，幸而遥远又陌生的历史人物能够通过改编，以可观可感的电视作品形式走近大众。《上新了·故宫》以人们耳熟能详的人物为中心制造话题，从古装剧题材中备受宠爱的康熙、雍正、乾隆这三位皇帝身上挖掘更多的史实故事和命运精神，达成了大众辨识度和认知度的统一。节目中创造了历史长河中一些人物的当代再现，给予观众更加全面、客观的机会通过人物了解历史文化。第一季第五期中，《孝庄秘史》中孝庄皇后的扮演者宁静作为临时嘉宾串联起"紫禁城中一位传奇的母亲"这一主题以及顺治皇帝、康熙皇帝的执政经历；第六期里，《末代皇帝》中饰演文绣的邬君梅也再一次进入故宫，她沟通了《末代皇帝》与《上新了·故宫》的共通之处——唯一一部在太和殿内部进行拍摄的电影和首档带演员在故宫实地取景拍摄的电视综艺——文绣的角色勾连起清朝灭亡时最后一代帝后溥仪与婉容的故事，标志着故宫从封闭的皇族宫殿到社会开放的博物馆这一历史转变。

令人感到熟悉的是，《经典咏流传》中也有类似的历史人物再现。在歌手演唱诗词作品之前，节目会重点回溯诗词作者的写作年代和写作背景，同时追忆歌曲演唱者与之相似的个人故事，共同营造一个令人触动的前提背景，再以歌声和词作扣人心弦。

（二）历史文物的灵动呈现

历史文物是社会时代背景下文化精华的凝结，是能工巧匠们的技艺结晶，对典型文物的深度剖析是透过时代缩影了解历史文化的必要途径。文化类综艺节目用科技手段唤醒了死气沉沉的文物，冰冷的物件一旦有了人的气息和文化的温度也就不再不可向迩。故宫中一个特殊的部门是能通连起文物前世今生的文物医院，第一季第二期和第二季第一期均有对文物医院的取景：那些即将消逝的物质遗产在修复师的手中得以获得新的外形来延续其古老而高尚的文化灵魂。皇帝的戏服缂丝男蟒实属罕见，在五十倍的放大镜下才清晰可见金丝与黑线的交相搭配，修复一件蟒袍耗费的不只是高含金量的丝线，还有工作人员日复一日的耐心。不仅是文物医院里单一物件的古今状态相互呼应，诸多文物之间也有古今的联结。著名的大禹治水图曾在乾隆皇帝的亲自筹划下完成了"3D打印"——乐寿堂内重达五千公斤的大禹治水图玉山正是图画的多维立体版本。宋代的图稿、清朝的玉雕以及现代的评判和欣赏达成了文化上的不朽，在"画图岁久成湮灭，重器千秋难败毁"之后还增加了"影像万代可流传"的纪念和留存。

（三）历史故事的经典还原

历史人物、历史文物都是传统文化的一个个载体，经由各事件和故事的讲述才拥有了实在的含义。历史故事的当代阐释具有不容小觑的文化意义，《上新了·故宫》在演员演绎历史情节的环节上包含了小剧场形式的真人演出，也有融合了多媒体技术的科技创新，在实景基础上辅以动画效果，调整了现实中不可能更改的客观现状，给历史事件的发生提供了更合理的条件。无论是由一个现存在养性斋的电话展开溥仪给胡适打电话的情景联想，由灯具和餐桌引发溥仪与婉容和文绣在丽景轩用西餐的情态复现；还是根据动态化调整后正乘船游览江南好风光的《乾隆南巡图》，摛藻堂中乾隆在阅书房看《四库全书荟要》情景的模拟，还原经典的片段场景能通过影视上的效果让文字记载的历史变得具体可感。节目以考究的服饰、道具与化妆作为辅助，让我们了解更真实的历史。《国家宝藏》与《上新了·故宫》的不同之处是："国宝"中每件文物的一段前世故事都会在舞台上以现场演出的形式呈现；"上新"的演员们则是录制多个情节片段，然后与当期节目一起进行剪辑，在文物与故事的衔接中有承前启后的作用，历史在荧幕中被复原，片段在历史线索中被整合，更清晰地展示了文物的由来、人物的遭遇和故事的发生缘由等细节。经典历史故事的真实还原能形成现实场景与历史背景的鲜明对比，能让观众设身处地感受故事的过程发展。

三、原创文化类综艺节目可借鉴的中国经验

（一）国家政策推进文化类节目的先行

原创文化类综艺节目品牌化和口碑化的成功离不开国家对传承传统文化的重视，从党的十九大报告中"坚定文化自信，推动社会主义文化繁荣兴盛"的目标要求到十九届四中全会上对文化自信的坚守、对中华民族文化基本方向的把握和根本方法的指引，都在从政府层面支持传承传统文化，强调民族的、大众的、带有中国风格与中国特色的中华文化。

包括《上新了·故宫》在内超过30档原创文化类综艺节目的制作和播出都紧紧跟随着国家政策，这意味着新时代的电视媒体不再单一地作为传播手段而存在，更是一种国民意识形态的高度凝聚化呈现。十九届四中全会提出，必须坚定文化自信，牢牢把握社会主义先进文化前进方向，激发全民族文化创造活力，更好构筑中国精神、中国价值、中国力量。在国家的管控和指导下，电视节目正在逐渐摆脱以明星个人话题和舆论热点为主导的节目制作模式，为文化类节目营造"清流"变"主流"的媒体格局。除了政策上的肯定和宽容，以《上新了·故宫》为首的电视综艺在传播民族文化上的成功经验还包括文化类综艺节目传承形式以及文化意义，诸如兼收并蓄的文化内涵、文化自觉的社会属性以及以民为本的现实主义价值导向等。

（二）原创形式促进文化类综艺的传播

在购买国外版权的"引进来"电视综艺发展阶段中，国内热播的综艺模式很多来自日韩。一旦某档节目进入火爆状态，同一类型的作品立即大举跟上。正是在"娱乐至上"原则霸屏的背景下，突然蹦出几档优质的原创文化

节目，让人们眼前一亮。这些节目从形式上开拓创新，按照优秀的中华传统文化内核进行构思和包装，《上新了·故宫》拥有娱乐综艺节目的主题性和强烈的观众代入感，搭配神秘的未开放区域以及知名演员的嘉宾阵容，此般模式实为清流。

进一步讲，文化类综艺节目的格局并不止步于节目本身，更着眼于文化的传承与发展。《国家宝藏》出品后，衍生节目《国宝守护人》用每期节目中的人物短视频延长文化传播的时间；《上新了·故宫》线上部分依托《今日头条》国风频道里的故宫专区和爱奇艺全网对节目进行播放，线下有文创产品的征稿、售卖、众筹以及地铁国贸站内的互动雪景海报。文化类综艺节目正在从生活的方方面面入手将文化改造成现代符号植入百姓的日常，潜移默化地形成国民的文化自觉与文化自信。这种文化传播的新形式证明了发展原创力量、讲中国故事、传播中华文化也可以形成流行热潮，我们的文物需要活起来，我们的生活需要文化引导。

（三）中国风格保证文化类综艺内容的认可度

"传统文化"的高帽被文化类综艺节目轻松摘下，以人为本、以民为本的文化输出起点为高冷而优雅的传统文化赋予现实意义，不仅曲高和寡的传承形式被改变和创新成适应中国文化的原创模式，还有生活化的节目理念作为文化意义的根本导向。《国家宝藏》的目的是在27件国宝当中甄选出9件，以文物为中心进行专门的特展，让文物生动、接地气地展示在观众面前，透过文物背后的历史故事，让观众深刻感悟到传统文化的独特魅力。聚焦于国宝文物的《国家宝藏》巧妙地在纪实性的纪录片中嵌入了综艺剧情，两者相互融合，还不易产生违和感，让历史文物的过去和现实生活的当下联结在一起，形成深刻的文化记忆。对比之下，《上新了·故宫》是在故宫中探索传统元素，以人和人的生活为本进行再创造，赋予沉寂了600年的传统文化以新的活力，用文创品的形式将充满了距离感的文化藏品带进生活的各个角落，不断延续着文化热潮的驱动力。数据显示，两天内畅音畅心系列睡衣在"上新了故宫"的淘宝众筹页面，获得了超过67万的众筹资金，远远超过了5万元的目标金额。

当代文化类综艺节目更注重表达具有中国特色的文化内容，以"和而不同，兼收并蓄"的民族精神和跨越时代的古今交流形成特有的中国风格。

四、对原创文化类综艺节目未来发展的思考

2018年，包括《国家宝藏》在内的九档中国电视原创节目集中亮相戛纳电视节，极大地激励和鼓舞了中国电视人。[①]《国家宝藏》近两年来先后在香港国际影视展、法国春季及秋季电视节、英国大英博物馆、东京国立博物馆等地举办推介会、展映会的活动，并译配了俄、西、阿、法、英、日、韩、意等多语种节目版本，陆续在海外发行。2019年12月20日，《国家宝藏》走进意大利罗马"共同守护伟大的文化遗产"展映会，进行宣传片与国家宝藏意大利语版节目片段的播放，引起了热烈反响，让意大利的民众看见了文化共通、文化共融，中国的宝藏用这种方式从更深层次的剖面去解读它，引起了人们真正的兴趣，让越来越多的人自觉自发地走进博物馆了解传统文化。

至此阶段，优质的原创文化综艺走出国门，走向了国际平台，比以往音乐类、真人秀类节目形式版权售卖的输出方式更进一步：在框架结构上，《国家宝藏》与外国制作公司联合开发国际版的同名节目以及相关纪录片；在内容叙述上，"国宝"也将国内版进行译配，在多个国家进行原内容的播放，把博大精深的中华文化推向世界舞台。电视节目的"走出去"对中外文化交流而言有着重要的职能和使命。

---

① 杨乘虎：《关于文化类综艺节目高品质发展的若干思考》，《中国电视》2019年第10期。

阿里夫·德里克指出："我们的时代……地方化与全球化结伴同行，文化的同一化受到文化多样性坚持不退的挑战，民族独立资格的丧失与种族集团的聚集彼此抗衡……"① 全球化引导各领域发展的现状让我们不得不接受流行文化，融世界文化于一体，同时也不得不思考对本土化的保留和对国产原创文化内容的传播，我们有必要让中国式文化符号"走出去"。虽然我们有大众化、生活化、特色化的文化，但我们仍然存在着一些让经典文化走出国门的困境——中国的传统文化是否能够适应国际市场；为在国际语境下长久生存，民族化的传统内容是否需要进行再更新和再生产等，都是迫在眉睫的问题。

《声入人心》"走出去"的成功借鉴意义不大，即使其中不乏中国原创音乐剧曲目以及歌剧、美声与传统华阴老腔、花鼓戏、花腔唱法的技术结合，但节目本身还是以歌剧、美声、音乐剧这些外来文化形式为主的音乐选秀节目，虽然各位演唱者在世界语态中为传播中华文化不遗余力，利用与外国制作公司合作发行的模式将节目推广至海外，但是这种方法不适用于根基深厚的传统文化。令人担忧的是，译配版本的文化类综艺在海外平台的直接播出是否能激起海外观众与国内观众一样的文化情怀、民族情怀？是否能认可中华文化？传统文化的"走出去"需要全球化与本土化怎样的有效结合？这些都不得不纳入对原创文化类综艺节目未来发展的思考当中。

（作者：吕上，中国传媒大学2019级艺术史论硕士研究生）

---

① 阿里夫·德里克：《后革命氛围》，王宁等译，中国社会科学出版社，1999，第153页。

去其糟粕，取其精华
——论中国传统文化的电视综艺化表达

摘要： 从早年间的《百家讲坛》，到近几年热播的《中国汉字听写大会》《诗歌之王》，再到收视率火爆的《中国诗词大会》等，一系列成功的文化类电视综艺节目深入挖掘中华优秀传统文化的精髓，将深厚的文化内容与综艺化表达相结合，有效地推动并实现了优秀传统文化的创造性转化与创新性传播，并使优秀传统文化的传播成为公众高度关注并参与的活动，在收视和社会影响力方面实现了双丰收。本文通过对中国传统文化与电视综艺节目的概念进行界定，梳理其已有的表现状况，寻找当今中国传统文化在电视综艺化表达过程中存在的问题与阻碍，并积极思考解决的办法，力求对未来中国传统文化与电视综艺节目结合的发展进行探析。

关 键 词： 传统文化；综艺节目；发展脉络；政策扶持；未来策略

近年来，一批根植于中国传统文化的综艺节目为电视行业注入了新的生命力，例如《中国诗词大会》《传承者》《经典咏流传》等都是深入挖掘中华优秀传统文化精髓，并使优秀传统文化传播成为公众高度关注并参与的活动；同时，这些节目还唤醒了大众尤其是年轻观众对中国优秀传统文化的认同感和自豪感，不仅满足了观众对综艺节目多样化的需求，还有效地推动并实现了优秀传统文化的创造性转化与创新性传播，最终为本土原创综艺节目建立了新的风向标。毋庸置疑，这类节目引领了新的创作方向，一定在未来有着最大的发展空间，需要我们对其创作进行认真的思考和探究。

在此有必要先对相关的核心概念及关系进行梳理和界定。

一、中国传统文化的电视综艺化概念

"文化"一词一直被广泛使用，但其确切的意义却是比较模糊的，于是导致对文化内容的表达不明确。文化的概念应分广义和狭义——广义的文化是指人类社会价值系统的总和，包括物质文化、精神文化、制度文化等所有类型的文化；狭义的文化是指有别于经济、政治的精神生产成果，包括宗教、哲学、艺术、文学、技术等方面，以及人们的价值观念、审美取向和风俗习惯等。[①]同时它一定具有国家、民族、地域的差异，并逐渐发展成为一个系统。由此看来，"文化"概念内容依然很抽象，我们需进一步认识它的本质——文，在古语中本通"纹"，是图案、纹理，还是文字、文章。"化"的古字为"匕"，本指变动、改换，后来引申为"教化"……于是，"文化"就是可以被流传下来的给人以教化的内容。

而"传统"一词，"传"即流传、下传；"统"在此应该是一种连续的关系，如血统、系统。然而由于其丰富性和人类自身的差异性，实际上传统会有一定的时间性——越是久远的，可能流传下来的越少；还有对应的国家、民族不一样，传统的内容和传达的范围也不一样，即传统文化首先必然与国家的发展变化、民族习俗和文化产生及留存的地域有关，是一个民族或社会形态通过长期的历史发展形成的信仰、风俗、制度、思想、艺术等方面的系统，也是一个不断处于更新、变化、淘汰状况的系统——一切不利于民族发展的文化内容和样式最终会被淘汰。

中国传统文化，是指自古至今在中国疆域内由诸多民族共同创造的、流传至今的物质财富和精神财富的总和，又称中华文化。它强调的是中国经由世代承袭而来的物质文化和精神文化的有机结合体，是客观存在的所有文化

---

①　辞海委员会：《辞海》，上海辞书出版社，1977，第1626页。

遗产；它相对于（国）外来的文化而言，是"母文化"或"本土文化"；相对于现代现有的文化而言，指历史上流传下来的"旧"文化，与当今时代的"新"文化概念相对。

中国传统文化的电视综艺化表达，是指用综艺节目的形态、手段或元素对中国传统文化进行包容或展示，与其他类节目如专题片、纪录片相比，电视综艺节目能够拥有更加丰富的思维和手段，节目风格也更加有趣、活泼、生动，让中国传统文化更贴近大众，尤其是让年轻受众能更多地了解和接受。

二、中国传统文化电视综艺化表达的途径

（一）直接呈现——对中国传统文化样式本身的传承

对现存的大多数中国传统文化艺术样式来说，观众在日常生活当中就能接触到，例如诗词歌赋、书法绘画、民歌民乐、杂技曲艺、民间舞蹈、饮食文化等，而且不少人从小就被进行了兴趣培养，如熟读、背诵唐诗宋词与古文以增强文学功底，研习书法可提升书写能力和审美水准，学习弹奏民族器乐陶冶情操，学习舞蹈增强体质和改善体态……以上内容样式也自然会进入以包容各种文艺形态为主的综艺节目之中，可以进行最为直观的呈现；同时参与者众，也是最有效的传承。于是《中国诗词大会》《中华好诗词》《诗书中华》等围绕传统诗词知识展开趣味竞赛比拼，《梨园春》《喝彩中华》以竞赛的形式让观众领略戏曲的精髓……而当今中国传统文化的表现还有诸多门类，如思想体系、中医药学、传统农业、民间工艺、古建筑学、风俗节庆、衣着服饰、兵学武术……一些以往人们不熟悉的内容越来越多地进入综艺节目，不仅能够极大地满足观众的好奇心，还让他们了解更多的知识。就像《咱们穿越吧》以明星角色扮演体验古代生活的形式带观众了解过去的文

明；《非凡匠心》中明星们寻访民间工匠展现传统技艺在千百年间的传承与创新；《国家宝藏》中将短剧的演绎与历史讲述结合，挖掘文物从古至今的故事；《传承者》更是汇聚了各个非遗及传统文化项目的传承人，将许多不为观众熟知的民间文化项目及其背后的故事展现出来。

例如《传承者》对传统文化的展示可谓全面和系统，例如第一季中，第一期有霍童线狮、掼牛、内画、中国朝鲜族农乐舞、马头琴，第二期有咏春拳、高杆船技、海陵撂石锁、刘三姐歌谣、寿山石雕刻，第三期有蒙古弓箭、首饰龙、顶板凳、侗族大歌、古阮……正是电视综艺节目将这些堪称奇观的内容生动立体地展现在受众面前，而且在嘉宾的引领下，选手和受众都有了更明确的传承理念和目标。

（二）内在精髓发掘：对中国传统文化精神的表达和维护

还有一些节目不是单单直白地表现传统文化样式，而是通过一定的内容形式传达出中国传统文化的理念和民族精神。

中国传统文化的精神层面是民族思想的总集成，包含着丰富的哲学与教化、人文与道德理念，也是与其他民族文化区别的核心部分。如果深究其具体构成，也是一个浩瀚而又多元的系统。

中国有文字记载的思想发展犹如恢宏的历史卷轴，历经风吹雨打、大浪淘沙，从先秦的百家争鸣，到西汉的罢黜百家、独尊儒术，儒学统治地位确立后，再经历魏晋时期玄学的兴起到唐朝佛学的鼎盛，最终，儒学成为汉民族文化的主导思想……儒学即是儒家思想，亦称孔孟之道——以孔子和孟子的学说为核心，加上董仲舒、朱熹等后世思想家的完善，形成一个十分丰富的体系。由于儒家哲学上的天人观念、伦理上以"仁"为核心的"三纲五常"、政治上的"大一统"主张等都非常符合历代统治阶级的意愿，而且儒家思想有着积极的社会责任意识，能够随着时代的变化而进行完善和调整，于是逐步成为稳定社会和引导个体人生方向的指导思想。李泽厚指出："由孔子创立的这一套文化思想，在长久的中国社会中，已无孔不入地渗透在人们的观念、行为、习俗、信仰、思维方式、情感状态……之中，自觉或不自觉地成为人们处理各种事物、关系和生活的指导原则和基本方针，亦即构成了这个民族的某种共同的心里状态和性格特征"，最终形成了所谓主流价值观的重要成分。

实际上，我们的社会和生活中有着无数矛盾和特殊的问题，每个人都有着独特的地位和个性，但所谓主流价值观是指符合绝大多数人的利益的思想意识形态，在遇到矛盾和交锋时，社会主流意识将做出判断并统领社会的发展方向。例如在今天，我们依然会自觉地用仁、义、礼、忠、孝、悌等准则来评价人的言行和社会现象，评判媒体和节目的底线……即认为所有在公共媒体上播出的节目都要符合大众的利益和价值观。

在此还需要明确的是，近年来相关管理部门针对国内综艺节目的现状不断发布新政，也是对主流价值观的引领和落实。例如针对综艺节目，从2004年选秀节目兴起开始，广电总局针对各个时期出现的问题接连出台了多项"限令"，如"限娱令""加强版限娱令""限歌令""限童令""限真令""限模令""限星令"等，都是为了维护主流价值观在媒体中的表现，从而最终维护社会的稳定和家庭的和谐，提升民众的素质，保障国家的整体发展。广电总局在2013年12月31日下发的《关于积极开办原创文化节目弘扬和传承优秀传统文化的通知》中还提出了更进一步的要求：坚持正确导向；突出"中国梦"主题；体现文化品位；反映现实生活；提高节目品质；加大支持力度。该通知还特别提出"总局将在上星综合频道黄金时间节目调控、监听监看点评和各类评奖评优中，优先安排和考虑原创文化节目"[1]。

（三）与时俱进，探索对中国传统文化的创新

党的十八大以来，党中央高度重视中华优秀传统文化的传承发展，习

---

[1] 《总局将加大对原创文化类节目的支持力度》，《人民网》2014年1月24日。

近平总书记也在多次讲话中强调中国传统文化的历史影响和在当今的重要现实意义："中华优秀传统文化中很多思想理念和道德规范，不论过去还是现在，都有其永不褪色的价值。"①"对历史文化特别是先人传承下来的道德规范，要坚持古为今用、推陈出新，有鉴别地加以对待，有扬弃地予以继承。""对传统文化中适合于调理社会关系和鼓励人们向上向善的内容，我们要结合时代条件加以继承和发扬，赋予其新的涵义。""我们要善于把弘扬优秀传统文化和发展现实文化有机统一起来，紧密结合起来，在继承中发展，在发展中继承。"②

以上论述明确了传统与创新的关系，更表达了文化传承的终极目标：文化的发展正是要创新，要去其糟粕，摆脱其中与当代社会发展相背离的价值观，与今天的时代和崭新生活结合，最终指导社会的发展。正如前面提到的诸多具有创新精神的节目，有不少会在文化内容选择上十分谨慎，而且其意义被赋予了新时代的解读，还有的在表现形式上进行了较大变革。

当然，对于文化的先进还是落后、是否符合当代社会的要求，需要我们具有鉴别的能力。而且中国幅员辽阔、人口众多，目前还有较大的地区、民族、人群的差异，存在着多种社会矛盾，文化也具有复杂性和多样性，对此我们必须有深刻的认识和了解，最终才能恰当把握创新的路径、层次和手段。

三、我国传统文化综艺节目中现存的问题

目前我国的综艺节目整体非常注重对传统文化的表达，但节目的质和量

---

① 《习近平在十八届中共中央政治局第一次集体学习时的讲话》，《新华社》2012年11月19日。

② 金佳绪：《十八大以来，习近平这样为传统文化"代言"》，《新华网》2017年5月29日。

都上不去，一些问题来自整个综艺节目的状况，还有的来自对传统文化的认识不清。

（一）本土节目缺乏创新性

"舶来品"过多和同质化严重，常被认为是遏制本土创新的重要原因。

早在"山寨"国外节目模式的《超级女声》大火之时，许多电视台就纷纷效仿，2012年"正版引进"的《中国好声音》在综艺混战中一炮打响，令各电视台和制作机构开始大规模引进国外节目模式。同时，还有制作方打着原创的旗号进行变相的模式拷贝，甚至引发版权纠纷。2013年10月总局发出《关于做好2014年电视上星综合频道节目编排和备案工作的通知》[①]，许多创作团队又纷纷采取了与外国团队合作开发的模式。广电总局在2016年6月再次下发《关于大力推动广播电视节目自主创新工作的通知》[②]，对引进／联合研发节目和同类节目的数量进行严格管理，才终于让本土原创节目逐渐获得了一些发展空间。

目前海外模式引进的问题得到了部分解决，但同质化的现象却依旧存在。例如原创文化类节目收获观众好评并获得政策表扬，立刻导致围绕中国汉语言文学创作的节目扎堆，比如以古诗词知识竞技为主的有《中华好诗词》《唐诗风云会》《中国诗词大会》《诗书中华》《向上吧！诗词》《少年国学派》《挑战文化名人》《国学小名士》；以诵读搭配人物访谈的有《朗读者》《儿行千里》《阅读·阅美》《信·中国》……

---

① 国家新闻出版广电总局：《明年上星综合频道公益性节目将增加"主旋律""正能量""鼓励原创"是关键词》，http://www.chinasarft.gov.cn/art/2013/10/23/art_112_15118.html。

② 国家新闻出版广电总局：《关于大力推动广播电视节目自主创新工作的通知》，http://www.sarft.gov.cn/art/2016/6/20/art_31_31064.html。

（二）过度娱乐导致文化内涵不足

我国综艺节目的迅速发展、壮大也让观众的胃口变大，对于刺激度的需求提高——普通的娱乐已经很难让大众满足。为了冲高收视，创作团队不惜频频用上所谓"大招"，随之也浮现出了各种问题。

1.过度消费明星

明星本身的公众影响力无疑对节目传播有着推动的作用，但当许多节目将关注点过多地放在明星身上时，一系列的负面效果就产生了——例如粉丝群体更多关注明星本身，一些极端粉丝对节目的核心内容并无太多感受甚至对其他参与者有排斥倾向。于是节目方由于内容得不到关注而口碑下降，明星方由于在各类节目上的频繁曝光让观众产生审美疲劳。而且由于明星的资源有限，节目方为了争夺炙手可热的明星纷纷开出高价，导致明星的薪酬不断升高。同时对于一些成本有限的节目来说，流量明星所需的花费在经费中占据很大比重，导致节目内容制作成本的缩水；有一些节目甚至表面打着表现传统文化的旗号，实际上就是"拼明星"；还有节目组为了炒热收视将节目中关系普通的男女明星配对组成"节目情侣"，刻意制造绯闻……这种问题在真人秀节目中比较严重，无疑对社会产生了不良影响。

2.高举文化旗帜下的内容匮乏

现在许多节目在创作之初都与文化挂钩，甚至打着弘扬中国传统文化的旗号，落实得却十分潦草。例如浙江卫视的《二十四小时》第一季节目宣传时说将以"郑和下西洋"为背景，重走海上丝绸之路，"将不同国家历史、民俗等特色融入游戏或任务的设计，同时深度结合中国文化元素，展现华人风采"。这也是浙江卫视贯彻国家"一带一路"战略的切实举措，对于弘扬中华优秀文化、展现当代中国文化软实力具有积极的意义。[①]但在节目播出

---

① 浙江卫视：《浙江卫视〈二十四小时〉首创连续剧悬念式户外综艺》，http://www.zjstv.com/news/zjnews/201601/326830.html。

后却发现大篇幅都是对于游戏比拼环节的展现和明星本身的刻画，俨然是明星在玩一场实景的角色扮演游戏，有关地域、民族、历史的展现则以解说的形式带过。中央电视台《叮咯咙咚呛》第一季宣传的主旨是展现明星向地方传承人学习戏曲，传播中国优秀传统文化，但实际上节目花了大量心思在任务、游戏的设计上，还邀请了许多明星嘉宾加入到节目中，俨然成了翻版的《奔跑吧》，唯独不见了拜师学艺的过程，对于戏曲的传承成为点缀。

3.文化尺度掌握不准

在对中国传统文化进行综艺化表达的创作过程中，尺度的把握是比较难掌控的，而且也是需要多层面思考的问题。

首先应该明确的是中国传统文化内容与今天时代的契合点，这也是目前问题比较大的部分。中国传统文化固然博大精深，但随着时代和社会的变迁，有的内容已经不再适应当今的生活，甚至同一个问题在不同地区的认知和接受度不同。如同《旋风孝子》中包贝尔母子出现的一幕：母亲因为担心他的身体而强迫他去做体检，他在百般不情愿地妥协后，到了医院母亲又进一步要求他做胃镜。她眼中的孝顺是一种近乎绑架的顺从——母亲做的都是为了儿子好，所以儿子就得听话。事实上，现代社会中的孝更多的是沟通与理解，而不是唯命是从的愚孝。再如2017年春晚中的小品《真情永驻》：妻子因为自己丧失了生育能力，为了让丈夫家香火不断而选择了离婚……这种夫妻关系引来了观众的热议，不少观众认为这样的行为对女性是一种贬低。

还有的节目没有认真顾及作品与电视和所呈现的艺术样式的适应性。例如《经典咏流传》选择"和诗以歌"的形式呈现文化经典，将传统诗词经典与现代流行歌曲相融合。初衷无疑是好的，但一些诗词对当今的歌曲来说诗句过短，最终的呈现就显得单调、啰唆。

还有的节目内容和形式不恰当。例如《中华百家姓》和《你贵姓》，前者是两支嘉宾队伍分别走访各地寻找当期姓氏相关的传家宝、历史人物故事和当代达人进行比拼；后者每期通过研究姓氏的文字、起源历史，还有趣味游戏竞猜和实地探访等环节探寻嘉宾姓氏的宗亲历史文化。实际上姓氏宗族间本不该比拼，刻意用综艺的形式来表达，为热闹而热闹，内容没有内在逻辑，显得生拼硬凑。对比之下，中央电视台曾经的《客从何处来》采用专题片的形式，每期有针对性地深度探寻一位明星的家族历史，对家庭、民族、氏族进行深度挖掘，从历史中认识自我、发现自我；节目保持客观、冷静、纯粹的属性，对文化内涵的表达显然会更有深度。

创作中还有节目内部多个元素把握、平衡的问题——无论是歌唱类竞赛节目、真人秀节目还是益智节目，都要搞清楚是更倾向于竞赛，还是注重文化的传播，又或是偏重对人的塑造。例如《中华好诗词》的本身立意是通过竞赛的形式传播中国传统文化，但是节目出于对"竞赛"的过度追求，导致在题目设计上涉及的内容过于生僻，就使得节目内容难以贴近观众；而其他更多同类节目为了让观众能够参与进来，又过度偏重对于趣味性的追求，内容太过浅显，缺乏深度。

近年来还有许多真人秀节目都开始加入剧情化设计让情节的展现更丰满，但对于干涉的程度拿捏不当。真人秀中本该凸显的是"真"与"人"，剧情化或"编剧"只需要在前期设计剧情走向以及角色设定。但《咱们穿越吧》进行了过多剧情化的设计，不仅显得内容过度生硬、表演的性质多于真人秀，还影响了节目的真人秀本质。《非凡匠心》也存在这个问题：节目原设定为明星做手工艺人的学徒并亲手打造出一件作品，但节目在很多环节选择了用剧情来"偷工减料"——比如张国立和任贤齐拜访龙泉铸剑师陈阿金，他们本应该不畏艰苦下河收集原材料铁粉，但在搜寻困难的情况下，节目又安排他们去居民家收集铁制品；在说明打造一把剑需要数月之久的前提下，节目居然让宝剑在短短的时间内打好了，两位明星的真人秀就变成了轻浮的"体验"。

在创新的程度、手段方面，业界也还需深入思考和探索。例如《国家宝藏》也存在以上提及的多重问题，尤其是剧情演绎部分的过度戏说——节目

"前世"部分的演绎是基于史实内容的虚构,戏说式的演绎不具有严谨性,于是所谓最有趣的这一部分就消解了节目的严肃性,甚至可能变成一段讨好观众的恶搞。《国家宝藏》中还出现了多次服饰的错误——比如李晨饰演的宋徽宗穿的龙袍与手拿的折扇、梁家辉饰演的司马光头戴的东坡帽和手中的书本制法、王凯扮演的乾隆的穿着等,都与所属朝代不符……综艺化的呈现也有可能曲解文化。

4.对原创节目投入严重不足

就当下来说,一档新的原创节目的诞生是十分困难的,而且由于难以预估播出效果,迫使许多电视台和机构都更倾向于引进、复制或改编。实际上正因为许多节目都采取了公司化的运作模式,新项目更难获得融资;目前绝大部分电视台自己制作的新项目也都有一个"潜规则":台里不投钱,只有带着钱来的项目才能立项……于是我们随处可见在那些高雅大气的节目里有明显广告植入、画面上有大大的品牌logo、节目名称里也有刺眼的品牌名。这些,一定会影响节目的文化气质。

同时,还有很多人误以为文化类节目就是省钱的样式,其实具体的创作并不简单,例如笔者参与创作的《诗歌之王》(第二季)就曾遇到这样的问题:前期节目录制时音频技术团队的现场录制全部是干声,但节目的预算中没有修音的经费,也请不起专业的修音师,最后只能由剪辑进行简单处理,导致"声音"这个对于该节目极其重要的元素难以得到凸显,最终播出版失去了现场所具有的感染力。

5.节目管理运营机制不够完善

由于业界乱象频生,广电总局不断下达各种限令,同时对新节目的审核异常严格、周期也格外漫长,致使新节目的创制流程有可能因为新规而中断,以至于后续各个环节都受到影响。同时由于绝大部分的台里制作比公司化运作投入要少,例如同样的节目,台内制作只给500万,购买可能要花2000万……这就导致许多具有专业素养的台内制作团队缺乏积极性,甚至没有节目可做，最终也造成了资源和金钱的极大浪费，而且目前的公司化也意味着电视台对于节目制作掌控力的下降。

综上，尽管政策扶持和鼓励原创文化类节目的发展，事实上节目数量也快速增长，但其中真正实现收视、口碑双丰收的并不多，不少节目叫好不叫座。还有相当一部分节目为了坐上政策快车加工赶制，播出后几乎没有反响。若想要从根本上解决电视综艺节目及其与传统文化结合中存在的一系列问题，我们还要在多方面进行改革和完善。

四、促进电视综艺与传统文化的有机结合

（一）政策及制度的进一步规范和引领

我们必须懂得，电视媒体若想制作对社会有引导力的节目，就需要松绑，特别是经济上的绑——让电视台不再向只看重收视效应的广告商低头。

同时管理部门要更科学、细化地制定相关评价体系，优化审核标准——不能因为有选手就归类于选秀；同时要制止对收视率的盲目追求，让节目照顾到"知音型""骨灰型"观众，对应更多的受众层面等。

而且政策不是枷锁，更不是护身符。各个创作团队也要理解政策的调节、引导意义，自觉避免打擦边球或钻空子，堂堂正正地做精品节目。

（二）不断挖掘传统文化内涵

中国传统文化对于综艺节目创作来说无疑是巨大的资源宝库，会直接影响受众的价值观、人生观的建立，于是在进行取用之前首先要正确理解传统文化中的精神内涵。即创作团队要提高自身素质，学会分辨并提炼中国优秀传统文化，去其糟粕、取其精华。正如习近平所列出的多种优秀古代思想：道法自然、天人合一，天下为公、世界大同，自强不息、厚德载物，以民为

本、安民富民乐民，脚踏实地、实事求是，仁者爱人、以德立人，以诚待人、讲信修睦，清廉从政、勤勉奉公……

综艺节目与传统文化的有机结合，一定还表现为对传统文化进行具有时代精神的解读，节目制作者应对其进行艺术化、年轻化、时尚化的表达，为传统文化注入生机与活力。

（三）树立正确的节目创作理念

在节目的具体创作上，创作团队要摆正心态，绝不能仅以传统文化作为标签，"挂羊头卖狗肉"地偷换概念。

节目要充分了解当今受众的思想状况和接受程度，把控好节目所涉及传统文化的广度与深度，深入浅出地普及传统文化知识并掌握好娱乐的尺度。同时还要用恰当的形态做到对传统文化形式与内容的多元化呈现，不能仅限于诗词、戏曲、民歌等。实际上，还有更多的传统文化样式需要我们去解读、发掘和创作。

（四）适应全媒体的传播环境

当下，社会、经济、科技的多方发展促进了传播手段的多元化，在网络平台的带动下，信息的传达可以同时运用文字、图形、图像、动画、声音和视频等形态，而且也可以同时在多种媒体平台（纸质媒体、电视媒体、广播媒体、网络媒体、手机媒体等）上发布，以满足不同层次和喜好的受众更精确的需求，受众也可以更多角度、多终端地接受信息——人类的传播进入了"全媒体传播"时代，亦称"多屏时代"。此时的电视媒体必须要看清各种媒体之间的竞争以及各自的优劣，特别是必须重视"新媒体"的动向，进行台网融合的全方位传播。

实际上，在当今每一个节目火爆的背后，如何制造、延续节目的热度并进行持续传播，是创作者必须思考的问题。目前许多节目已经在多个新媒体平台如官方微博、微信公众号等投放节目的精彩片段并达到了引流的目的，例如《朗读者》中一些投放到新媒体上的片段被观众不断回味，网络点击量也不断攀升。而同时就节目的宣传来说，新媒体可以进行内容推送、发放话题、举办互动等，尤其擅长吸引受众的即时互动，就像《中国诗词大会》的同步答题。已经在逐步推广并普及的4K、5G还会带来更细腻的展现、更高速的传播。

（五）制作具有国际化视野的文化类电视综艺节目

习近平总书记在第二届"读懂中国"国际会议期间会见外方代表时曾说："中国有坚定的道路自信、理论自信、制度自信，其本质是建立在5000多年文明传承基础上的文化自信。"[1]只有立足于文化自信，我们才有将自己的产品输出海外的资本，真正实施传统文化走出去的战略。而电视综艺作为当今世界上传播最为迅速和广泛的节目形态，当然有责任让中国传统文化展示在世界面前，而且要选对内容、找对方法。

我们应该对中国传统文化进行全面推广，但每个民族都有不同的历史、文化、信仰，国家之间的文化也存在差异性，因此我们需要秉着互相尊重、"求同存异"的创作理念，寻找国内外思想的共性，找到认同感。比如儒家思想中的仁、义、礼、智、信等，符合各个国家普遍提倡的道德、思想准则，围绕这些具有共同认知的精神内涵进行创作更容易被世界接受。

而在具体创作节目时，我们本应该对传统文化进行全面展示，但如《中国诗词大会》《汉字英雄》中需要有一定的汉语及文学基础才能理解、品味的内容就很难在海外推广；而歌曲、舞蹈、戏剧等艺术样式会更容易走向世界，即未来我们要更注重一些集中国传统文化的"形"和"神"于一身的艺术样式，而且要注重对其高技艺的表达，保留其中的精髓，绝不能做破坏艺术价值的改造。

---

① 《习近平谈文化自信》，《人民日报》2016年7月13日。

同时，节目还要在保持传统艺术样式自身特色的前提下进行年轻化、时尚化的处理，与当下国际时代潮流紧密结合，焕发出新的生命力，这绝不是仅仅找来几个外国明星参与就可以完成的，而是要进行深度融合。例如《出彩中国人》的疯马乐队集合了四位不同国别的艺术家，融合中国二胡、瑞典按键钢琴、蒙古马头琴和西班牙弗拉门戈吉他，在差异中找到了和谐之音。《歌手》中的外国选手的实力无疑也促进了国内艺术家的创新……我们要将传统文化放到中国与世界的关系中看待，才能建立节目的高水准，立足于世界。

五、结　语

当盲目追求娱乐化的大潮逐渐退去，中国传统文化与电视综艺节目结合的必然性愈发凸显——中国传统文化中的优秀文化对当今社会依然具有参考性和指导性，是庞大的资源宝库。而且只有从博大精深的传统文化中汲取养分，综艺节目才能真正做到符合中国国情和审美，富有中国特色和民族精神，最终走出国门。

（作者：徐派，中国传媒大学戏剧影视学院2015级广播电视艺术学硕士研究生）

文化类综艺节目的选手形象塑造策略探析

摘要：近年来文化类综艺节目进入制作热潮，选手作为文化竞赛类节目的主要元素，他们的表现是节目内容的主要部分，体现着节目的风格和价值观，但同时，"人"的复杂性又使得节目的选手形象塑造具有一定难度，本文针对文化类综艺竞赛节目的选手形象策略问题进行理论结合实际的分析，将选手的形象塑造过程拆解为塑造空间、塑造主体和塑造策略三方面进行探讨。

关 键 词：选手；文化类综艺节目；形象塑造

"选手"一词，最初出现在体育竞技比赛中，意为由多人挑选出的能手。随着游戏、竞赛等元素和电视综艺节目结合，选手概念被引进到电视综艺节目中。电视综艺节目在形态上是在"相对完整的结构中将不同的文艺体裁和样式进行有机组合，从而以节目间的内在联系构成一个综合的表达系统"[①]。近年来随着文化类综艺节目的蓬勃发展，一方面各类以展示群众才艺本领为主导的文化类综艺节目纷纷崭露头角，这其中包括：《中国诗词大会》《中国汉字听写大会》《诗书中华》《中国民歌大会》《中华好诗词》《喝彩中华》等。多方向的才艺细分使得有才艺的选手有了更多的展示舞台，同时节目也对他们的水平有了更高的要求。普通群众也更愿意凭借自己

---

① 游洁：《电视文艺编导基础》，中国国际广播出版社，2009，第106页。

的才能本领登上电视，展现自己的魅力，成为家喻户晓的"明星"。另一方面，经历了海外模式引进学习、真人秀制作风潮和互联网思维更新的综艺编导们在实践中重视选手的人物形象塑造，也更有意识地在节目中拓宽时空，加强叙事性和悬念感，形成了较为成熟的选手选拔机制、塑形机制和养成机制，也逐渐认清选手专业技能的展示对节目品质、平台风格的重要影响。

罗伯特·麦基在《故事》中提到：人物塑造是一个人的一切可观到的素质总和，一切通过仔细观察可以获知的东西：年龄和智商；语言和手势风格；房子、汽车和服饰的选择；教育和职业；个性和气质；价值和态度。[①]

但需要理清的是：文化类综艺节目中选手的形象塑造是基于真实的而非虚构的，是经过提炼和概括的艺术真实。电视节目编导根据节目规则的要求进行选手选拔，对选手进行充分了解，而后对选手形象进行艺术加工，通过电视化手段进行展现，满足观众对于审美的需求、情感的投射和人生的启迪等的需求。这与剧作理论中完全虚构人物形象的方式有着本质的区别。

本文将从文化类综艺节目的形态特点和一线实践经验出发，探讨文化类综艺节目的选手形象塑造策略。

一、节目规则建构选手塑造空间

规则是制定出来供参与者共同遵守的游戏制度或章程，体现为普遍性和适用性，并以一种持续、可预测的方式运用信息的系统性决策程序。[②]电视综艺节目以规则为骨架，构建了一个以任务（目标）为导向的叙事空间。任务和规则的区别在于，任务只表明了"做什么"，而规则既包含了任务——

① 罗伯特·麦基：《故事——材质、结构、风格和银幕剧作的原理》，周铁东译，中国电影出版社，2012，第117页。

② 詹姆斯·马奇、马丁·舒尔茨：《规则的动态演变：成文组织规则的变化》，朱雪光译，上海人民出版社，2005，第27页。

"做什么"，也更多地指明"怎么做"。

首先，规则指明了节目的目的和定位，通过关卡和评判标准的设置来凸显某种才艺或观念的重要性，传达出编导的创作目标。同时给予观众全知视角，让观众知道节目的动机和发展流程，从而产生期待，培养收看黏性。

其次，节目规则规划出了一个假定空间，选手利用包括规定本身在内的一切元素（时间、地点、道具等）进行动作。规则约束了选手的行动方式和尺度，通过不断让选手面临选择，诱使其心理活动外化，激发出竞技状态。

此外，规则的不确定性还增添了节目的悬念感和戏剧性，规则规定了选手的行为空间而非具体动作，因此选手的每个行为都有可能触发新的变化，比如选手的去留、选手之间关系的变化等。因此，节目规则对选手塑造起着重要作用。而节目规则的设定需要考虑以下特点。

（一）规则要简单稳定

电视视听结合、线性传播的特点要求电视综艺节目的基础规则要尽可能简单明了，让观众在短时间内能够对节目的总体流程和逻辑有一个全知视角。复杂的节目规则会使观众在比赛前便失去兴趣。

在节目策划初期，节目策划者根据一定创作目的制定完整、明确的规则，包括了对选手的要求、比赛不断推进的流程赛制、遵循的专业评判标准等。规则是一种限制，也是一种使竞赛得以实行的条件，对于竞赛的公平性和可比性来说是必需的，规则不会轻易改变，为节目提供了完整的架构，选手进入比赛后，按照规则公平地进行竞赛。稳定、公平的竞赛规则是专业竞赛类节目独特的看点，也因为规则的清晰明确，参赛者能够明确竞赛的尺度和边界，对赛制进程有一个较为全知的了解和计划，从而激发出很强的竞技状态。

以《中国诗词大会》（第二季）为例，比赛由个人追逐赛和擂主争霸赛组成。在个人追逐赛中，抽签产生的五名挑战者与百人团共同答题，百人团选手答错人数即为选手得分，选手能否答对题目获得较多的积分是这一环节最大的悬念。而在擂主争霸赛中，当期五名挑战者得分最高者与百人团正确率最高且速度最快者（第二期起为守擂擂主）进行"飞花令"争夺本场擂主，一对一PK所带来的紧张气氛能够紧紧抓住观众的注意力。规则清晰明确，每位选手要通过两轮比拼才能获得胜利，这种一视同仁的竞争方式使得选手必须具有很强的诗词功底才能得到展示机会，而且是能力越强，展示机会更多。

（二）规则要能制造悬念

悬念是竞赛与生俱来的特性，因此充分利用规则最大限度地设置悬念是策划中的重要内容。规则制造的悬念可分为阶段性悬念和终极悬念。[①]终极悬念由贯穿节目的大规则制造，而阶段性悬念则由节目中的子规则制造。

在规则设定中要处理好必然和偶然的关系。因果律认为任意运动状态都是其前运动状态积累的结果，即什么样的因对应什么样的果。这反映在节目规则里，则是选手品性的好坏、能力的高低、赛前准备得充分与否等人为可控因素决定着其在比赛中的结果，这符合竞赛规律。然而，为了增加叙事的紧张性和悬念感，则必须引入偶然，如临场的发挥、运气的好坏等的非可控因素。例如在《中国诗词大会》舞台上经常发生的情况——两名诗词储备量相似、实力相当的选手进行一对一PK，而决定两人输赢的关键就在于选手临场的发挥了。这一安排会大大地增加观众的紧张感，让观众更加迫切地想知道结果。因此在对抗性规则中，极少会出现双方水平能力差距太大的对抗，这样"一边倒"的安排会降低比赛的刺激感。

此外，规则设定中还要给选手制造选择，选择能够激发选手心中欲望的外化，也能够激发观众的参与感和对结果的好奇，比如在竞答类节目中，选手在答对一定数量题目后会被询问是否继续答题，继续答题答对可获得更高的分数，答错则奖励清零，相比答题部分，这样的规则设定会制造出更大的

---

① 游洁：《电视媒体策划新论》，中国国际广播出版社，2009，第376页。

悬念。

（三）规则要展现人文关怀

苗棣教授在《中美电视艺术比较》一书中说道：西方更强调美与真的统一，更强调文艺的思维、理智、认识作用；东方更侧重美与善的结合，更强调文艺的伦理、教化作用。[①] 根据大众传播效果研究中的"使用与满足理论"，想要取得较好的传播效果，传播者必须依据受众的需要设计传播过程。我国的电视综艺节目在娱乐趣味、道德标准、人性深度的表达等方面都受到我国特定的意识形态、文化传统、社会价值观念，甚至生活方式的制约和规定，反映在对规则的要求上即为展现人文关怀。人文关怀是确立了"人"的主体性，并赋予人生以意义和价值，从而实现人的自由而全面的发展。在节目中具体表现为强调人的价值、人的尊严，关注人的生存状态和社会权益，淡化物质奖励机制，注重人的情感体验和心灵成长。这既符合我国弘扬社会主义核心价值观的要求，也符合我国当前群众集体心理需求和文化滋养需求。

当前，有一些节目原样照搬西方节目"损"则，刻意制造矛盾，引发选手间激烈对抗，以展现人性丑陋面，这类节目一方面对于秉持中庸之道的中国观众来说显得刻意而虚假，觉得这些环节是编导刻意安排的，从而引发对节目真实性的怀疑；另一方面，倘若中华民族的聪明善悟落到自私自利的个体上，其所带来的不守规矩、损人利己、不择手段的负面社会效应将不可估量，需要引起重视。

---

① 苗棣：《中美电视艺术比较》，文化艺术出版社，2005，第188页。

二、塑造主体——选手的选择和挖掘

（一）选手的两类来源

文化类综艺节目中的选手来源大致可分为两类：明星和普通人（业界称为"素人"）。

1.明　星

明星参与竞赛大致可分为跨界才艺竞赛和专业才艺竞赛。本身就具有名气的明星参与竞赛节目具有很大的收视引力。竞赛的强规则也能够使明星们摆脱掉明星包袱，表现出竞技状态。明星参与才艺竞赛，需要回归普通人，不断学习或提升自己的技能，其中会遭遇到一些困难和不顺，甚至会闹出笑话，这些都会被镜头真实地记录下来。观众在观看这些内容时，能够看到明星与舞台上截然不同的真实状态，可以窥探到明星的私下生活，这大大地满足了观众的"窥私欲"，这些"平民化"的内容既参与了节目叙事，同样塑造了选手的形象。观众在观看节目时，观看视角由仰视变为平视，状态也由"敬慕式欣赏"转为"挑剔审视状态"①，满足了观众的"自我优越感"，从而增强了观众的参与意识。

2.普通人（素人）

欧美"真人秀"崛起之初，便以普通群众为主要参与者。而当前央视各式"大会""大赛"的参与者都是各怀本领的高手。相对于文体明星的高知名度和高影响力，普通人话题感弱、影响力低、缺乏关注度，需要长时间的塑造和养成，但普通人不经修饰的真实情感和丰富动人的阅历故事能够让观众感受到真实的力量，这也成为观众收看节目的引力。

普通人要成为节目选手需要满足一定的要求和标准。而普通人的形象塑

---

① 张军华：《当代电视真人选秀节目的审美文化机制分析》，《现代传播》2012年第6期。

造基本思路是故事化呈现和"梦想成真感"的制造。故事化呈现方式和手段将在下文详细阐述，而"梦想成真感"则指普通人通过节目实现了自己的梦想所带来的成功感和快感，这种感受由于选手的亲近性能够深深地感染着观众，从而使观众产生积极面对人生、实现自我价值的动力。

（二）以"人际吸引"法则为参考的选角标准

对选手进行类型划分是节目编导在选角时常用的方法，通过标准分类可以适时调整选手比例，常用的分类方法是极致故事型选手、特殊职业型选手、特殊年龄型选手、颜值型选手、达人型选手等。《中国达人秀》就对这三类选手更为青睐——自我突破的普通人：如苏珊大妈和用脚弹钢琴的刘伟，这类选手往往有丰富的背景故事和与其外表反差极大的惊人才艺；天才儿童选手：如张艾青、马子跃、乌达木，他们能够引起观众的爱怜；雷人型选手：如"表情帝"杨迪等，能够娱乐大众。[①]《诗书中华》在选手选拔时，就以"惊喜、惊奇、惊讶"作为选择标准。

"人际吸引"是社会心理学中探究人与人之间产生吸引的规律，是对人与人之间相互喜欢与亲和现象的概括与总结。可以参考社会心理学中"人际吸引"来探究选手的选择标准。

1.外表和容貌——颜值

外表和容貌对初次交往的人来说，是重要的吸引因素。人们倾向于对那些漂亮的人产生积极反应，而人们也容易在心理定式的作用下，把一些好的品质强加到漂亮者身上。而电视作为一门视听艺术，外表出众、气质独特的选手更容易吸引观众的兴趣和好奇。但正如黑格尔所言："关于美的这种主观趣味，是没有严密的规则的。"许多不符合传统审美的选手也能通过其独特风格的外形得到关注。美的主观性使得创作者在对选手外形判断时不能拘

---

① 《影视制作》编辑部：《达人是怎样炼成的——解密〈中国达人秀〉制作团队成功秘笈》，《影视制作》2010年第10期。

泥于唯一标准，要运用多元的审美标准，增加节目的视觉趣味。

2.才华与能力——艺能

容貌外表是决定着观众是否有兴趣继续了解选手的重要因素，但并非唯一因素，才华和能力似乎更为重要。业界常用"艺能"形容选手的综艺才能，文化类综艺节目的选手首先必须具有和竞赛内容相对应的才艺和能力。观看专业竞赛类节目时，观众很容易产生代入感，把自己想象成所喜欢的选手，而"艺能"强的选手能够战胜对手给观众带来胜利的快感，因此"艺能"越强的选手越能受到更多观众的喜欢，也能够在比赛中走得更远。

在选角过程中，编导会根据节目创作目标和规则对选手进行多轮能力测试，也在不断的测试中完善评价标准。《中国诗词大会》节目会设置和正式比赛相同形式和相等难度的样题进行测试，通过选手的答对率判断其诗词水平；《音乐大师课》节目会邀请专业声乐老师和选手导演共同面试，对选手音乐能力进行全面评估；这样的测试能够最大限度地测出选手的现有能力和潜在能力，以帮助编导预判选手在比赛中的行为和结果。

除此之外，选手的口头表达能力也至关重要。在与主持人、评审嘉宾的问答中，顺畅地表达自己、与他人进行沟通是选手形象塑造的基础。但有两种特殊情况需要关注：（1）有些选手日常交流时非常内向沉默，但一涉及专业领域便能侃侃而谈，这能很好地反映选手对所处领域的热爱；（2）极致的沉默寡言，这也属于个性的一种，选手可以通过节目有所改变，完成成长弧线。

3.道德品质

道德品质具有持久、稳定、深刻的人际吸引力。心理学家通过分析，指出男性吸引人的道德品质包括：真诚、勇敢、创造、坚韧不拔、宽宏大量、襟怀坦白、理智、正直、忠诚、浪漫、有理想、幽默、思维灵活、事业心强等；而女性吸引人的品质包括：真诚、随和、有正义感、体贴、活泼开朗、信任、善解人意、聪明、有同情心等。这和选手的人生故事有着很大的联系。

在专业竞赛类节目中，稳定的规则框架无法为选手提供很大的性格展现空间，选手形象要在选手初登场时即通过个人身份、故事基本建立起来，这就需要注重对选手背后极致故事的挖掘。在跟选手的交流中，选角导演需要对选手的成长经历、专业学习、社会关系、个人情感等进行全面的了解。在沟通前，需要制定特定的选手资料填写表和采访提纲。根据报名表，导演能够对选手的情况有基本了解，但仅靠报名表的信息则远远不够，文本信息需要用丰富生动的故事口头表述出来。这时需要导演对选手进行采访，方式可以是电话采访、视频采访或面对面采访。采访前需要提前设计好问题提纲以保证采访具有一定信息量。《诗书中华》节目在采访前则设立了30个问题参考，包括了对选手兴趣爱好、极致情绪、人生经历、家庭关系、职业故事等全方面的了解以发掘最极致的故事点。采访以聊天的形式展开，营造出真诚和谐的聊天气氛，这需要选手导演具有很强的沟通能力和变通性，能够从对方含糊琐碎的言语表达中发现亮点并围绕亮点诱发深入交流。通过采访，导演也能够对选手的语言表达能力有一定的了解。

4.相似性、代表性

人们喜欢和自己相似的人，相似之处包括出身地域、价值体系、身份职业、社会背景和文化程度等，也会更关注和相信与自己相似的人说的话。而电视节目的社会功能要求每个选手能够具有一定的代表性，能够代表某一部分群体的生存状态和思想观念，让这个群体内的观众感觉到和选手有联系，从而引起他们的兴趣和感情投入。以央视《中国诗词大会》为例，节目从上万报名者中挑选出106位诗词达人，其中既有来自一线的海员、乡镇医生，也有农民、图书管理员、学生等。年龄跨度大、职业范围广，最大程度地吸引了各个类型的观众群体，追求传达的最大公约数。而当前电视节目开始在全球市场流通，为了使节目获得全球性的关注和收视，可以通过引入境外选手，完成良性积极的文化交流和输出，这也成为业界共识，在此不再赘述。

5.互补性、差异性

互补性是指双方在交往过程中获得互相满足的心理状态，从而形成强烈的吸引力。人们在现实生活中会因为种种原因无法实现对自我的追求，出于反叛的心理，他们会喜欢和自己状态差异较大的对象以达到对内心自我的幻想性弥补。

而在节目中，选手间的差异性能够带来戏剧性的对比和冲突，强化节目的叙事性。比如东方卫视节目《诗书中华》中，俞旭、俞露父女虽共同闯关，但性格完全不同，女儿俞露反应迅速，性格冲动；而父亲俞旭沉稳淡定，屡次阻碍女儿抢答，两人在台上的斗嘴也成为节目的看点。

然而，寻找差异性不等同于无下限的猎奇，差异性的吸引是建立在"志同道合"的基础上的，倘若选手的世界观、价值观、人生观与广大观众相背离，差异性引力便不复存在。

6.话题性

话题性是指选手在其专业领域的行为或观念具有争议空间，能够在节目中或节目播出后引发话题讨论与观点碰撞。对于具有话题性的选手，创作者一定要认清争议不是争吵，节目组要注意把话题限定在可控范围内，让争议双方理性地进行逻辑分析，不逾越价值观争议，多做具体、业务层面的讨论，避免将话题性当成噱头进行炒作，或过分重视话题性而忽略了选手的其他特质。

因此，创作者要根据节目规则和气质风格设定选角标准，拓宽多渠道选手来源，以便找寻到更合适的选手资源。

三、以专业技能为基础的选手形象塑造策略

专业竞赛类节目注重选手的专业技能和极致故事，在具体节目创作中，极致故事的讲述需要以专业技能为基础和起点，"技艺不够，故事来凑"的做法只会让观众感到反感，对于技艺特别高超的选手，甚至可以不必强求选

手要有极致故事。对于既有专业技能，又有极致故事的选手，节目可以通过将选手竞演内容或比赛项目和选手故事相连接的方式来进行选手塑形，从而自然流畅地将选手故事引出来，这需要选角导演能够为选手打造出最合适的展示方式，同时，作为选手也需要具有一定的配合度，信任节目组做出的专业构思和安排。以《中国诗词大会》（第二季）的总冠军武亦姝为例，当时16岁的她在节目中气质清冷，但对于传统诗词有着极大的热爱，凭借高超实力屡战屡胜，圈粉无数。没有什么极致故事的她依靠自己强大的专业技能成功塑造了人们口中"满足人们对古代才女的所有幻想"的形象。

（一）利用标签化处理放大选手特点

让观众快速记住一个选手的最简单方式就是将选手打上特定标签（业界也称为"点位"），放大选手特点，突出选手最为极致的一个方面。标签化处理即综合选手的个性特点、社会身份和极致故事，从中选取最为特别且显著的特点形成一句简单的介绍，建立起具有记忆点的人物印象。标签化处理能够帮助观众和主持人、评审从既有生活经验中调动出对特定身份类型的既有印象，很快地对选手的生存状况有一个较为先行的视角，从而形成一定的"期待视野"，引发他们对选手故事的好奇，在了解了选手的故事后，观众和主持人、评审对这一类型群体认知得到很大的扩展，从而获得审美快感。因此一个好的选手标签要具备完整简练、引人好奇、可展开的特点。例如在《中国诗词大会》（第二季）中，"用一只手撑起一整片天"的张超凡、"会造机器人的诗词才女"陈更、"从诗词汲取力量乐观抗癌"的白茹云等都给观众留下了非常深的印象。

但需要说明的是，标签化的处理不代表一成不变的平面化和刻板化，标签提供了现场选手、评审和主持人的交流方向，但选手的具体形象还需要根据选手现场发挥进行调整，主持人可以通过交流聊天发现更有意思的内容方向供后期塑造进行选择，因此这都需要在节目制作中对选手塑造持有动态开放的观念。

（二）多方式讲述极致故事、抒发共通的情感

围绕选手特点和个人经历进行叙事，即讲好选手极致故事，是专业竞赛类综艺节目选手形象塑造的重点。人的性格来自生活中的大小经历，而越是重大的事情越会给选手留下深远的影响。节目讲述选手背后的人生故事，能够激发观众共鸣，选手形象也会更为立体、丰富。

竞赛类节目中选手故事的讲述可以分为外景和棚内两个部分，两个部分可以单独使用，也可互相配合搭配使用。

外景部分即选手VCR（视频片段）的拍摄，"纪实画面+采访"是纪实类节目常用的叙事方式，竞赛类综艺节目的选手VCR借鉴这种方式，将难以在现场表现的信息直接快速地传达出来，VCR能够在较短时间内介绍选手的情况和故事，弥补棚内讲述单一时空的不足。VCR常用的叙事手段为情景再现和采访的结合，先通过采访获得选手的自我介绍或者对故事的讲述，再拍摄出难以在现场展现的选手日常生活的各种片段，辅以选手讲述作为画外音编辑在一起，再在VCR的末尾设置悬念，即可以快速直观地让观众对选手有一个印象，也能吸引观众注意力，对选手的表现有所期待。

棚内部分即在选手和主持人、导师嘉宾间的互动过程中讲述自己故事。首先，选手的穿着和妆容应与故事气质相符合，在上场后能从视觉上快速引发主持人、导师嘉宾的好奇。主持人和导师嘉宾会根据导演提供的点位方向进行互动，也会根据现场交流情况进行微调，这都需要选手具有一定的语言表达能力。在完成讲述后，主持人和导师需要对选手的经历进行总结和提升，这有助于传递节目价值观，抒发向上的情感。

通过对一定相似类型节目的分析，可以发现以下几种类型的故事更适合电视化呈现和选手塑形：（1）逆境成长故事：选手在生活中经历挫折变故、苦难病痛，但未被打倒，反而在逆境中收获力量，不断奋勇前进从而获

得成长或解脱的故事；（2）家庭情感故事：选手和亲人间发生的故事，对选手留下了重要的影响，选手借助舞台表达对亲人的特别感情；（3）英雄故事：选手大多是国家英雄，例如航天员、军人、劳模、战地医生等，他们具有不怕牺牲、甘于奉献、爱国敬业的崇高精神，他们的事迹承载了观众对于正义力量的崇敬，能够给观众带来心灵的震撼；（4）罕见特殊故事：这类故事通常超出人们生活的认知，由于观众无法提前预知故事的发展，因此会对故事和选手产生巨大的好奇，从而满足观众的猎奇心理。

选手即价值观。而传递价值观的手法有：借事抒情、寓理于情。电视综艺节目所肩负的社会责任要求节目中讲述的故事需要抒发共通的情感，能够传递社会主义核心价值观。虽然由于地区、民族的差异，观众的审美接受能力有着一定的区别，但中华民族有着共通的民族情感，包括热爱祖国、热爱家庭、重视友谊、斥恶扬善、无私奉献、爱好创新等。因此，节目需要把选手故事中的个人情感上升到共通的情感，传播发扬中华优秀传统文化和传统美德，让每个观众能从别人的故事中找到自己，从而汲取精神力量，找回失落的共同的情感家园，形成一个"中国梦"的想象共同体。

四、深入生活，不断拓宽选角思路

习近平总书记在文艺工作座谈会上所指出："世事洞明皆学问，人情练达即文章。"艺术可以放飞想象的翅膀，但一定要脚踩坚实的大地。文艺创作方法有一百条、一千条，但最根本、最关键、最牢靠的办法是扎根人民、扎根生活。因此，要解决选手形象塑造出现的问题，创作者首先应该深入生活，在丰富的生活源泉中，见识各式各样的人生，体验丰富多样的人性。[①]

深入生活，首先会从生活中发现创作原料。央视《中国民歌大会》以民歌作为出发点，展现了全国各地30多个省、市、自治区以及香港、台湾地区

---

① 习近平：《在文艺工作座谈会上的讲话》，《新华网》2015年10月14日。

包括40多个民族的传统歌曲，这就需要导演组能够对各地民歌和风土人情有着一定了解，为此，导演组深入各地进行调研采风，发掘选取各地最适合展现地域特色的曲目、舞台元素以及动人情感故事进行节目创作，因而呈现出一台丰富多彩的中国民歌景观。

深入生活，其次要在和人的大量接触中了解人性，拓宽选角标准。当前，电视导演群体呈现低龄化的特点，一些导演见识不够广阔，对人性的认识比较浅显，因此在选手的选择和塑造上会采取浅显的方式和标准，在无法保证选手故事可看性的情况下，只能为了追求戏剧化效果，干预事件发展，违背真实逻辑，编撰一些与日常生活经验反差较大的环节和"看点"。业界常用来评判选手的标准——"观众缘"就源于创作者对人民群众的深刻了解，通过和广大群众的交流，能够了解群众喜闻乐见的选手故事和人物形象，也会对目标观众的审美尺度有所了解。久而久之，电视文艺工作者自然能够不断更新选角观念、提升格调品味，形成独特的选角标准，对选手故事的选择和把控能力会更高，也会平衡好大众审美和专业性的关系，对提升观众审美水平产生积极作用。

好的"真人秀"导演能够根据选手性格预判选手行为，推演出规则对选手性格的暴露程度，让节目在可控限度内发展，这同样需要节目导演对人性有着深刻认识。

念念不忘，必有回响。随着文化类综艺节目不断发展，广大群众生活的不断充实，将来必定会有越来越多的普通群众有机会走进电视荧屏展示才华、实现梦想，选手的年龄、职业、技艺都会得到很大的拓展。电视荧屏将呈现出"百家争鸣、百花齐放"的盛况，而节目中选手形象塑造的方法也会在摸索中得到不断完善，会有更多丰富立体、真实深刻的选手形象走进观众视线，更走进观众心里。

（作者：彭宇灏，中国传媒大学戏剧影视学院2019级广播电视艺术学博士研究生）

文化类综艺节目与传统文化传承
——从诠释学视角看当今文化类综艺节目实践路径

摘要：文化类综艺节目近些年来一跃成为中国电视荧幕上最受关注的节目类型，各种模式的文化类综艺节目如雨后春笋般出现。文化类综艺节目均秉持着传承和发扬中国传统文化的重要目的，利用多样的视听手段制作有意思又有意义的电视文化产品。因此本文从诠释学的角度，从当今文化类综艺节目的具体实践路径和成果出发，分析古代艺术作品在文化类综艺节目中的作用、文化类综艺节目历史角度的认识作用和文化类综艺节目如何诠释传承中国传统文化等具体问题。利用诠释学的理论思想，挖掘文化类综艺节目表象下的深层次内核。

关　键　词：文化类综艺节目；古代艺术作品；诠释学

随着中国经济水平的进步和发展，中国国力进一步增强，然而文化发展略显不足，因此与经济发展相匹配的文化发展成为这个时代的主题，关注传统文化、树立文化自信成为社会新风潮，这一点在大众媒体上的体现就是文化类节目的兴起。

我国电视行业一直以来都较为关注传统文化内容，如2001年CCTV-10播出的《百家讲坛》是我国较早出现且影响力较大的文化类节目，此后虽有文化类节目出现，但整体呈现出数量少、制作小、影响小的特点，文化内容长期作为大型周播电视节目的特辑内容存在，如央视的《开心辞典》、湖南卫视的《天天向上》等都将传统文化作为特辑主题播出。

　　电视综艺节目在形式和内容上长期以来展现出了多样化的发展趋势，迅速的发展使得节目制作方对于兼具艺术性和娱乐性的优质内容的需求进一步加剧，文化尤其是中华传统文化作为综艺节目核心内容的发掘潜力开始得到各大卫视的重视。从2013起，文化类综艺节目开始进入大众视野，在大批以娱乐性为主的综艺节目中慢慢崛起。尤其是中央电视台制作的一系列节目，如《中国汉字听写大会》《中国成语大会》《中国诗词大会》，见证了文化类综艺节目的发展，2017年开播的《朗读者》和《国家宝藏》以全新的形式展现在观众面前，展现了文化类综艺节目无限的可能性，掀起了中国文化类综艺节目的发展高潮。

　　大量的文化类综艺节目形成了成体系的研究样本，从节目形式的角度来看，现今文化类综艺节目形式多样，涉及益智游戏、竞技竞演、朗诵、真人秀等多种节目样态。而从节目内容的角度来看，则呈现出了不一样的状态，"文化"是文化类综艺节目的核心内容，然而"文化"是一个相对抽象的词语，在节目呈现中应当落实在更加具体的事物上。从《中国诗词大会》到《国家宝藏》再到《上新了·故宫》，在归纳中可以发现大量文化类综艺节目都将展现"文化"这一内容的重任放在古代艺术作品的展现与解读上，常见的例如诗词、绘画、瓷器、玉器等。

　　古代艺术作品作为节目中的审美对象存在，而电视节目本身就是对艺术作品审美过程的体现。诠释学中详细论证了审美活动的方式和价值等问题，因此文化类综艺节目的这一现象可以从诠释学角度来进行系统剖析，从中探寻文化类综艺节目与古代艺术作品的关系，古代艺术作品在文化类综艺节目和文化传承中的作用以及将古代艺术作品完美融入现代综艺节目的方法。

一、古代艺术作品与文化类综艺节目相辅相成

伽达默尔的诠释学理论中强调"在的扩充"，一方面是针对艺术创造而言的，另一方面是针对被"扩充"的艺术品本身而言的。在诠释学中强调艺术创造绝不是"无中生有"，而是通过对存在物的呈现、模仿而向前发展而来的。也就是说"新的东西并不是在先前东西的废墟上建立起来的；先前的东西在新的东西中被呈现，从而得到充实，并来到自身更真实的存在。"[1]

这其中"新的东西"就是文化类综艺节目，"先前的东西"则可以指古代艺术作品。

文化类综艺节目作为艺术本身其创作必然基于与其主题相适应的已存在的事物之上，而并非无中生有。而大量节目中所选择的这个存在物就是古代艺术作品。文化类综艺节目的艺术创作就是在这一基础之上建立起来的，节目在对古代艺术作品的审美过程中，形成了新的整体作为审美客体存在。

古代艺术作品作为文化类综艺节目中"文化"这一内容的载体，在不同节目中运用了不同的艺术门类，其运用方式也各有不同。《中国诗词大会》中"诗词"是节目的核心元素，节目以益智游戏的形式通过诗词问答、飞花令等具体游戏来传播中国古代诗词，传承古典文化。《经典咏流传》同样是运用了诗词这一载体，并且对诗词进行了二度创作来进行传播。《叮咯咙咚呛》则是通过对戏曲的学习表演和再创作来展示文化这一内核。在这种文化类综艺节目中《国家宝藏》最为直接，将各大博物馆中的文物作为节目展现的主体，再根据这一主体联系历史创作短剧，联系现实讲述现代匠人的故事。

在电视等新型传播介质影响下形成的对视听艺术盛行的时代，审美内容从单一向多元转变，审美习惯也相应发生变化。因此古代艺术作品在文化类

---

[1]　赵东明：《伽达默尔论艺术作品的存在与诠释学的真理》，《现代哲学》2007年第6期。

综艺节目中的呈现解读和再创作成为一种审美活动的必然出现。对于古代艺术作品来说，这是对其存在意义的一次确认和延展。

洪汉鼎在译著《真理与方法》的序中总结道："任何艺术作品的再现——不论是阅读一首诗，观看一幅画，还是演奏一首音乐，演出一场戏剧——在伽达默尔看来，都是艺术作品本身的继续存在方式，因此艺术作品的真理和意义只存在于以后对它的理解和解释的无限过程中。"①可以说文化类综艺节目对于古代艺术作品的欣赏和传承也至关重要，电视综艺节目为古代艺术作品创造了新的存在方式，艺术作品不只作为其本身存在，更是作为一种文化载体，拥有了被欣赏和被解读的可能，其在更广阔范围内的普遍意义得以彰显，实现了艺术作品"在的扩充"。

伽达默尔的描述更为详尽："艺术的万神庙并非一种把自身呈现给纯粹审美意识的无时间的现时性，而是历史地实现自身的人类精神的集体业绩。所以审美经验也是一种自我理解的方式。但是所有自我理解都是在某个于此被理解的他物上实现的，并且包含了这个他物的统一性和同一性。只要我们在世界中与艺术作品接触，并在个别艺术作品中与世界接触，那么这个他物就不会始终是一个我们刹那间陶醉于其中的陌生的宇宙。"②当艺术作品被欣赏、被理解、被解读的时候，其才具有了意义，同样也是在这个过程中，其意义才得以实现，并为人所感知。创造新的存在而使先前的东西得以成为自身被呈现的存在，并通过这种方式成为自身更加真实、内涵更加丰富的存在。

所以，在文化类综艺节目中，这种对古代艺术作品的利用不仅仅是节目创作的需要，也是古代艺术作品在被认识、被欣赏过程中自身的需要。文化

---

① 汉斯–格奥尔格·伽达默尔：《真理与方法》，洪汉鼎译，商务印书馆，2010，第7页。

② 汉斯–格奥尔格·伽达默尔：《真理与方法》，洪汉鼎译，商务印书馆，2010，第142页。

类综艺节目的存在兼顾了两者的需求，达到了两者的互利和统一。

二、文化类综艺节目从历史来"认识"世界

"历史的传承物和自然的生活秩序构成了我们作为人而生活于其中的世界的统一。"①也就是说，历史和现在构成了我们所生活的物质世界及精神世界。人类不能丧失历史和文化而割裂地生存，文化传承的重要性不言而喻。而传承物作为文化传承的具象化内容，在文化的传承和在创造中占据着重要的地位。这早已成为国家社会发展、人类个体正常发展中不可或缺的一部分。

时代对传统文化的继承和发扬也有同样的要求。自十八大以来，习近平总书记多次就传承优秀传统文化、构建科学的传承体系这个问题作了重要讲话。2017年1月，中办、国办联合发出《关于实施中华优秀传统文化传承发展工程的意见》，强调现今中国"迫切需要深化对中华优秀传统文化重要性的认识，进一步增强文化自觉和文化自信；迫切需要深入挖掘中华优秀传统文化价值内涵，进一步激发中华优秀传统文化的生机与活力；迫切需要加强政策支持，着力构建中华优秀传统文化传承发展体系"。与此同时，电视行业站在文化传播一线也积极响应，例如《关于把电视上星综合频道办成导向有文化的传播平台的通知》中就重点提出鼓励在黄金时段增加文化类节目的播出数量和频次。

文化类综艺节目成为电视媒体中继承发扬传统文化的重要手段。因此，在文化类综艺节目井喷式发展的今天，大量节目正是以传统文化的传承传播为己任。文化类综艺节目在弘扬中华民族传统文化的基础上，以其特有的视听形态和特殊的节目模式，对历史、文化进行进一步解读和丰富，以达到以理想的方式来认识传承物，即古代艺术作品的目的。

---

① 汉斯-格奥尔格·伽达默尔：《真理与方法》，洪汉鼎译，商务印书馆，2010，第6页。

"历史认识的理想是，在现象的一次性和历史性的具体关系中去理解现象本身。"[①]伽达默尔认为要了解某个具体现象或者事物，应当将其特性与其所在的历史结合起来去理解。对于应用于文化类综艺节目中的古代艺术作品亦然，为了更深入全面地理解具体的古代艺术作品，节目中也常常运用多样的视听手段对其历史性进行展现，在历史性中看特性，方能理解古代艺术作品的特性（即"一次性"）本身。例如《国家宝藏》这档以文物甄选参展为主线的文化类综艺节目，通过对古代艺术作品的展示和解读来传承发扬传统文化。节目力图通过电视呈现的手段对每一件文物的前世今生进行梳理，为了让文物不仅是一件件博物馆中陈列在厚厚的玻璃窗中的展品，让文物"活起来"，节目利用了多样的电视化手段，其中最为突出的就是让明星担任每件文物的守护人，在节目现场以小剧场的形式亲自演绎文物背后的故事，集合了历史性和文学性生动地还原了当时的历史环境，摆脱了历史枯燥乏味的刻板印象。这一艺术化处理，将具体古代艺术作品的特性与历史性结合起来，将特定物品放到相关的历史背景中去理解，从节目模式的设计上完成了对古代艺术作品本身的呈现和解读。

中华民族同世界上任何民族一样，经过长期的社会文化发展，形成了一套自洽的民族文化体系，这套文化体系存在于社会的方方面面，影响着这个民族的每一个人，但这并非有意识地学习的结果。"每一个使自己由自然存在上升到精神性事物的个别个体，在他的民族的语言习俗和制度里都发现一个前定的实体，而这个实体如他所掌握的语言一样，已成为他自己的东西了。只要单个个体于其中生长的世界是一个在语言和习俗方面合乎人性地造就的世界，单个个体就始终处于教化的过程中，始终处于对自然性的扬弃中。黑格尔强调说，民族就是在这样的属于它自己的世界中表现自己的存

---

① 汉斯–格奥尔格·伽达默尔：《真理与方法》，洪汉鼎译，商务印书馆，2010，第13页。

在。它从自身作出，因而也是从自身设定出它成为自在的东西。"①所以，作为独立个体的人不可避免地在成长过程中受到周围人和环境的影响，完成了对自然性的扬弃，潜移默化地受到教化，表现出其民族性。民族文化并非本意地成为这一个体的内在属性。因此，传统文化并非我们个体本体之外的传承的对象，而是我们自身的重要组成部分。

我们在理解世界的过程中，即与世界产生联系并且与世界交流的时候，首先要理解自身。也就是说"要理解这个世界，就必然要使它与我们的世界远离，这就必然造成自我异化，然而古代艺术、文学和哲学却提供可能性让我们返回到更好的自我理解的我们"②。因为文化已经内化为了我们的一部分，所以文化类综艺节目在帮助我们认识古代艺术作品本身的同时，更重要的是能够帮助我们认识自己，即通过对文化的吸收来了解自己和自身的民族性。"我们认识到历史精神的基本规定，即自己与自己本身和解，在他物中认识自己本身，'构成教化本质的并不是单纯的异化，而是理所当然以异化为前提的返回自身'。"③我们就是从历史和文化这个他物中返回对自身的剖析，最终更好地认识自己的，而文化类综艺节目就是从电视媒体出发实现这一目的的一种方式。在我们享受娱乐、接受文化熏陶的同时不仅仅认识古代艺术作品、认识文化，更重要的是认识自己。

三、文化类综艺节目中的文化传承方式

意大利文艺批评家克罗齐曾说过一句名言："一切历史都是当代史。"④历史并非躺在记录里的一行行文字，也从未真正地过去，虽然身处其间的传

---

① 汉斯-格奥尔格·伽达默尔：《真理与方法》，洪汉鼎译者，商务印书馆，2010，第26页。

② 洪汉鼎：《理解的真理》，山东人民出版社，2001，第24页。

③ 洪汉鼎：《理解的真理》，山东人民出版社，2001，第24页。

④ 克罗齐：《历史学的理论和实践》，博任敢译，商务印书馆，1982，第39页。

统文化是它所属的那个时代的产物，也用以解决那个时代的课题，但是其中包含着这一民族从历史维度进行自我理解的思想框架，可以说是现今一切传承和发展的源头活水。正如他说的："历史的伟大论著现在对我们说来是编年纪录，许多文献目前默默无声，但是等到时来运转，生命的新的闪光又会从它们的身上掠过，它们又会重新侃侃而谈。"[①]历史和文化是这样的存在，而作为历史和文化的创造物，同时承载着历史和文化，与其相伴相生的古代艺术作品也是这样的存在，并且以一种客观实在的实体形式存在着。

文化类综艺节目的模式设计，就是对古代艺术作品的诠释方法的设计。因此在运用古代艺术作品这一客观实体的过程中，不可避免地涉及对其的改变和诠释问题，也就是在现代社会文化的体系下如何理解历史、如何传承文化的问题。

在文化继承方面，我国长期秉承着"取其精华，去其糟粕"的批判性继承的原则。我们必须意识到"任何传统之所以能成为传统，任何文本之所以能成为经典，必定有其合理性。但由于社会在进步，历史的合理性不等于当下的合理性，以后世的眼光来看它同样存在时代的局限、环境的局限、个人的局限等"[②]。在对大量传统文化及文化产品的筛选过程中，应当建立起具体的原则和标准。在海德格尔的理论中，这个原则和标准被称为"认识预期"，也就是诠释者在对特定的认识对象进行理解诠释的时候拥有对其的预期，而"取其精华，去其糟粕"就是认识主体在自身"认识预期"的框架规定下对不符合自身要求或需求的内容展开选择、分割的过程。对这一过程，中国哲学家冯友兰做出了更为通俗的表述，也更基于中国的社会背景，即"在历史发展的各阶段中，各阶级从已有的知识宝库中取来的一部分的思

---

① 董成雄：《中华优秀传统文化的历史诠释与现代传承》，《西安交通大学学报》2018年第7期。

② 董成雄：《中华优秀传统文化的历史诠释与现代传承》，《西安交通大学学报》2018年第7期。

想，必须加以改造，使它跟自己的需要与当时的知识水平结合起来，然后才能发生作用。"①可以见得"继承"必须是批判性地继承，结合新的时代需要有选择地继承。

这在现今文化传播领域基本已经达成了共识，长期以来践行着有选择地继承和发扬。尤其是文化类综艺节目，其中呈现出来的文化产品和价值观都是经过了节目制作方精心选择的，从众多文化遗产中选择了其中正面的、有益的、有继承价值的、符合现代社会价值观的内容。例如主打"诗言志、歌咏言"的《中国诗词大会》中对于诗词的选择，其中有"会挽雕弓如满月，西北望，射天狼"的壮志豪情，有"感时花溅泪，恨别鸟惊心"的感伤悲痛，有"蒹葭苍苍，白露为霜；所谓伊人，在水一方"的质朴爱情，有"长风破浪会有时，直挂云帆济沧海"的意气风发。节目通过诗词竞赛的形式，将古诗词中有价值的部分择选之后再次传达给观众。可以说节目创作过程本身就是对传统文化的一次批判性继承。

在节目对古代艺术作品选择、吸收和表达的过程中，还有一点更为重要，我们应当看到节目传播的不是艺术作品本体，或者说不限于本体。我们现今所强调的文化传承正是这种"古为今用"的传承方式。在诠释学中伽达默尔主张"以读者为中心"，即"理解的对象和目的不是作者的意图，而是阐明和揭示真理的思想，真理的思想不是作品的具体意义，而是作品的普遍意义，这才是真理"②。

由此可知，在伽达默尔的概念之中，理解不是简单的对事实的复刻，而是一种具有创造性的行为，不应当致力于保留文本或者传承物的客观性，因为这种客观性会使其丧失解释的开放性和解释者的创造性，其本身是狭隘的。正是由于时间的距离带来了理解上的差异，导致我们也无法真正意义上

---

① 冯友兰：《三松堂全集（第12卷）》，河南人民出版社，2001，第120页。

② 陈来：《从道德的"抽象的继承"转向"创造的继承"——兼论诠释学视野中的文化传承问题》，《文史哲》2017年第1期。

保留其客观性，但是同样将任何传承物放在新的时代背景下，将拥有全新的读解空间，同时面临新的问题和挑战，因此传承物也应当被重新理解，并且赋予其新的解释。

而实现这种传承物在新的时代下得到全新解释的方式就是伽达默尔所说的"视域融合"，即传承物被创造的当下有自身的视阈，而解释者在试图对其进行解释时也带有自己的时代、自身的处境所带来的视阈，在对其解释的过程中两者的视阈发生了融合，传承物与我们对其的诠释得到某种共同的视阈，实现了过去和现在在某种层面上的融合。"对于所产生的新视域，它既不等同于'历史过程'原本的解释视域，亦超出了诠释者自身理解视域，它是一种理解的超越。"①

将"视域融合"这一理论落实到当今传统文化传承上，可以具体解释为"把某些古代（或外来的）文化元素放在现代（或中国）社会环境中，做出与民族文化深层结构相契合的解释，以实现民族精神与时代精神的无缝对接，并使古代的优秀思想、和谐伦理、文明礼仪等传统文化在现代获得新生"②。这种融合将古代的传统价值和现代的时代课题联系起来，而文化类综艺节目正是承担了这个黏合剂的作用，节目不将古代艺术作品局限于创作的时代所赋予其的意义，而是对其进行创新转化，同时将其与现代所需的文化内核相结合，赋予其新的生命。

《经典咏流传》就是这样具有代表性的文化类综艺节目，这档节目请到了与具体经典诗词有内在关联的艺术名家、创作新人，甚至请到努力生活的普通人作为经典传唱人，结合他们自身的音乐风格，将经典诗词改编为歌曲，用流行音乐的演唱方法重新演绎传统经典。如《三字经》中加入了说唱元素，许多诗歌的谱曲都以现代的歌曲形式呈现，为传统的诗乐结合在形式

---

① 曹妍：《现代诠释学的理想——"视域融合"》，《北方音乐》2013年第5期。

② 董成雄：《中华优秀传统文化的历史诠释与现代传承》，《西安交通大学学报》2018年第7期。

上添加了新意；但是更为重要的是，节目对诗词的核心思想进行发掘并且在节目创作中使其与时代精神完美契合。例如节目第一期中对古诗《苔》的呈现，"白日不到处，青春恰自来。苔花如米小，也学牡丹开"是清代诗人袁枚的一首小诗，描述了苔藓多生于阴暗潮湿的地方，但却没有因为环境恶劣而失去生发的勇气，赞颂了苔藓强大的生命活力。节目将其进行了全新的诠释，请来了乌蒙山区的青年支教乡村教师梁俊与当地少数民族的孩子们共同演绎了由《苔》改编的歌曲，将诗中逆境生长的精神与深山的艰苦环境中教学的老师、学习的孩子们联系起来，表现了他们同苔藓一样的精神和生命力，表达了对这些孩子也能像牡丹一样绚烂绽放的美好愿望。通过这一古诗在现代社会语境下的改编和创新，将经典传唱人的故事和诗词所表达的意境完美结合。

狄尔泰说："理解就是在你中重新发现了我。"①如《上新了·故宫》中从故宫元素而来的文创产品、《叮咯咙咚呛》中中外合作的戏曲新演、《国家宝藏》中文物延伸的当今故事，许多文化类综艺节目都致力于发掘古代艺术作品中的现代意义，在重新理解诠释这些古代艺术作品的过程中，最终同时代的需要相结合引申出其现代价值，实现"今古相通"，做到"古为今用"。

四、结　语

近些年来，中国的电视文艺工作者在文化类综艺节目中进行了大量实践探索，为理论研究提供了丰富的样本。我们可以看到，从诠释学的角度，文化类综艺节目对古代艺术作品进行"在的扩充"，使其存在得以再次确认和表现，体现更多的内涵。同时确立了大众文化产品在现代社会中对文化传承

---

①　黄俊杰：《中国经典诠释传统（一）：通论篇》，华东师范大学出版社，2008，第57页。

的重大作用，电视节目利用了多种节目制作手段使得本属于过去的文化内容在现今社会焕发出新的生机。

（作者：罗丽娅，中国传媒大学戏剧影视学院2018级广播电视艺术学硕士研究生）

泛文化背景下文化类综艺节目的出路浅析

摘要：如果将对港台、欧美、韩国综艺模式的模仿阶段定义为我国综艺发展的前三个阶段的话，那么文化类综艺可以作为我国综艺发展第四个阶段的代表。前三个阶段主要模仿、借鉴发达国家或地区的节目模式，带着泛娱乐化倾向。而第四个阶段有种觉醒的意味在其中，既是对政策号召的呼应、对中国文化复兴的助力，也是对市场动向的把握、对观众在"衣食足""仓廪足"后具有更高精神追求的满足。文化类综艺节目的崛起不是偶然，2013年至今方兴未艾。但目前的文化类综艺节目因为各种原因出现了同质化、可看性不强、收视率低等问题，显得"雷声大、雨点小"，没有充分发挥出我国的文化优势。虽然它目前还存在着各种问题，但它既然能从竞争激烈的综艺市场中突出重围，成为近年来被广泛关注的黑马，尤其是夺得了青年观众的喜爱，可见，其具有潜在商业价值与社会价值，值得探讨。本文对文化类综艺节目崛起的背景原因以及一些现存问题进行分析，并试着从节目立意、内容选择等方面提出建议以供参考。

关 键 词：文化类综艺节目；文化自信；原因；对策

一、泛文化背景下的文化类综艺节目

2017年，习总书记提出我国社会主要矛盾由"人民日益增长的物质文化需要同落后的社会生产之间的矛盾"变为"人民日益增长的美好生活需要和不平衡、不充分的发展之间的矛盾"。同年，阿里巴巴文娱集团王平在第23届上海电视节上提出"泛文化"概念，并将泛文化节目定义为以文化为基本属性，以知识分享、智慧输出、精神愉悦为基本使命的类型节目。2018年全国两会上，腾讯首席执行官马化腾提交了《关于推动"科技+文化"融合发展打造数字文化中国的建议》，提出了未来腾讯以"新文创"为口号的内容生态布局，致力打造中国特色文化IP。这些都为文化类综艺节目提供了"泛文化"的大环境。

文化类综艺节目，是业界的俗称，目前还没有官方的界定，主要指以中华传统文化和精神为内核、以娱乐时尚表现手段为外衣的综艺节目。

事实上，文化类综艺节目发轫于2000年年初，只是最近才活跃于大众视野中。从2001年的《电视诗歌散文》到《百家讲坛》，这些文化节目定位为精英文化，如阳春白雪，曲高和寡，在竞争激烈的电视浪潮中惨遭淘汰。2005年，改版后的《百家讲坛》深受观众喜爱，成功地打造了一批学术明星。在刮起一阵"讲坛风"后，2013年，《汉字英雄》闯出了一片收视蓝海，随即各种关于文字、成语的文化节目你方唱罢我登场，即便出现明显的同质化现象其市场热度也不减。不管是政策导向还是媒介生态的自净，抑或是观众口味的更替，总之，2016年开始文化类节目如雨后春笋般遍地开花，大规模、系统性、多类型的文化节目强势崛起，并形成了各个垂直领域的IP。例如，中央电视台的《朗读者》《国家宝藏》《中国诗词大会》，山东卫视的《国学小名士》，湖南卫视的《儿行千里》《百心百匠》《声临其境》，东方卫视的《诗书中华》《喝彩中华》《本草中华》《唱响中华》的"中华系列"，北京卫视的《非凡匠心》《我是演说家》，江苏卫视的《阅读·阅美》，浙江卫视的《中华好故事》《汉字风云会》等，在全社会刮起了一阵文化热潮。①

---

① 毕啸南：《大娱乐时代结束泛文化时代开启——2017中国综艺节目年度盘点》，《中国电视》2018年第3期。

虽然文化类综艺节目广受好评，但此类节目的收视与其他类型综艺节目仍存在不小差距。那么，泛文化背景下的文化类综艺节目该如何力争持续发展成为"现象级"的节目呢？我想首先应该分析一下文化类综艺崛起的主要背景以及市场不太理想的原因。

二、文化类综艺节目崛起的主要背景

文化类综艺节目的崛起除了离不开政策的引导与市场的求新之外，更主要取决于观众。有数据显示，文化类综艺节目的主要消费群体是青少年与青年，其态度热忱，热情极高。正值小学、初中、高中的学生自然对节目中出现的相关知识不会感到陌生，不仅能通过节目来检验自己的知识掌握情况，还能拓展补充现有知识框架。而对于出身社会的青年而言，即便是来自三四线城市的小镇青年也大多受过九年制义务教育，文化类综艺节目能勾起他们学生时代的回忆，反而倍感亲切，而历经生活后深觉"知识就是力量"的他们也乐意从中汲取养分。不过单靠青年观众的力量，这类节目是不能遍地开花的。能在全社会激起波澜，说明它切中时脉，引起了全社会的共鸣。

根据使用与满足理论，观众对节目的选择是具备主动性的。这背后除了浅层的娱乐审美动机之外，更深层的原因在于心理诉求。所谓"一千个读者，就有一千个哈姆雷特"，不同观众其观看动机可能不同，但一定存在共通的心理、态度交集，也即是一种社会转型时期背景下的集体心理寻唤。所谓"社会公众的集体心理寻唤"是指社会公众内心深处所渴望存在而在现实生活中却缺失的一种具有理想色彩的精神、信念及生活状态等。从某种意义上说，这种集体心理寻唤是某个社会思潮甚至是某种社会变革的先声和社会基础。①

---

① 刘建新：《社会转型期集体寻唤心理的投射——〈蜗居〉热播的受众社会心理分析》，《兰州学刊》2010年第1期。

从大环境来看，当前，中国正处在由计划经济向市场经济、由传统向后现代变迁的社会快速转型时期。曾经的理想、道德和信念在物质财富和现实环境的挤压下开始动摇，逐渐失去其主导地位。各种价值观念的诞生、涌入造成了价值的紊乱，使社会和个人陷入一种道德失落的状态，随即引起社会道德失范现象。在思想文化领域即表现为信仰危机和精神疲软的问题；在微观的个体行为层次，则呈现出行为方式矛盾性、浮躁性和表现性的态势。而从民众的实际生活状况来看，行业竞争日益激烈、生活节奏越来越快、人际关系紧张复杂，使得现代人背负了巨大的精神压力，浮躁而焦虑。根据马斯洛需求层次理论，当人们满足了基本的生理需求和安全需求之后，顺次进入第三层次的情感和归属需求。所以真情实感空缺、心灵普遍处于"缺氧"状态的人们亟须得到精神的慰藉[①]，流露出对社会的公正与良序，人世的温情与关怀的渴望。

相比其他浮华的娱乐节目，文化类综艺节目在快节奏时代为观众开辟了一方"净土"，营造出一种"慢生活"氛围。让大众开始逐渐欣赏并赞许节目所传递的文字美与文艺美，让人们在一片喧闹声中停下脚步、静下心来去倾听世界、思考人生，去感悟生活，去发现周遭的美。而在这个由快到慢、由浅及深的过程中，大众的社会性焦虑得以抚慰。

三、文化类综艺节目市场不太理想的原因

现阶段的文化类综艺节目存在着"叫好不卖座"的问题。据《2017腾讯娱乐白皮书》，在收视率、网络播放量以及播放热度三个排行榜中，文化类综艺节目均未入前十的排名。观众一面称赞褒扬文化类综艺节目对正能量的传递、对文化的传承，一面又青睐以酷炫视听与强情节取胜的其他类型综艺

---

① 雷莹：《文化引领，推陈出新——2017年电视综艺节目观察》，《传媒》2018年第7期。

节目，认为围绕常见的汉字、诗词相关的文化素材进行听、写、读、说的单一模式枯燥无趣。

　　要使文化类综艺节目兼顾文化与娱乐的双重属性，并使二者相得益彰实属不易。单就其名字来看，文化类综艺节目先天就存在着自我矛盾。综艺节目代表着大众文化，而文化则常常指代精英文化、高雅文化。主要本着学习动机的人往往不屑于在综艺节目的娱乐形式中挑选知识，而主要抱着娱乐目的的观众又容易因为现阶段文化类综艺节目中出现与课本相似的内容而勾起被教化的回忆，进而对其产生反感甚至排斥。所以，深入浅出的节目呈现方式就显得尤为关键。而从文化类综艺节目的制作来看，我国综艺节目起步晚，而文化类综艺节目作为我国独有的节目样式，其正处于成长阶段，经验不足也在所难免，稍有不慎就会落入被高知分子批评、被市民大众排斥的尴尬境地，使得制作团队难以把握合适的度并进行施展发挥。与此同时，很多致力于及时获得最大投产比的资方则将投资目光转向了炙手可热的"流量型"综艺节目。这些均使得文化类综艺节目缺乏雄厚的资本支撑与节目制作经验丰富的团队。进而导致了一些文化类综艺节目投机取巧，为了绕道各种限令、借政策之便匆匆"上马"，或者为了迎合市场动向，一边打着文化旗号一边邀请明星助阵，实则利用粉丝效应来博取眼球。如此必然既使当前文化类综艺节目的生态环境陷入恶性循环，又会影响文化类综艺节目的孵化与长远发展。

四、泛文化背景下文化类综艺的出路

（一）葆有文化类综艺节目自信

　　提到文化类综艺节目的自信首先要葆有对传统文化的自信，深刻理解这种自信。中国传统文化历史悠久，源远流长，5000年的灿烂文明孕育了数不胜数的文化瑰宝。而每当节目与"文化"二字沾边，观众不禁会觉得格调很高，但另一方面也容易陷入深奥、枯燥的刻板印象。而后现代社会背景下，大多数人对中国优秀传统文化的重视程度相对薄弱。尽管"文化自信"的概念被反复提及，也得到了群众的肯定与赞扬，但大众往往停留在随大流的人云亦云上，没有得以广泛践行。倘若不能从内容上真正认识、理解我国的优秀传统文化，就很难发觉其精髓与魅力，文化自信无疑会成为空谈，观众也难以静下心来从文化类综艺节目中去汲取养分、增长见识，更不会发自内心地想传递与分享给身边的人，也就难以在全社会形成相对稳定的文化风潮。

除了葆有文化自信外，也要对文化类综艺节目的前景充满自信。由于文化类综艺节目目前正处于摸索、试错的过程，因此在发展前期，市场可能出现不太景气的情况。从硬件条件来看，科技的进步为文化类综艺节目的创作空间提供了有力的支撑，可以满足节目内容所需的服饰、化妆、道具、场地、舞美以及各种特效。从观众角度来看，文化类综艺节目不存在代沟，可谓老少咸宜，可供全家人共同观看，有利于营造其乐融融的家庭氛围。尤其对于在校的广大青少年而言这是一种课外知识的拓展，既不会让其陷入"追星潮"又会反过来加深其对学习的兴趣；而对于中老年人而言，一来能让他们感到自己没有与时代脱节，二来又能勾起其对曾经读书时光的回忆。从政策角度来看，政府对于文化类综艺节目扶持力度大，制定了利好政策。例如2017年1月国务院办公厅下发的《关于实施中华优秀传统文化传承发展工程的意见》以及随后国家新闻出版广电总局发布的《关于把电视上星综合频道办成讲导向、有文化的传播平台的通知》等都为文化类综艺节目的发展提供了肥沃的土壤。

总而言之，从文化类综艺节目的发展来看，它在短短十几年内进步迅猛，目前正处于上升阶段，尚未迎来它的黄金时刻。而随着整个节目市场环境的净化、观众欣赏水平的不断提升以及制作人的制作水平的逐渐提高，文化类综艺节目未来可期。

（二）用户为主，正视娱乐

文化类综艺节目既要朝着艺术作品的方向发展，也要顺应产业化发展的形势打造出为用户所喜爱的产品。"用户为主"的思想强调的是一种对市场、对观众的主动性，这种意识要贯穿到节目的全过程才能真正打动用户，得到其认可。

所以，坚持以"用户为主"的思想首先要在前期做好充分的市场调研，做到与时俱进、与社会热点紧密相连，从观众最真实、最迫切的需要来把握节目内容。需要注意的是，这个"观众"不一定是被分层的观众，可以是社会大众。虽然"垂直"和"分层"是目前大多数节目制作的新趋势，但文化类综艺节目也能胜任"合众"。大多数观众是在传统文化的背景下成长起来的，都潜移默化地受到了它的影响，对传统文化有天然的亲切感。与此同时，在制作过程中要考虑到观众的审美需求与审美习惯，这样才能加深观众的认可以及卷入度、忠实度。再者，在节目的执行过程中也要摆正姿态，要避免以文化为名、以崇高的身份俯瞰观众、教化观众。不能只站在"我觉得这个不错，值得推荐"的角度，要将问题意识与服务意识作为节目的制作导向并贯穿全过程。最后，也不能单纯地将收视数据等同于观众对文化类综艺节目内容的喜好，这样容易本末倒置。从表面的数据来推测观众行为动机，这样一来存在很大的误差，二来会使得节目制作方一直处于被动追逐市场的地位，无法掌握更多的主动权。所以要借用大数据而不唯大数据，在节目播出后从多个角度对其进行全方位、详细的调研来分析得失从而得到精准对策。

既然要围绕观众来打造节目，这就不能避开观众的娱乐需求。之前在综艺节目里出现的各种过度娱乐化现象而导致的负面新闻，使得文艺评论者、节目制作者面对"娱乐"一词时往往谈虎色变。所以，首先，我们要正视娱乐，端正对娱乐的态度。不能一谈到综艺就将它和娱乐至死、低俗挂上钩，羞于谈起。再者，我们还要正视文化类综艺节目的娱乐性，不能一提到文化类综艺节目就认为其不可与娱乐有任何关系。娱乐是观众正常的需求，不管是高知分子还是市民大众，同样都有娱乐的需要，而娱乐也是我们对于文化类综艺节目的合理诉求。作为文化类综艺节目，综艺是主题，文化是关键词。但其本质还是一档娱乐节目，所以在定位上一定要明确，文化类综艺节目的落脚点一定是综艺。一旦认为文化类节目要"端着"，要向大众传递知识，其呈现方式也会相应变得僵硬，容易引起观众反感。

除了正视观众的娱乐需求外，也不能忽视观众的求知需要。就像饮食一样，人们既有对快餐的需要，也有对鸡汤的需要。但是，求知不等于教化。与其寓教于乐，不如站在观众角度去思考如何让其乐中受教。因此可以选择一个有趣的点入手，将知识一点点渗入节目，然后层层推进，循循善诱，再将知识一点点传递给观众，整个过程要做到"有意无形"。倘若观众本是抱着娱乐的目的来观看节目，却"意外"收获知识，得到升华，让人意犹未尽，甚至醍醐灌顶，会提升观众的好感度。

总之，文化类综艺节目要明确其娱乐节目的定位，它对文化的作用更像是抛砖引玉。但也要切忌过度娱乐，机械的官能刺激只能带来暂时的快感，而只有产生精神上的满足感与获得感才能让观众持续葆有热情。

（三）拓展范围，深挖内蕴

早期的文化类综艺节目拘泥于汉字、诗词，造成了同质化现象，引起了观众的审美疲劳。放眼先秦、汉唐、元明清等各个朝代，文学、医药、手工艺、天文地理等不同领域，都有着丰富的文化资源，都可以为节目提供源源不断的素材。

从观众定向期待视野来看，我们应从优秀传统文化中精选符合当代观众的审美习惯与审美诉求的素材以拉近与观众的距离。而从观众的创新期待视野来看，我们也可以挖掘那些历史上有趣的冷门知识并将其生动呈现，可以令观众耳目一新或者恍然大悟。比如《中华百家姓》追溯姓氏起源、挖掘家族故事，展现了传统家族文化。比如《国家宝藏》，将视点对准文物，通过明星讲述它们背后的故事，让国宝不再是冰冷的物体，让观众知道它们的前世今生，使得国宝会说话，国宝也有了灵魂。再比如浙江卫视的《原来是这样》通过趣味短剧的形式呈现我们如今使用的日常用语在古代不为人知的一面，让人惊呼"原来是这样"。除此之外，从实用性来看，我们既可以选取古代劳动人民的智慧结晶，让我们不仅停留在与古人情绪交流的层面，还能与古人的智慧进行对话；还可以选取与当今时代、社会息息相关，可古为今用的素材，这些可以对观众的生活产生立竿见影的效果，从而实现从节目中到节目外、从线上到线下的深远影响。除了要拓宽节目的主题内容，每一期节目的具体内容也可以围绕主题有所变化，像《国家宝藏》中每一集呈现出不同的内容，既有书画，也有青铜器，还有陶瓷等，既有利于节目样式的创作发挥，也能让观众保持好奇与新鲜感，使得观众从不同文化形态感受到传统文化的魅力风采。①

但需要注意的是，不能因为文化资源丰富就像蜻蜓点水一样，简单冠上各种文化资源之名，而没有深入研究与呈现。否则也会浪费我们的文化资源，除给观众造成"名不副实"的印象外，还有损大众对传统经典文化的记忆。所以，除了拓宽素材的范围和角度外，还要从"言"上升到"意"，从表面挖掘其深层内蕴，从通过竞技考察知识储备量转变为对知识内蕴的深入理解与纵向关联，使得这些文化能古为今用，让观众能学以致用。这点《唐诗风云会》里的唐诗流韵环节中的"处境生句"就做得很好，它不仅考验选手对古诗词的记忆存储量，还考察了选手对古诗的理解和运用能力。相对于单纯的记忆输出，这种方式更体现选手的能力，也更能升华观众对内容的理解。

正所谓"得意而忘象"。对文化内蕴的深层挖掘意味着从本质到现象，这样反而可以给内容、形式提供更大的发挥空间，创作者可以放心大胆地去探

---

①　刘峰：《承载、创新与引领：试论综艺节目文化属性的构建》，《电视研究》2017年第8期。

寻、重组、创新，从而打造出丰富多元、意蕴深厚的节目，为不同的内容提供展示、交流的窗口与平台。例如，与西方认同的"二元对立"的思想不同，中国传统精神虽然对动静、虚实、刚柔等二元概念有所侧重，但历来强调二元同一、和谐共存。这些精神影响了中国人的性格、观念以及待人接物的态度，进而影响了他们艺术作品的呈现。所以，中国传统文化作品背后的意蕴也是一种哲学的变体。留白的水墨画、空灵的诗境、写意的戏曲等无疑不是"道生万物、道法自然"的中国传统哲学思想的体现。而把握了深层内蕴后并以其作为主脑，便可拓宽素材的找寻空间。比如可以从中西文化内蕴进行比较的角度，在中国的戏曲与西方的戏剧、中国算术与西方方程式、中医与西医等领域展开素材的搜集，反向提炼出蕴藏其中的深层哲学思想。这些与大众生活息息相关的知识能使得观众感到熟悉，而其背后的文化意蕴又能让观众更新其认识，加深对其的理解，从而拓宽、提升大众的眼界与思维，还能对观众的生活产生实际效用。而对于这些思想在当代的变迁、交融的探讨，对大众的人生观、价值观以及文化的传承、比较也有重要的意义与价值。

但是，切不能以体现文化的意蕴为借口而刻意做得佶屈聱牙、难以理解，然后将收视不佳归因于观众文化水平不够。文化内蕴不代表晦涩难懂。正所谓，道"执大象，天下往"，它虽高于万物，却又在万物中体现。真正能够把握意蕴就能驾驭贯通各种内容与形式，从而深入浅出地将传统文化意蕴植入人心。

（四）因"材"制宜，强化优势

从内容与形式的结合来看，以传统文化为素材不是照搬文献材料、书本知识，而是巧妙地将文化融入节目。不管是从横向拓宽素材范围，还是从纵向深挖素材内蕴，都要将节目的特点特色搭配合适的形式有效地发挥出来，否则难以实现其价值。《中华百家姓》将视点转向我国的姓氏文化，颇为新颖，但是其市场转化率却较低。主要是因为它没有探寻到姓氏文化中的有趣点，也没有深挖各个姓氏的故事来源与谱系发展。更重要的是，该节目采用演播室圆桌讨论的形式，不能生动立体地呈现"姓氏"这样扁平的内容，更像是自说自话，难以让观众参与进来。所以，这要求制作者既要明白节目内容的闪光点，也要看到其弱点，顺应电视节目的形式要求、找准定位，并根据节目素材适当增删节目体量，突出自己的特点、树立自己的品牌，从而区别于市面上其他文化类综艺节目。

相比之下，《儿行千里》则表现不俗。该节目将家书作为素材，精选平凡、伟大的故事并"娓娓道来"。对书信背后故事进行情景再现并请来当事人进行现场采访，全方位呈现了书信的成文背景和缘由，揭露了主人公当时的心境，挖掘了它多年来对写信者与读信人乃至其他人的影响。将文字化的体裁变成了具有观赏价值的节目，带领观众一同走进书信的过往，击中观众的情绪点，引起其同频共振，有别于刻意的煽情。而一封封真实、接地气的书信，从一个小切口打开了人类共通的情感体验，无论是对父母与孩子之间的爱与矛盾的感同身受，还是对岁月的流逝的感叹与缅怀，抑或是对生与死的恢宏主题的追问与思考，都是观众普适、真实的心理的呈现。进而营造出深于表层的氛围，形成与观众的情感互动，满足人们对于缺失情感的渴求。①

从节奏角度来看，目前强情节、快节奏是综艺节目市场的主流。但文化类综艺有其自身特色，不必随波逐流。营造安静祥和的氛围，与以往快节奏的综艺节目形成鲜明的对比，打造出差异化竞争策略，一样可以从一片拍灯声和转椅声中杀出重围。安静是一种力量，所谓"神静则清""静极则远"。文化类综艺节目中的慢节奏可以让人安定、沉静下来，进而感悟他人的劳动智慧、感受变迁的时代与醇厚的文化，审视自己的人生与心灵，让人在精神层面达到共鸣之后开始冷静与沉淀，由此提升节目的思考价值。这股

---

① 徐冠群：《文化类综艺节目发展特点与走红原因探讨》，《新闻研究导刊》2018年第20期。

"缓慢"的力量，一定程度上缓解了整个社会的集体焦虑，也为人们逐渐亏空的心灵添加了些许养料。[①]它既切中了当下年轻人的脉搏，又不紧不慢地指向了自给自足的传统农耕文化与自由的老庄思想，这无疑也是一种对传统文化内蕴的阐释方法。

从视听角度来看，综艺节目一直都是视听并重的，而早期遍地开花的真人秀、才艺秀等节目尤其强调视觉上的新奇与豪华。但文化类综艺节目是否可以根据具体的节目素材来对视觉或者听觉层面有所侧重呢？事实上，近两年强势崛起的语言节目就是对听觉的一种重视。例如《我是演说家》《超级演说家》《开讲啦》，诵读节目《朗读者》《一本好书》等，都呈现出一种由视觉转向听觉的趋势，一种由浅层娱乐指向深层思考的发展走向。相比图像世界而言，声音更能引起人的想象，仿佛品读文学作品。听声音会经过大脑思考、联想，过滤掉无用信息，有所选择地接受。这样的锻炼有利于观众的独立思考，且对待所接受的信息会更加专注，使思维能力得到提升。

事实上，中国传统文化起源之初也是以听觉文化为主。在中国古典文化中，"听"的意义就在于让人与宇宙万物达到气息感应，要达到中国传统文化的最高境界——"天人合一"，听者需要在黑夜中屏气凝神。视觉文化虽然具有更为鲜明的工具性，更容易表达，更符合现代生活的要求，但是听觉是一种内在的能力，比视觉更接近人类的童年和人的本性，更易于抵达智慧。[②]如此看来，由视觉转向听觉也是一种创新手段。这既是对传统文化提倡的思辨精神的一种回归与传承，也是观众从浅表娱乐开始走向精神快乐的进步表现。

---

① 雷莹：《文化引领，推陈出新——2017年电视综艺节目观察》，《传媒》2018年第7期。

② 曾斌、易丽君：《重返"听觉"：听觉研究中的众声协奏——"听觉与文化"学术研讨会综述》，《江西师范大学学报：哲学社会科学版》2016年第49期。

（五）添加解读人与控场人

经典文化总给人一种高远幽冷的感觉。但如果在有效还原的基础上有趣解读就会发现经典文化的可爱之处。大众文化的关键在于平易近人。所以，文化类综艺节目要抓住观众口味，不单是聘请专家亲临现场坐镇，我想更需要像《百家讲坛》里的那些能够有趣解读的学者或者电视文化学者参与到整个节目的前期筹备与策划中来，既要把握整体的节目方向，也要精选每期节目的具体内容，找到合适的角度作为支点与切口进行文化解读与拓展延伸，从而确保经典文化接地气、通人性。

而除了解读人来把控整个节目的内容外，还需要一位把控节目现场走向的控场人。一档节目在进行过程中主要参照的是节目流程，但是在具体执行过程中，节目也容易"剑走偏锋"、状况百出，容易走向娱乐或者文化的单向度与极端化。这时就需要控场人在节目要越界的时候及时引回主题，并抓住时机抛砖引玉、巧妙升华。这个角色的作用不单要承担起主持人把控流程的作用，还要自行拿捏分寸，把握节奏、张弛有度，对其本身的文化素质修养也有一定要求。例如《天天向上》节目自开播至今，一直是稳居综艺播放量前列，并一直在观众心目中保持着一个健康的娱乐节目的良好印象，其制片人兼主持人汪涵功不可没。他既能把握插科打诨的火候，又能在适当的情景氛围中将传统礼仪、美德巧妙而自然地传递给观众。[1]

四、结　语

泛文化背景下的综艺节目可能对传统文化元素有所引用，这样是否会导致文化类综艺节目的定义模糊呢？这可能正需要文化类综艺节目去解决与回

---

① 刘峰：《承载、创新与引领：试论综艺节目文化属性的构建》，《电视研究》2017年第8期。

答。只有深耕文化、定点辐射，文化类综艺节目才能真正区别于泛文化背景下的其他综艺节目。如何在琳琅满目的综艺节目市场脱颖而出，对于文化类综艺节目而言，是机遇也是挑战。这既是对时代中国呼唤文化自信的一次深切的回应，也是中国传统综艺制作者在创新路上迈出的关键一步。

（作者：罗春晓，中国传媒大学2018级广播电视艺术学硕士研究生）

"现象级"电视综艺节目的发展探析

摘要：在我国电视行业迅猛发展的背景下，媒介技术的革新带动着综艺节目市场的不断前进，催生了"现象级"电视综艺节目的诞生，它不仅以新颖的节目模式、具有独特价值观的内容以及高水准的制作水平成为业界的标杆性节目，推动了电视行业制作水平的进步；更通过强势平台的联合推广、创新的多媒介宣传等新兴手段形成了社会话题甚至是流行文化现象。"现象级"电视综艺节目的成功，实现了电视综艺从"百家争鸣"到"现象级"的蜕变，促进中国电视综艺进入了新格局，本文将聚焦电视综艺节目的时代性和创新性，从多个角度探讨"现象级"电视综艺节目的价值，并结合自身的实践经验归纳总结相关理论，把握"现象级"电视综艺节目对于电视行业发展的引领示范意义，探寻电视综艺节目的未来发展道路，力求使论文既有创新性又具现实意义。

关 键 词："现象级"电视综艺节目；品牌优势；问题探析；创新对策

一、"现象级"电视综艺节目的概况

（一）"现象级"电视综艺节目的界定

"现象级"电视综艺节目在短短几年的时间里飞速发展，呈现出多变和复杂的势态，成为电视圈内曝光率颇高的词语。目前，从现有的专业理论文献来看，对"现象级"没有明确的标准和定义，但从一些实践操作的经验中可以发现，业界对"现象级"已经有了普遍认可的判断标准。

笔者认为，一档"现象级"电视综艺节目，不仅需要通过节目形态的变革、内容结构的创新，利用具有时代意义的整合营销手段，使节目的收视率与话题性有突出表现；还需要时刻关注核心价值观的渗透与输出，形成能够引领行业变革的节目典范，将其影响力渗透到社会各个不同阶层，从而产生强大的社会效应甚至形成独特的电视文化现象。

（二）"现象级"电视综艺节目的特征

1.超前的节目形态

《中国好声音》《爸爸去哪儿》《奔跑吧兄弟》等几档"现象级"电视综艺节目，在节目的起步阶段，通过引进国外优秀节目模式，填补了相关节目形态的空白，成为电视行业新鲜的面孔。国外优秀节目模式所具有的时尚度、娱乐性、专业化等优势都能够帮助节目从众多同质化的节目中脱颖而出，获得电视行业以及全社会的关注，并引起行业的跟风现象。

但仅仅靠外来节目模式去开拓电视市场是不够的，节目的本土化创新和改造更为重要。《中国诗词大会》《朗读者》《国家宝藏》作为后起之秀，把握"内容为王"的核心创作理念，立足于我国国情，积极将本土文化以及时代话题融入节目，形成强大的示范效应。这几档"现象级"电视综艺节目在满足受众日益提高的审美水平的同时，实现了正面价值观的输出，走出了一条立足中华优秀文化的自主创新之路。

2.超群的收视表现

收视率能表现一档电视节目吸引不同年龄段、不同阶层人群收看的能力，是当今电视节目平台方、制作方以及广告商最为看重的数据。换句话说，在电视产业市场化的背景下，收视率是决定一档电视节目能否获得认同甚至取得成功的最直观标准。

表1 2014年电视综艺节目排名前二十（数据来源 CMS50 4+）

排名	节目	频道	播出时间	收视率（%）	市场份额（%）	播出周期
1	中国好声音	浙江卫视	周五	4.191	13.01	季播
2	爸爸去哪儿（第二季）	湖南卫视	周五	3.310	14.44	季播
3	奔跑吧兄弟	浙江卫视	周五	2.353	7.62	季播
4	非诚勿扰	江苏卫视	周六、日	2.330	7.42	周播
5	我是歌手	湖南卫视	周五	2.313	6.14	季播
6	快乐大本营	湖南卫视	周六	2.067	5.64	周播
7	花儿与少年	湖南卫视	周五	1.809	8.30	季播
8	最强大脑	江苏卫视	周五	1.705	7.19	季播
9	中国喜剧星	浙江卫视	周五	1.528	4.38	季播
10	笑傲江湖	上海东方卫视	周日	1.403	4.42	季播
11	天天向上	湖南卫视	周五	1.379	4.26	周播
12	中国梦想秀（第二季）	浙江卫视	周五	1.353	4.21	季播
13	女神的新衣	上海东方卫视	周六	1.313	4.10	季播
14	中国达人秀	上海东方卫视	周日	1.306	4.12	季播
15	妈妈咪呀	上海东方卫视	周六	1.262	3.77	季播
16	中国好舞蹈	浙江卫视	周六	1.225	3.82	季播
17	中国梦之声	上海东方卫视	周日	1.190	3.86	季播
18	12道锋味	浙江卫视	周六	1.163	3.41	季播
19	一年级	湖南卫视	周五	1.096	5.12	季播
20	我是演说家	北京卫视	周六	1.072	3.32	季播

2014年是几档"现象级"电视综艺节目同台竞技的综艺大年，从表1可以看出收视率名列前茅的"现象级"电视综艺节目在全国网收视率都能够轻松完成过2%。虽然近两年，电视受众受到网络平台的抢夺，但几档"现象级"电视综艺节目依然能够凭借优质内容，不断巩固核心竞争力，保持良好的收视水平。

3.轰动的大成本制作

从《中国好声音》到《我是歌手》《爸爸去哪儿》，如今综艺节目的竞争策略已经大大不同于前一代综艺节目，一个重要的指标就是以高昂投入获得版权方授权的节目模式，甚至获得原版团队的"制作宝典"，或是得到原版团队的直接指导。但版权的引进本身需要"烧钱"，而且在具体制作以及进行本土化包装等过程中，还需要继续投入大量的人力与财力，从而保证节目的专业表现与高品质呈现。

4.丰厚的经济效益

"现象级"电视综艺节目的大成本制作不仅仅能够为节目的精彩呈现保驾护航，还能够为节目带来巨大的经济收益。随着"现象级"电视综艺节目取得的社会影响力不断上升，其广告商冠名赞助的费用也一路飙升，带动了电视产业化的发展，实现了平台方、制作方、广告商三方共赢的高回报率。

表2 2014—2017年部分电视综艺节目冠名费统计[①]

频道	节目	2014	2015	2016	2017
浙江卫视	中国好声音	第3季 2.5亿	第4季 3亿	中国新歌声1 3.7亿	中国新歌声2 5亿
	奔跑吧兄弟	第2季 2.16亿	第3季 3.38亿	第4季 5亿	第5季 约5亿
	挑战者联盟	–	第1季 –	第2季 –	第3季 1.6亿
湖南卫视	我是歌手	第1季 1.15亿	第2季 2.35亿	第3季 3亿	第4季 11亿 （含《爸爸去哪儿4》）
	爸爸去哪儿	第2季 3.12亿	第3季 5亿		
	我们来了	–	第1季 4亿	第2季 5亿	第3季 –
东方卫视	极限挑战		第1季	第2季 3.5亿	第3季 4亿
	花样姐姐		第1季 8000万	第2季 7000万	第3季 1.2亿
	欢乐喜剧人	–	第1季 无冠名	第2季 8000万	第3季 2.5亿
江苏卫视	最强大脑	第1季 6000万	第2季 2.5亿	第3季 2.5亿	第1季 2.5亿

① 彭侃：《2017年综艺市场前瞻：收益下滑，风口在哪里？影视产业观察》，http://www.sohu.com/a/129122467_613537。

5.卓越的社会影响力

自2005年湖南卫视推出的选秀节目《超级女声》火爆后，综艺节目所制造的相关话题能够获得的强大社会关注度，受到了电视行业的重视。社会关注度的直接体现便是收视率，但并不是制作精美、专业化程度高的节目就一定能获得高收视率，更重要的是节目所传达的理念是否反映了受众的需求、能否与观众产生共鸣，形成广泛的话题讨论——话题性是节目社会影响力的主要动因。

表3　2017年第一季度部分综艺节目热度排行榜指数（WII-VS）[①]

序号	节目名称	新闻热度	社交热度	视频热度	WII-VS
1	《歌手》	272.97	391.59	481.14	1145.70
2	《我们的挑战》	308.33	336.54	469.01	1113.88
3	《王牌对王牌》（第二季）	200.94	323.39	498.18	1022.51
4	《最强大脑》（第四季）	262.03	285.09	468.54	1015.65
5	《向往的生活》	204.45	367.97	419.94	992.36
6	《我们十七岁》	207.49	331.44	452.20	991.13
7	《欢乐喜剧人》（第二季）	206.54	261.31	466.28	934.14
8	《中国诗词大会》（第二季）	298.59	298.70	327.54	924.83
9	《欢乐中国人》	223.76	329.00	348.14	900.90
10	《24小时》（第二季）	197.07	271.10	409.00	877.18
11	《朗读者》	206.54	292.26	376.96	875.76
12	《中国式相亲》	200.72	218.81	398.39	817.93
13	《越野千里》	212.64	290.54	213.74	716.91
14	《熟悉的味道》（第二季）	154.89	223.43	333.30	711.62
15	《为你而来》	180.93	144.68	348.35	673.95

[①] 丁一：《从综艺节目热度排行榜，看节目品牌正负舆情》，https://www.sohu.com/a/128143867_497339。

实际上，"现象级"电视综艺节目的核心竞争力源于它所反映的价值观，节目制作不仅需要满足受众的娱乐心态，更需要传递出正能量和主流价值观，从而产生更深远的社会影响力。

6.引领行业的标杆性

"跟风现象"在电视行业屡见不鲜，尤其是在几档"现象级"电视综艺节目凭借专业表现与新颖的节目模式，首次登陆电视荧屏，便实现了节目模式、收视率、社会话题等多方面的引领，其傲人的收视成绩和社会美誉率带动了后续一大批同类节目的模仿，造成了综艺市场同质化的现象。例如《中国好声音》带出了《中国好歌曲》《中国好舞蹈》《中国最强音》；《我是歌手》后还有《全能星战》《我为歌狂》；《爸爸去哪儿》之后有《爸爸你好吗》《闪亮的爸爸》等。

（三）"现象级"电视综艺节目的成因

1.受众因素——新媒体时代下的变革

在新媒体浪潮的冲击下，传统电视节目的收视率渐渐显得力不从心，这也督促了电视媒体人的反思。电视综艺节目创作者重新审视电视媒体与受众的关系，对电视综艺节目进行大胆改革。电视综艺节目创作者凭借传统媒体的市场主导地位，抓紧"内容为王"的电视节目创作内核，在节目模式上积极创新求变，不断全方位加强节目制作的专业性，逐步淘汰了很多陈旧固守的节目创作范式，"现象级"电视综艺节目应运而生。

同时，借鉴新媒体的成功经验，以平易近人的姿态深入人们的生活中寻求话题，并逐渐将网络转变为电视节目重要的营销平台，增强电视节目与观众之间的互动性，提高观众对节目话题的参与度，实现获取差异化受众的普遍关注，逐步将观众初期的收视兴趣潜移默化地转变为对该节目甚至对相关频道的长期稳定的收视习惯，从而扩大了受众群体，逐步实现了综艺节目的品牌构建。

2.制度因素——制播分离催生的产物

我国电视节目领域针对制播分离的改革已推行多年，2009年6月广电总局下发《关于推进广播电视"制播分离"改革（修改稿）》，同年8月，广电总局颁布《关于认真做好广播电视制播分离改革的意见》，之后，无论央视还是各大卫视都在不同程度上尝试制播分离的节目创作模式，积极推行开门办电视，引进社会化资本、民营制作公司、广告营销公司合作。

2012年横空出世的《中国好声音》，灿星与浙江卫视采用了"收视对赌，广告分成"的新商业模式，对国内电视节目市场的震撼堪称具有划时代的意义，提升了社会化制作机构与播出平台方的平等话语权。[①]以制播分离的方式创作电视节目让大制作综艺节目的出现成为可能，通过制作模式的转变能够给予市场更多的空间，对规范电视行业市场有一定的调节作用。此外，在制播分离的合作方式下，制作和播出平台双方都需要对节目负责，这在一定程度上保证了节目的质量，提升了电视节目的制作水平。

3.品牌因素——强势平台的品牌意识

在综艺节目愈发受到电视受众关注的今天，准确构建平台定位与独特属性，借力优质综艺节目获得电视受众关注度，从而加强平台品牌形象，全面提升平台实力与影响力，已成为各大省级卫视求生存、谋发展、创新高的一条必由之路。

各大强势电视台的品牌差异化定位是平台品牌建构的关键。电视媒介的差异化定位分为受众差异化、内容差异化和品牌个性化三个步骤。[②]纵观在各大卫视抢夺收视群体的过程中能够脱颖而出的几个强势平台，着力点是寻找到适合自己的品牌化之路，能够通过立足本土、结合实际，对平台定位进

---

① 方卓然：《制播分离三大主流商业模式全揭秘》，http://dvb.lmtw.com/Market/201512/124306.html。

② 卢彦舟：《省级卫视品牌经营的困境及突破路径——以湖南卫视、浙江卫视为例》，《新闻爱好者》2015年第9期。

行准确分析，积极推陈出新，而其中能够创作出质量上乘的综艺节目更是成为镇台之宝，不仅能够为其品牌化经营带来丰厚的利润，同时能够进一步促进平台全面加强其品牌实力。

二、"现象级"电视综艺节目的现状

（一）进入"后现象级时代"

国内综艺市场发展到今天，随着电视创作者不断地创新与挖掘，综艺节目的题材以及类型都呈现出多元化面貌，也让中国电视综艺格局愈加错综复杂。但在"注意力经济"以及有限电视资源、资金投入的束缚下，电视媒体人想要经受住政策调控的风险、突破现有的综艺格局，再创作一档"现象级"电视综艺节目可谓是难上加难，电视综艺正在朝着"后现象级时代"迈进。

"现象级"电视综艺节目在获得稳定受众以及良好口碑之后，制作"第N季"已经成为电视台保证稳定收视率、节约资源成本的一大法则。"综N代"依托成功的模式，其强大的吸金和吸睛能力仍旧不容小觑，但面对受众所产生的审美疲劳，品牌节目收视率与口碑的下降，是其面临的严峻问题。电视节目创作者逐渐将创作目标转向了更为精准化的受众市场，加大了综艺市场节目的垂直细分力度，改编热门IP类节目打响，喜剧类节目暴发，明星跨界、体育竞技、美食、家装、户外旅行、宠物等类型节目层出不穷。垂直类综艺的出现，有效地以目标受众的需求为基础进行节目的搭建与研发，但细分下的市场容量与观众需求不足以支撑节目成为"现象级"，能否坚持原创不断提高节目品质，成为具有持久战斗力的综艺节目，还需要节目创作者们不断地打磨。

2015年以来，在广电总局政策的调控下，文化类综艺节目逐渐发力，以"润物细无声"之势成功逆袭，凭借传统文化的独特魅力与深厚底蕴，从众多泛娱乐化的综艺节目中脱颖而出，成为电视荧屏上一道亮丽的风景。2013

年，中央电视台《中国汉字听写大会》、河南卫视《汉字英雄》等原创文化类综艺节目相继面市，生动地展现了中华传统文化的独特魅力。2013年年末广电总局下发的《关于积极开办原创文化节目弘扬和传承优秀传统文化的通知》以及2016年《关于大力推动广播电视节目自主创新工作的通知》，进一步推动了文化类电视综艺节目在综艺市场中不断升温，《中国成语大会》《中国诗词大会》《朗读者》《国家宝藏》等一批精心打磨的原创文化类综艺节目获得了观众以及市场的认可。

"现象级"电视综艺节目以"大投入，高回报"冲出综艺娱乐乱象的困境，引发了行业的广泛效仿、跟风现象，但综艺节目工作者已经开始认清现实，"现象级"电视综艺节目的"大投入"并不适合所有平台，而且机械地对节目模式进行抄袭、跟风，不仅会造成制作水平低下，娱乐文化品位失衡等问题，更会导致综艺节目市场走向"泡沫危机"。在招商及收视的双重压力下，综艺节目工作者们正努力汲取着品牌节目的成功经验，寻求适合自身的综艺节目发展道路，从而在"现象级"电视综艺节目的带动和引领下，为成就综艺市场新景象添砖加瓦。

（二）"现象级"电视综艺节目出现的问题

1.创新性不足，"综N代"制作陷入疲软

相同的节目形式以及程序化的呈现方式，容易让受众产生审美疲劳，使节目陷入难以为继的疲软局面，虽然"现象级"电视综艺节目"综N代"的核心价值意识和原创动力在不断加强，但是对本土文化的挖掘和处理手段都还不够新颖，仍然存在对于国外节目视听语言、后期包装等方面的模仿，"换汤不换药"的创新方式对节目的发展来说存在着巨大的危机。此外，节目模式的版权争议以及广电总局"限模令"对节目模式引进的明确限制，造成了以《中国好声音》为代表的一批节目的被动改造。

受网络综艺节目强势发展的影响，台网联动、新媒体推广等形式的节目营

销手段成为"现象级"电视综艺节目收回成本、增加收益、巩固受众群体、提高影响力的途径。但是，缺少有效创新文本，盲目跟风的新媒体营销，不仅难以形成有效的宣传效应，还会给动辄上亿资本投入的品牌节目带来负担。

2.过度娱乐——节目品味遭质疑

自20世纪80年代末，后现代主义思潮进入中国，在其解构、嘲讽、反传统的影响下，一直为中国知识分子所崇尚的精英文化的主流地位开始被大众文化所动摇。为了获取受众注意力，电视综艺节目最先走向大众化，引领业界开始将电视作为一种消费文化来塑造。[①] "消费文化"的关键是架构注意力经济，这影响了电视综艺行业过于关注节目"娱乐性"的体现，使得电视屏幕上演绎着一种扭曲的"狂欢文化"现象，缺乏正确价值观的输出。

过度依赖"明星效应"的问题在电视综艺行业中普遍存在，一部分以明星为阵容的"现象级"电视综艺节目，明星片酬占制作预算的比例不断提高，使得节目的专业表现受到了影响。此外，为了迎合电视受众的猎奇心理，一些制作团队甚至将暴露明星或嘉宾、选手的个人隐私作为卖点，还有的甚至不惜造假、编故事，各种炒作的形式被节目组"灵活运用"，不仅欺骗了观众，也完全偏离了电视媒体需要成就核心价值导向的职责。

3.国情民情复杂，社会效益难控

对于不同阶层、地域甚至民族的人群来说，电视综艺节目产生的效益有很大差异，观众对节目中表现的历史文化、生活行为方式会产生不同的理解与感受。来源于"后现代"理念的"真人秀"类综艺节目，在话题制造的过程中，过于强调"狂欢文化"中乌托邦式的娱乐体验，反而缺乏对主流价值观的谨慎考量，对于社会效益的把握往往会引发质疑。

为了能够引导综艺市场的良性发展，广电总局相继颁布了"限娱

---

① 李英杰：《后现代背景下的大众文化》，硕士学位论文，天津师范大学英语语言文学，2007，第8页。

令""限模令""限星令""限童令"等限令，试图规范综艺节目行业的创作环境，加强具有社会效益的优秀节目的发展。一系列的限制让综艺节目市场的格局不断变化，其中对纯明星节目的调控影响了大部分的"现象级"电视综艺节目，为了能够避免从电视平台下架，全明星节目皆选择加入素人参与，但素人能够形成的娱乐元素难以挖掘，在节目中往往成为摆设难有参与感，反而对同样是普通人的观众造成心理上的不适，使节目的影响力大打折扣。

4.唯市场化，资金投入压力大

随着国内电视综艺市场竞争的白热化，唯收视率论和泛娱乐化成为电视生态中的负面产物。由于受到"现象级"电视综艺节目大投入、高回报、高收视率的诱惑，综艺节目创作团队开始拼抢国外模式、拼抢明星，从而夺取观众有限的注意力、吸引广告商投资，逐渐造成了电视综艺市场资本乱流的潜在危机。

"现象级"电视综艺节目购买海外版权的巨额费用是节目制作成本上升的重要原因，在唯市场化的节目模式交易下，不断攀升的模式成本，成为品牌节目创作团队的沉重负担。国内制作公司与国外节目模式版权合同一般有效期是三年，每年续约一次，随着节目在中国电视市场获得成功，国外团队对于节目模式授权的要求也显露出了贪墨之风。由于购买节目模式版权耗费了大量资金，使得电视综艺创作团队不得不依靠提升广告份额来填补节目运作所需要的资本，这就引起了节目过度作秀、品位缺失、创意匮乏等泛娱乐化的问题出现。

三、"现象级"电视综艺节目的发展对策探析

（一）承担"寓教于乐"的价值导向责任

1.引导正确的娱乐审美

美学家李泽厚在《美学四讲》中提出，美感有三个层次：悦耳悦目、悦心悦意、悦志悦神。[①]根据以上三个层次，综艺节目的创作首先需要呈现视听盛宴，满足感官体验；其次需要以"受众本位"的创作理念，贴近现实、体现人性，让观众能够对节目感同身受；最后，需要有核心价值观以及人文内涵的体现，从而培养和提高观众的审美品位。

近年来，网综节目依托新媒体平台包容性、互动性强的特点，创作出时尚度高、趣味性强、话题衍生能力持久的节目。网络综艺的蹿红，让部分电视综艺创作者产生了投机心理，对节目的娱乐审美导向缺乏把控，导致节目失去核心价值。

"现象级"电视综艺节目团队作为行业标杆必须坚守媒体人的责任与义务，在创新节目娱乐形态的过程中立足品牌内涵，不断挖掘品牌价值；在寻求社会关注度和经济效益的同时，将完成"真、善、美"的电视节目审美功能作为准则，不断提高节目的文化内涵与审美价值，从而引导受众形成正确的审美品位。

2.提升节目的品味与内涵

时代和环境塑造了电视受众的审美心理与娱乐需求，随着我国电视受众文化程度与电视品味的不断提高，单纯地为了追求收视或博取眼球而刻意渲染娱乐效果的综艺节目难以获得长久的生存力。"一切公众话语日渐以娱乐的方式出现，并成为一种文化精神。我们的政治、宗教、新闻、体育、教育

---

① 谷方：《从〈美学四讲〉看李泽厚的美学观》，《文学评论》1992年第3期。

和商业都心甘情愿成为娱乐的附庸，毫无怨言，甚至无声无息，其结果是我们成了一个娱乐至死的物种。"①

为了避免走入"娱乐至死"的极端娱乐化综艺的死胡同，"现象级"电视综艺节目在创作中应着力体现节目的文化内涵。作为节目的把关者和创作者，综艺节目团队需要不断积累人文知识，提升文化素养与艺术修养，注重精神价值与审美品位的追求，从而通过丰富的艺术表达能力，规避情感单薄、雕饰技巧和趋炎附势的创作，将娱乐性与文化品位进行有效融合。

3.体现电视文化软实力

电视媒体作为大众传播媒介，虽然受到了新媒体崛起的冲击，但在以"内容为王"的媒体领域，电视媒体仍旧依靠优质内容的制作主导着优秀文化的传播。由于国外节目模式的引进，我国综艺市场的原创能力一度呈现低迷状态，渗透着国外文化的综艺节目频频在荧屏上出现，弱化了受众心中我国本土文化的自信度与自豪感。在不同国家文化交融碰撞的背景下，我国电视综艺行业不能坐以待毙，必需重塑中华优秀传统文化的价值，凝聚形成电视文化软实力。

"现象级"电视综艺节目作为行业标杆，有义务加强对本民族优秀文化的传播与保护，为繁荣发展社会主义文艺、提高国家文化软实力作出积极贡献；要带头提升对综艺节目自主知识产权的保护意识，努力开辟出"文化担当，文化创造，文化输出"的文化软实力的输出道路，让传统文化在媒介技术的助力下焕然一新，显露出独特的生命活力，将体现中华文化特色的优质节目推向国际舞台。

---

① 尼尔·波兹曼：《娱乐至死》，章艳译，广西师范大学出版社，2010，第6页。

（二）进一步探寻专业性表现

1.理性看待"受众本位"理念

"受众"是大众媒介传递信息的接收者，随着社会物质文明的不断发展，理性看待"受众本位"的创作理念是电视综艺节目得以获得专业性表现的基本准则。

中国电视受众群体复杂，其审美偏好和需求也不尽相同，对受众定位的精准分析显得尤为重要。随着综艺市场朝着多元化类型节目发展，以及网络综艺节目的大行其道，电视综艺节目受众被分流的态势不可避免。"现象级"电视综艺节目作为行业翘楚，需要牢记"以人为本"的创作理念，勇于创新与尝试，积极进行常态化的目标受众定位，挖掘观众对优秀文化的认同感与审美需求，不断强化电视作为大众媒介的专业性表现。

2.提高从业者的专业及文化素养

随着制播分离创作模式显示出风生水起的态势，各大平台为了减少资金风险，纷纷采取了与各类节目制作公司合作的运作方式。这就造成了节目制作团队人员庞杂，专业素养难以控制的现象。

实际上，不少节目的核心主创在选择的灯光、舞美、摄像、后期等制作团队时缺乏考核，团队为临时拼凑的甚至团队成员同时承接了多个项目的现象也都存在。此外，专业素养与社会责任心薄弱的"电视民工"并不在少数，普遍以"赚钱"为目标的工作心态以及职业化水准的差距，导致了各个工种在节目的创作过程中，缺乏理解和默契进而造成了隔阂，团队凝聚力的下降也必将影响到节目的长久发展。面对综艺市场快节奏发展导致的快餐式文化，需要媒体从业人员审时度势，对节目专业性的诉求毫不松懈，调动从业人员共同推动行业持续健康发展。

3.寻求政策限制下的出路

如上文提到，我国国情复杂，为了加强电视的优秀文化传播作用，减少电视综艺节目"泛娱乐化"对社会的负面影响，广电总局通过下达相关限制令的手段宏观调控综艺市场的发展。

在时代的背景下，"现象级"综艺节目创作者仍然需要坚持"内容为王"，不断探寻多样性的解决方案，并致力于打破"娱乐至上"的思维禁锢，增强弘扬传统文化等优秀价值观的输出；积极进行节目的调整与转型，进一步加强原创动力，通过垂直细分受众的审美品位，针对不同的受众群体，探索节目内容的切入角度，有机地结合各种创作手段对节目进行相应的创作，形成独特的风格、特色，以及高度辨别性的内容文本，满足差异化的审美需求。

（三）产业链条的优化与升级

1.全媒体覆盖互动营销

在新媒体信息传播方式具有高效、低廉、便捷等特点的背景下，节目制作团队利用网络的力量丰富节目的制作以及宣传形式，强化节目的知名度、增加节目的营销收益已经是必然的选择。

"现象级"电视综艺节目利用多屏互动的形式进行社会化营销已成为新常态，多屏战略可满足人们在不同场景的视频观看需求。另一方面，通过全屏幕覆盖、一云多屏的方式，可以促进节目形成全时段、多维度的曝光，在更全面地展现节目的同时，有效拓展其目标受众，促使电视流量变现。依赖社交平台的互动性能够形成巨大的话题效应，但社会话题制造以及传播有其不稳定性，需要官方推广手段作为辅助。因此，不断革新官方平台新媒体技术显得愈发重要，有效地融入5G+8K直播、H5、3D、VR等新技术，并灵活应用新媒体语境进行节目推广，能够适应不同受众的审美品位，助力全方位营销推广的多样化发展。

2.拓展产业架构链

随着社会主义经济的蓬勃发展，综艺节目产业化发展所带来的利益与利润，激励着品牌节目不断地进行节目价值的挖掘与资源整合，形成具有源动力的产业链条。"现象级"电视综艺节目在策划制作以及宣传推广的实践过程中，不断开拓出版权交易、节目分销，以及衍生产品、全媒体互动营销等一系列综艺产业化发展要素。

衍生产品与内容的开发，是"现象级"电视综艺节目建立多维产业链条的有效方式，通过整合节目内容和艺人、选手等多方资源，提取节目的多元附加值，将节目衍生到周边产品、IP影视剧、大电影、演唱会、音像出版等不同行业。此外，在BAT文化版图的影响下，电视综艺节目应积极谋求深度合作，以及在各个衍生领域的专业化表现，从而形成生态化的综艺产业布局。

3.推进国际化产业运作

在国际化的环境下，中国的电视综艺节目需要考虑如何实现从"模式引进"到"自主研发"再到"模式输出"的转型升级，在充分发挥自身媒介技术、人才优势的同时，承担综艺行业对文化输出的责任，不断提高全球化的传播能力。现如今，我国有不少原创电视综艺节目以新颖的原创模式以及具有情怀的内容制作获得了良好口碑，有的甚至扬名海外获得国际奖项。中国电视综艺市场正逐渐改善国外模式节目独当一面的局面，实现优秀原创作品的反向输出。

正如习近平总书记在多次讲话中所强调："提高国家文化软实力，要努力提高国际话语权，加强国际传播能力建设。"国内文化品牌的培育与输出已然成为增强中国软实力的一大课题。电视综艺节目的制作团队，需要努力遵循"小成本、大情怀、正能量"的原则，在壮大主流舆论的同时，创新题材内容与世界接轨，拓展品牌传播平台，努力走出现有综艺节目的束缚，争取将更多印有"中国文化"标签的优秀节目展现在国际舞台上。

四、结　语

在电视综艺市场迅猛发展的今天，随着受众欣赏水准的不断提高，多元化题材的电视综艺节目不断涌现，在"现象级"电视综艺节目的带领下，电视荧屏的综艺文化现象愈发受到社会的关注，呈现出生机盎然的繁荣景象。然而综艺节目数量的增加分散了观众有限的注意力，缺乏审美品位与专业表现的节目让观众容易产生审美疲劳，节目的生命周期也随之减短，电视荧屏上很难再出现一鸣惊人的"爆款"，以"现象级"电视综艺节目为代表的综艺市场进入了"瓶颈期"。

"现象级"电视综艺节目的火爆，让人们对于电视综艺节目的关注度愈加高涨，而在浮华散尽之后，电视综艺唯市场化发展和过度追逐收视率所造成的恶果也愈加显现。电视综艺节目创作者们需要正视"现象级"电视综艺节目的价值，而不是对"爆款"趋之若鹜；冷静思考电视综艺市场存在的问题，把握未来发展的方向并加以正确地引导与控制；不断全面提升创作团队的专业能力，避免一味地追求节目的商业效益，将综艺节目的制作回归到"以人为本"；努力加强本土化原创力，提升节目文化品位，拓展品牌传播平台；坚守核心价值观的底线，建立具有正能量的综艺品牌形象，为增强我国文化软实力、树立国民文化自信以及推动中国文化走向世界打下坚实的基础。

（作者：彭钟男，中国传媒大学戏剧影视学院2015级广播电视艺术学硕士研究生）

参考文献

一、专著类

[1] 丹尼斯·麦奎尔.受众分析[M].北京：中国人民大学出版社，2006.

[2] 尹鸿，冉儒学.娱乐旋风——认识电视真人秀[M].北京：中国广播电视出版社，2006.

[3] 隋岩.当代中国电视文化格局[M].北京：北京大学出版社，2004.

[4] 尼尔·波兹曼.娱乐至死[M].桂林：广西师范大学出版社，2010.

[5] 赫伯特·马歇尔·麦克卢汉.理解媒介[M].北京：商务印书馆，2000.

[6] 高鑫.电视艺术美学[M].北京：文化艺术出版社，2005.

[7] 胡智锋.中国电视策划与设计[M].北京：中国广播电视出版社，2004.

[8] 李泽厚.美学三书[M].天津：天津社会科学院出版社，2008.

[9] 朱光潜.西方美学史[M].北京：人民文学出版社，1980.

[10] 赵静蓉.文化记忆与身份认同[M].北京：生活·读书·新知三联书店，2015.

[11] 叶朗，美学原理[M].北京：北京大学出版社，2016.

[12] 周宪.当代中国的视觉文化研究[M].南京：译林出版社，2017.

[13] 徐复观.中国艺术精神[M].北京：商务印书馆，2012.

[14] 王玉，乔武涛.电视节目形态解析[M].北京：国防工业出版社，2015.

[15] 李灵.中外电视节目创意与比较[M].武汉：武汉大学出版社，2015.

[16] 罗钢，刘象愚．文化研究读本[M]．北京：中国社会科学出版社，2000．

[17] 克利福德·格尔茨．文化的解释[M]．韩莉，译．南京：译林出版社，1999．

[18] 刘进田．文化哲学导论[M]．北京：法律出版社，1999．

[19] 王岩．语言学视角下语言文字类电视文化节目研究[M]．武汉：武汉大学出版社，2018．

[20] 徐舫州，徐帆．电视节目类型学[M]．杭州：浙江大学出版社，2006．

[21] 杨乘虎．中国电视节目创新研究[M]．北京：中国传媒大学出版社，2014．

[22] 余秋雨．观众心理学[M]．武汉：长江文艺出版社，2016．

[23] 周宪．美学是什么[M]．北京：北京大学出版社，2016．

[24] 苏珊·朗格．艺术问题[M]．腾守尧，译．南京：南京出版社，2006．

[25] 胡经之．文艺美学与文化美学[M]．上海：复旦大学出版社，2016．

[26] 马丁·海德格尔．林中路[M]．孙周兴，译．上海：上海译文出版社，2004．

二、期刊类

[1] 王浩．原创文化类节目与优秀传统文化的传承[J]．青年记者，2017（32）：109．

[2] 高长力．自信才能创新[J]．电视研究，2017（08）：3．

[3] 武欣博．电视原创节目中文化创意的运用策划[J]．吉林广播电视大学学报，2012（04）：101–102．

[4] 冷淞，张丽平．浅析原创大型文化综艺节目《传承者》的成功经验[J]．中国电视，2016（05）：88–90．

[5] 邹加倪．原创传统文化节目创新策略研究——以央视《中国诗词大会》为例[J]．传媒，2016（14）：50–52．

[6] 贾海丽，杨晖．原创文化节目的发展困境与创新路径[J]．青年记者，2016（28）：47–48．

[7] 文卫华，王晶晶．原创文化节目的现实图景与发展路径[J]．青年记者，2017（09）：16–18．

[8] 王华彤．原创传统文化节目为何再度热起来——浅谈传统文化节目热播背后的思考[J]．发展，2017（04）：79-80．

[9] 高鹏．《中国面孔》：文化议题与综艺模式的成功结合[J]．当代电视，2017（05）：66-67．

[10] 张爱凤．原创文化类节目对中国"文化记忆"的媒介重构与价值传播[J]．现代传播（中国传媒大学学报），2017，39（05）：85-90．

[11] 周笑盈．文化类电视节目传承与创新路径研究[J]．创作与评论，2017（10）：75-81．

[12] 谷方．从《美学四讲》看李泽厚的美学观[J]．文学评论，1992（03）．

[13] 赵司迪．原创文化节目《中国诗词大会》的创作分析[J]．戏剧之家，2018（01）：104．

[14] 王哲．文化类电视节目的多元创新思考——以《国学小名士》为例[J]．传媒，2018（07）：75-76．

[15] 张津．媒介融合背景下山东卫视的突围之路探索[J]．电视指南，2018（08）：155．

[16] 张爱凤．2013—2017原创文化节目研究的反思与展望[J]．中国电视，2018（05）：90-94．

[17] 郭天元，田龙过．打造原创节目彰显文化自信——浅析文化综艺节目的创新[J]．出版广角，2018（09）：67-69．

[18] 李薇．原创传统文化节目传播力提升路径[J]．中国广播电视学刊，2018（07）：40-43．

[19] 周灵欣．浅析原创文化类电视节目的兴起及特点[J]．传播力研究，2018，2（26）：25．

[20] 张晶，谷疏博．文化记忆、崇高仪式与游戏表意：论原创文化类节目的美育功能[J]．现代传播（中国传媒大学学报），2018，40（09）：80-85．

[21] 安晓燕．对国内"慢综艺"节目的思考[J]．中国电视，2018（08）：43-46．

[22] 巴东 . 试论文化类电视节目的品牌打造路径——以《朗读者》为例[J] . 新闻爱好者，2017（9）：51–53 .

[23] 冯丹阳，刘海晋蕾 . "编码—解码"理论下文化类电视节目传播策略分析[J] . 中国电视，2018（11）：106–109 .

[24] 胡智锋，邓文卿 . 电视文化类节目创新发展三思[J] . 电视研究，2018（01）：27–29 .

[25] 胡智锋，徐梁 . 留存、体验、创造：电视节目应对传统文化的三种理念[J] . 艺术评论，2017（4）：83–89 .

[26] 李岚，黄田园 . 文化科教类电视节目的创新点与突破口[J] . 中国广播电视学刊，2017（8）：10–12 .

[27] 李宇 . 影视节目制作在新媒介环境中的变革之道[J] . 中国电视，2017（04）：73–75 .

[28] 刘嘉 . 融媒环境下电视文化类节目创新发展探究[J] . 中国广播电视学刊，2018（5）：59–60 .

[29] 刘新业 . 电视文化类节目对中国传统文化的传承与创新[J] . 沈阳大学学报（社会科学版），2017（02）：240–243 .

[30] 王源 . 中华传统文化的具象化传播：原创性电视节目发展的新路径[J] . 西南大学学报（社会科学版），2017（6）：146–154 .

[31] 颜梅，何天平 . 电视文化类节目的嬗变轨迹及文化反思[J] . 现代传播（中国传媒大学学报），2017（7）：87–90 .

[32] 俞虹，蒋锐 . 中国电视的文化价值意义重构与再解读[J] . 电视研究，2018（1）：24–26 .

[33] 陈丽萍 . 文化节目 2.0 时代：双重创新与多重困境——对中国原创文化类节目的分析与思考[J] . 传播力研究，2018，2（13）：25–26 .

三、学位论文类

[1] 杜妍.当下文化类电视节目的创新研究[D].郑州：郑州大学，2017.

[2] 范源博.中国原创文化类电视节目的发展与创新研究[D].乌鲁木齐：新疆大学，2018.

[3] 李英杰.后现代背景下的大众文化[D].天津：天津师范大学，2007.

[4] 蒋婷婷.文化类电视综艺节目的创意与传播研究[D].曲阜：曲阜师范大学，2016.

[5] 靳盼.央视《朗读者》节目中情感表达研究[D].长沙：湖南师范大学，2018.

[6] 戴冰.传统文化类综艺节目的电视传播[D].济南：山东大学，2018.

[7] 苏优优.央视原创文化节目中传统文化呈现与传播研究[D].芜湖：安徽师范大学，2018.

[8] 修丽华.原创文化类电视节目中的国家认同建构研究[D].长沙：湖南师范大学，2018.

[9] 陈亦开.传统文化类真人秀节目的创新分析[D].广州：暨南大学，2017.

[10] 张繁华.现象级文化类电视综艺节目热播的原因与启示[D].济南：山东师范大学，2018.

[11] 李赫斐.现象级电视节目成因及对策建议研究[D].广州：华南理工大学，2016.

[12] 祖群.汉语言类电视文化节目创新研究[D].济南：山东师范大学，2016.

[13] 王博.中国电视汉字文化益智类节目研究[D].长春：吉林大学，2016.

[14] 纪腾飞.2013—2015年原创文化节目对传统文化的媒介建构[D].金华：浙江师范大学，2015.

后 记

2020年是不平凡的一年，在新冠疫情肆虐全球，世界共此凉热之际，《经典与传承——原创文化类综艺节目发展的新路径》论文集在无数次云端汇合以及全体作者的共同努力下如约完成。

本书是《文学经典与影视艺术精品的创造机制》项目（编号：CUC18JC03）的子课题之一，是交叉融合背景下中国传媒大学文艺学、广播电视艺术学、艺术史论专业研究生2018年、2019年阶段性学习成果汇报，也是"新文科"视域中探究式教学的一次尝试。在教学活动中，教学团队引导学生通过审视中国传统文化和文学经典、美学经典来解决当代文艺问题，探究相互之间的可行性、适应性、传承性，并鼓励学生以此为参照系，开展立足于当代的艺术与美学理论批评。

在本书完成之际，感谢恩师张晶先生的信任，让我担任子课题项目的负责人，先生博通经籍，和蔼可亲，是我永远的学习榜样；感谢我的学生，他们是我不断前行的动力，与学生一路相伴的人生才不负时光；感谢中国广播影视出版社的房远老师，对于我在图书出版过程中遇到的诸多困难给予了理解和帮助，并为此付出了大量的心血。同时，还要感谢臧金燕、申渝在论文收集和整理中所做出的辛苦工作。

陈　旸

2020年7月11日